AU NOM DE TOUS LES ENFANTS

DU MÊME AUTEUR
CHEZ POCKET

Jamais sans ma fille (avec William Hoffer)
Jamais sans ma fille 2 (avec Arnold D. Dienchock)

Betty Mahmoody
présente
Miriam Ali et Jana Wain

AU NOM DE TOUS LES ENFANTS

Adapté de l'anglais
par Philippe Delannoy

document

FIXOT

Titre original :
WITHOUT MERCY

ISBN 2-266-08249-3

Préface

Lorsque je suis rentrée d'Iran, où j'étais retenue avec ma fille par mon mari, je me suis engagée à faire savoir que mon cauchemar n'était pas une regrettable exception. C'est ainsi, en restant disponible pour aider les enfants enlevés par un parent, que j'ai découvert les acteurs de l'histoire que je vous présente aujourd'hui.

Quand j'ai rencontré Miriam Ali, elle avait déjà réussi à arracher sa fille Zana au Yémen. En effet, en 1980, le compagnon de Miriam, un Yéménite vivant en Angleterre, avait vendu Zana et sa sœur Nadia à des faux maris au Yémen. Il les condamnait ainsi au viol, aux coups, et à une vie d'esclave. Elles avaient quatorze et quinze ans. Élevées à Birmingham, elles ont été emmenées dans les montagnes reculées du Maqbana, où les habitants, encore organisés en clans, vont chercher l'eau au puits, élèvent quelques chèvres et poulets, n'ont aucun accès à l'hygiène ni aux soins... et ont conservé des traditions pour le moins moyenâgeuses. Là-bas, le père décide pour ses fils et leurs épouses, les accouchements se passent sur les sols de terre battue et les petites filles sont toujours excisées. Miriam a mis huit longues années à retrouver leurs traces et à libérer Zana. Elle continue à se battre pour Nadia, ses enfants et le fils de Zana, qui sont toujours dans ces montagnes inaccessibles.

En faisant connaître à l'opinion publique le calvaire de ses filles, Miriam a découvert qu'elle n'était pas la seule mère dans cette détresse : les témoignages sur des cas similaires ont afflué, venant de toute l'Angleterre. En 1992, le gouvernement britannique a publié une étude émanant du ministère des Affaires étrangères à Londres. Au cours de l'année précédente, on avait officiellement recensé au Royaume-Uni 1 100 enlèvements d'enfants commis par l'un ou l'autre des parents. Trois enfants par jour ! La plupart de ces enfants, victimes de la double nationalité, sont emmenés dans les pays du Moyen-Orient.

Dans l'histoire de Miriam et de ses filles, comme c'était déjà le cas pour moi, le drame est issu d'une distorsion entre le mode de vie occidental et des traditions obscures. Parce qu'ils veulent reproduire un modèle ancestral, certains pères émigrés de pays musulmans décident un jour de renvoyer leurs enfants, surtout leurs filles, dans le pays qu'ils ont eux-mêmes quitté. Chaque année, des dizaines de jeunes filles sont ainsi mariées de force dans le pays d'origine d'un de leurs parents. Elles croient la plupart du temps, comme Zana et Nadia, partir pour quelques jours de vacances. Mais elles se retrouvent projetées dans un autre monde. Leurs traces se perdent, les gouvernements sont impuissants face aux doubles nationalités, très peu d'entre elles peuvent s'échapper. Devant ce scandale, ce qu'elle appelle un « trafic de fiancées », Miriam Ali a fondé une association, Lost Children International, en 1992. Son but est de dénoncer mais surtout de mettre un terme aux enlèvements d'enfants victimes d'une double nationalité. Miriam consacre désormais sa vie à cette cause, pour Nadia, mais aussi pour tous les autres enfants.

Betty Mahmoody

Ce livre est dédié à tous les jeunes enfants du « petit Birmingham » — Maqbana — ... et à Nadia.

Que Dieu te protège et te fasse vite rentrer à la maison.

La justice ne peut jamais être faite, mais le DROIT doit être respecté.

Il m'a fallu presque cinquante ans avant d'acquérir suffisamment d'indépendance d'esprit et de volonté pour sauver trois des quatre enfants que m'a kidnappés Muthana Muhsen. Pourquoi ai-je mis si longtemps pour réagir — me séparer de cet homme — et pour agir : récupérer mes enfants ?

Si on n'a pas vécu pendant de longues années une situation de soumission vis-à-vis d'un être, il est dur de se rendre compte de l'extrême difficulté que représente la conquête de sa liberté. J'étais une femme sous influence, inconsciente. Je dépendais entièrement de Muthana Muhsen et le monde extérieur me faisait peur. J'ai voulu aimer cet homme de toute mon âme en croyant trouver auprès de lui un refuge, une protection, et j'ai trouvé le chagrin et la honte.

Aujourd'hui, enfin, je n'ai plus peur.

1

« Si tu pars avec un Arabe, tu seras malheureuse toute ta vie et personne ne s'intéressera à ton sort ! » Le soir de Noël 1966, les paroles de mon beau-père me revenaient cruellement en mémoire. Quatre ans plus tôt, je lui avais annoncé, non sans panache, ma décision de vivre avec Muthana, un citoyen anglo-yéménite. « Choisis n'importe quel homme, mais pas un Arabe. Je t'aurai prévenue ! » Ce 24 décembre 1966, je n'avais plus d'arguments pour lui donner tort. Je me retrouvais seule, enceinte, avec deux bébés, dans une petite chambre ventée quelque part dans le quartier ouvrier de Birmingham. Muthana, que je surnommais affectueusement Fred, était parti depuis sept mois au Yémen avec mes deux premiers enfants Leilah (quatre ans) et Ahmed (trois ans), me laissant sans argent et sans nouvelles. Tandis que chez mon beau-père on dévorait de la dinde farcie, je n'avais rien d'autre à offrir à Zana (deux ans) et à Nadia (un an), que des tartines de confiture. J'étais la mère la plus fauchée, la plus misérable de toute l'Angleterre !

Pourtant mon amie Ann Sufi s'était mariée, elle aussi, avec un musulman. Ils avaient des enfants et tout se passait bien. Pourquoi ça ne marchait pas chez moi ?

Avant son départ pour le Yémen, Fred avait toujours été sécurisant. Il était sérieux et travailleur. Il aimait la compagnie des enfants. Il était avec eux joyeux et affectueux. Nous ne nous parlions pas beaucoup, lui et moi, mais j'attendais d'un homme avant tout une forte présence pour me libérer de mes angoisses. Le caractère protecteur de Fred me convenait très bien. Je vivais enfermée en moi-même, à l'abri dans mon petit univers. Quand j'allais mal, je me dissimulais au regard des autres, et j'attendais d'aller mieux.

Ce 24 décembre, seule avec mes enfants, sans argent, je ne pensais même pas à réclamer du secours. Je restais comme paralysée. Heureusement que mon amie Ann m'avait aidée à obtenir l'aide sociale ; sans elle, je ne sais pas ce que j'aurais fait. Je n'aurais pas osé aller mendier dans les rues avec mes bébés. Plutôt mourir.

J'admirais mon amie, elle avait du punch, elle se démenait. Moi, je restais bloquée devant toute demande qui m'obligeait à sortir de ma coquille. Une simple démarche administrative me coûtait autant d'efforts que l'ascension de l'Himalaya ! À la première difficulté, je piquais une crise de colère, j'insultais les fonctionnaires, pour retomber finalement inerte. Ce type de comportement n'incitait pas Fred à me respecter. Il était peut-être parti parce qu'il me méprisait ?

Mais pourquoi étais-je comme ça ? Sans doute payais-je cette habitude que j'avais prise de vouloir toujours qu'on me fiche la paix et de confondre refuge avec sanctuaire ?

Je suis née le 22 novembre 1943 en Angleterre. Comme ma mère et ma grand-mère, j'ai grandi à Birmingham. J'étais une enfant timide et silencieuse. J'habitais chez grand-mère dans une de ces vieilles maisons jumelles blanches avec des briques orange. On les appelait jumelles parce qu'une ouvrait sur la rue et l'autre sur la cour. La nôtre donnait sur l'arrière.

Nous vivions à neuf dans trois pièces. Il y avait mes grands-parents, ma tante, ses deux enfants, Pauline, ma demi-sœur ; et maman, mon frère Henry et moi qui dormions dans le grenier.

Ma mère, ma pauvre maman, était une femme très stricte, élevée dans la religion anglicane. Elle avait eu Pauline avec un soldat mort à la guerre peu de temps après. Puis elle avait rencontré un Pakistanais, mon père biologique, qui avait disparu lui aussi après la naissance de mon frère Henry en 1944. Je ne l'ai jamais connu. J'ignore jusqu'à son nom. Maman a voulu effacer de notre vie toute trace de cet homme. Je n'ai jamais pu obtenir le moindre renseignement sur lui et sur ce qui s'est passé avec ma mère. Disparue en 1969, à l'âge de quarante-huit ans, elle a emporté son secret dans la tombe.

Tous les matins, je voyais maman grimper dans le bus pour aller travailler. Avec ses cheveux noirs et raides coupés très court, elle incarnait la parfaite femme active, pragmatique et courageuse. Je l'adorais, si douce, si affectueuse, mais elle me parlait peu. Il m'a fallu beaucoup de persévérance pour apprendre qu'elle était serveuse dans un restaurant du centre de Birmingham. Je restais toute la journée avec grand-mère. Elle considérait Pauline comme sa fille : à elle, les mots tendres, à moi, les ordres et les consignes strictes. Elle réglait ma vie comme une horloge. Quand je lui demandais qui était papa, ce que faisait maman, où elle travaillait, si nous irions la voir, grand-mère haussait les épaules, comme si je posais des questions idiotes et exaspérantes. Je me levais donc à l'heure imposée, j'allais à l'école, tout à côté, je rentrais pour aider à faire le ménage et j'attendais le retour de maman, tout cela sans rien dire ou presque. À ce régime, rien d'étonnant à ce que je sois devenue une gamine renfermée.

Le dimanche, pour le sacro-saint repas de midi, grand-mère sortait grand-père, extrêmement malade, de la pénombre où il restait confiné toute la semaine, et nous mangions tous les neuf, en famille, en silence.

Un soir, maman n'est pas rentrée à la maison.

Le monde me l'avait prise. La société des adultes, qui à mes yeux se matérialisait dans le bus et son redoutable contrôleur, avait avalé maman, comme elle m'avait un jour privée de mon père. Et grand-mère ne fournissait aucune explication. Au contraire, elle redoublait de fermeté : je devais « me taire et admettre », ne pas me faire remarquer à l'école — ce qui était difficile vu que j'étais la seule enfant de couleur du quartier —, rentrer à la maison à l'heure, laver la vaisselle, faire briller le lino. Alors, peut-être maman reviendrait-elle un jour.

Dix-huit années plus tard, le soir de Noël 1966, je revivais la même scène. J'attendais sans rien comprendre, sans rien savoir, le retour de la personne que j'aimais — et qui ne me jugeait pas assez importante pour avoir à me donner ne serait-ce que des explications ! Où était ma faute ? Était-ce simplement la fatalité ?

Comme les hirondelles, maman est revenue, après sept mois d'absence. Elle avait changé, elle était plus belle, comme chargée de toute l'électricité de la ville. Gaiement, elle nous a réunis dans le salon, Henry et moi, et nous a dit :

— Voulez-vous rester chez grand-mère ou bien venir avec moi dans ma nouvelle vie ?

J'ai répondu sans hésiter :

— Je veux vivre avec toi !

Elle avait rencontré un homme merveilleux, disponible et désireux de se remarier avec elle. Tout allait changer. Nous allions vivre dans une grande maison, dormir dans une vraie chambre, avoir un père pour nous élever, des frères, quatre, bien plus grands que nous, qui nous protégeraient, bref, nous allions nous intégrer dans une vaste famille anglaise traditionnelle.

L'homme de maman avait dix ans de plus qu'elle, il était très grand, 1,90 mètre, très costaud, il s'exprimait avec assurance et autorité. Sa maison de Earl's Street me parut effectivement bien supérieure à celle de grand-mère : les fenêtres ouvraient sur la rue.

Je n'aimais pas mon beau-père. Il était blond, j'étais brune ; il avait les yeux bleus, moi les yeux sombres ; sa peau était très blanche, la mienne foncée ; il parlait fort, je n'avais pas le droit de placer un mot. Enfin, surtout, il m'avait pris maman ! Il représentait à lui seul ce que je détestais : le monde extérieur, voleur de mère.

L'Anglais, comme je l'avais surnommé, se voulait un homme bon qui essayait de suivre la voie du bien en appliquant les principes de la religion anglicane. Il ne buvait pas, ne jouait pas, ne frappait ni sa femme ni ses enfants, travaillait. Il se droguait au travail. Pendant vingt-cinq ans, il a vendu des pièces détachées d'automobiles chez Lucas', sans prendre une seule journée de congé ! Il était sévère et rigoureux. Tout aurait pu être différent entre nous s'il s'était montré affectueux avec moi, en un mot : paternel. Il me tolérait à cause de maman, et je le tolérais pour la même raison. La couleur de ma peau lui rappelait l' « écart » de ma mère. Je sentais bien qu'au sein de sa famille, Henry et moi faisions figure de « pièces rapportées ».

Aussitôt après notre emménagement à Earl's Street, maman cessa de prendre le bus pour aller servir dans un restaurant du centre-ville et tomba enceinte du premier des huit enfants qu'elle donna à l'Anglais. En comptant Pauline, Henry et moi, maman mit au monde onze enfants. Rien de moins exceptionnel dans le quartier. Les ménages avaient huit enfants en moyenne. Les rues grouillaient de gosses. Nous connaissions même, dans notre rue, une femme qui en avait vingt et un, mais c'était une Irlandaise.

Puis, j'allai au collège, mixte, multiracial et multiconfessionnel. Noyée, perdue dans le nombre, je ne parlais à personne excepté aux petits Arabes du quartier de Balfall. Je me sentais bien avec eux, peut-être parce que nous avions comme point commun une peau moins claire que celle des autres ? Toujours est-il qu'après les cours je les suivais pour jouer au football dans un square. Un voisin bien-pensant en avertit mon beau-père qui entra dans une colère incroyable. Il m'interdit rigoureusement de jouer, de parler, de fréquenter ces enfants, au seul motif qu'ils étaient arabes. L'extrême violence de ses paroles, totalement disproportionnée avec ce que j'avais fait — jouer au foot avec des copains d'école —, tout son comportement m'apparurent ceux d'un insensé. Pour la première fois, cet homme qui m'intimidait par sa force, son austérité, sa loyauté, sa constance, me parut faible. Je me mis à le mépriser et je jurai de ne plus jamais lui obéir. J'avais trouvé la faille, la paille dans l'acier, et un biais facile pour le faire souffrir. Maman tenta de m'expliquer la réaction de mon beau-père en m'apprenant qu'il avait dû faire la guerre en Égypte. L'Anglais s'était donc battu contre des Arabes, cela ne m'étonnait pas de sa part. Je n'étais jamais sortie de mon quartier, je n'avais même jamais pris le bus, je ne connaissais rien, mais je savais que l'Anglais avait tort. Je fis le raisonnement suivant : mon beau-père n'aimait pas mes amis parce qu'il ne m'aimait pas. Et il ne m'aimait pas parce que je n'avais pas la peau blanche. Il méprisait mes amis, et moi, je le méprisais pour sa haine et sa violence. Mes petits copains de jeu arabes devenaient mes seuls amis dans cette Angleterre peuplée de beaux-pères racistes !

J'ai commencé à sécher les cours, principalement les maths et la gymnastique. Je filais me réfugier chez une amie, l'épouse de l'aîné de mes demi-frères, qui ne vendait pas la mèche, car elle n'aimait ni mon beau-père ni l'école. Chez elle, j'avais un peu l'impression de revenir dans la petite enfance comme chez grand-mère, quand maman n'était pas mariée avec cet homme épouvantable. Malheureusement, mes absences, qualifiées de fugues, furent signalées au proviseur et je me retrouvai au tribunal.

Le juge pour enfants m'apparut encore plus anglais que l'Anglais. Un super-beau-père. Découvrant ma pauvre maman, en larmes, totalement dépassée, encore enceinte, semblant être née pour être harassée, affrontant mon silence et ma petite mine butée — mon unique stratégie de défense —, la décision du juge fut brève, expéditive, routinière, administrative : Coventry ! Une école censée redresser le comportement des jeunes filles en difficulté. De grosses larmes coulaient sur les joues de maman : pour elle, j'étais perdue. J'étais simplement en difficulté relationnelle avec mon beau-père, je n'étais pas plus perdue que je n'étais délinquante, mais, en 1955, les autorités ne plaisantaient pas, ne se fatiguaient pas non plus à chercher à comprendre — *no explain, no complain* —, et le moindre écart de conduite était durement sanctionné.

Rien ne pouvait être plus lugubre que le grand bâtiment en brique de la Newfield School for Girls, installée à Coventry, en pleine campagne. Réveil à l'aube dans un immense dortoir glacé, corvées ménagères obligatoires : laver le sol, faire la vaisselle, puis les cours, puis encore des corvées. Les jours semblaient enchaînés les uns aux autres, cours, corvées, cours, corvées. Interdiction de sortir, pas de visites, pas de promenades, quelques jours de vacances en été dans la famille pour les pensionnaires méritantes. La peine a duré trois ans, et ce furent les meilleures années de ma vie ! Je ne plaisante pas, j'ai adoré Coventry. J'étais à l'abri du monde extérieur, et pour la première fois loin de Birmingham. Ma vie était dure, simple, répétitive, mais on s'occupait de moi. Ma famille ne me manquait pas. J'en voulais à maman d'avoir accepté de vivre sous le gouvernement de l'Anglais.

À mon retour à Earl's Street, j'avais quinze ans et les escarmouches se sont multipliées. Je provoquais mon beau-père : je voulais l'entendre me reprocher d'être noire. Mais il ne me l'a jamais dit. N'importe, il le pensait. Je demandais aussi à mes amis arabes de Balfall de venir me chercher. Je les faisais même entrer dans la maison, ce qui le jetait dans des états de fureur indescriptibles. Tant et si bien que maman me demanda de quitter la maison car je menaçais son foyer.

J'ai trouvé un travail dans une usine : j'emballais les boulons, et j'ai pris une chambre dans une pension entièrement occupée par des travailleurs immigrés. Je croyais ainsi affirmer mon indépendance face à cet Anglais qui dénigrait sans cesse le premier mariage de ma mère et l'accablait de réflexions sur la « liaison » qu'elle avait eue avec cet homme de couleur, venu du Pakistan, le père que je n'ai jamais connu.

J'avais dix-sept ans en 1960, toute l'Angleterre allait vibrer aux chansons des Beatles ; moi, je partais tôt le matin emballer des boulons à l'usine et le soir, je rentrais bien vite rue Anderton à Sparkbrook m'enfermer dans ma petite chambre, engoncée sous les toits. Je ne sortais pas, je ne parlais à personne. La pension était mal entretenue, très bruyante et je ne m'y sentais pas rassurée.

Tous les jours, je croisais dans l'escalier un voisin du dessous qui me disait bonjour-bonsoir avec beaucoup de douceur et de politesse, contrairement aux autres locataires, assez frustes. Je lui donnais une trentaine d'années. Ce n'était plus un garçon, mais un homme. Je l'apercevais toujours entouré d'autres pensionnaires qui l'écoutaient parler avec respect. Un soir, il m'a demandé si j'aimerais aller au cinéma avec lui.

J'ai accepté, secrètement flattée que le leader de la pension veuille sortir avec une jeune ouvrière timide et discrète. Nous sommes allés voir une superproduction, *Les Dix Commandements.* Mon chevalier servant s'appelait Muthana. Muthana Muhsen. Il venait du Yémen, en Arabie. Il était arrivé en Angleterre en 1956. Je le trouvais très élégant en costume, très raffiné avec sa petite moustache, très sûr de lui du haut de ses trente ans, affectueux également, pas autoritaire, surtout protecteur, enfin, il parlait l'anglais presque sans accent. Il était venu en Angleterre faire son apprentissage de la vie. À Birmingham, il travaillait dans une usine de sidérurgie, mais au Yémen son père possédait une propriété, beaucoup de terres et dirigeait un bataillon d'ouvriers agricoles. Il me décrivit son pays : un vrai paradis avec des collines vallonnées, des champs de maïs, des arbres fruitiers, des grandes prairies. Je n'avais jamais quitté le quartier ouvrier de Birmingham, j'avais un besoin fou de croire en ses paroles et de penser que j'avais rencontré un véritable prince arabe. Je ne connaissais pas les hommes, c'était la première fois que j'étais courtisée et désirée. Ce fut donc avec une naïveté sans faille qu'un mois plus tard j'ai accepté de le suivre dans sa chambre. Vierge, prude, ignorante, je me suis donnée à lui comme on se jette à l'eau. Le lendemain matin, il est parti sans un mot. Je me suis levée à mon tour et j'ai refermé la porte à clé derrière lui. Nous étions en 1961. Tous les journaux titraient sur le mariage de SAR la princesse Margaret avec Anthony Armstrong Jones. Moi aussi, j'avais rencontré l'homme de ma vie ! En refermant la porte, et en m'allongeant sur son lit pour rêver tout mon soûl à nos futures nuits d'amour, je scellais mon destin.

Janvier 1967. Après avoir passé le plus sinistre réveillon de toute mon existence, je reçus enfin une lettre ! Muthana m'annonçait son retour pour les jours à venir. Il allait m'entendre ! Il allait me payer très cher ce qu'il venait de me faire subir ! Pourquoi avait-il fait ça ? Pourquoi se complaire à tout gâcher ? Pendant cinq ans, nous avions été bien.

Dès notre première nuit, j'étais tombée enceinte et j'avais cessé d'aller travailler. Muthana, follement amoureux de moi, ne pouvait m'épouser comme il le souhaitait pour la bonne raison qu'il était déjà marié. Une union arrangée par sa famille avec une petite paysanne du Yémen, mariage non consommé, me précisa-t-il, et qu'il allait aussitôt annuler en envoyant à la famille de sa femme un *nakhar* — demande de divorce musulman. En réponse, peu de temps après, nous apprenions le décès de son épouse. Nous pouvions donc nous marier sans plus attendre. Fred s'est aussitôt rendu au bureau des mariages à Birmingham. Il en est revenu furieux : l'administration anglaise, paraît-il, lui faisait d'énormes difficultés parce qu'il était étranger. Alors, nous ne nous sommes pas mariés.

Tant pis, nous n'avions pas besoin pour nous aimer de l'autorisation de l'administration ! Fred fourmillait de projets et ne manquait pas d'audace. Il emprunta de l'argent et il acheta une maison pour abriter notre future famille. Je n'avais jamais pensé qu'un jour j'habiterais une si grande demeure.

En plus du labeur de l'usine, le soir, il sciait, tapait, clouait, transformait tout de la cave au grenier. J'étais admirative, je ne savais rien faire d'autre de mes dix doigts que briquer, nettoyer.

Ses amis venaient passer les soirées chez nous. Pendant des heures, je les écoutais parler en arabe. Je restais dans un coin, émerveillée. Je ne comprenais pas un mot de ce qu'ils racontaient et eux ne se souciaient pas de parler anglais pour que je puisse participer à leurs conversations, mais j'adorais les écouter, c'était pour moi exotique, irréel. Je planais. Ils m'ouvraient les portes d'un autre monde où je ne serais plus la petite Miriam, mais une princesse. Pour la première fois, j'osais imaginer, rêver un peu. J'admirais Fred de manier avec tant de brio une langue si étrange, si belle, si complexe. J'ai compris, bien plus tard, qu'ils parlaient politique, de la situation au Proche-Orient, de l'Organisation de lutte pour la Palestine, du conflit au Yémen. Mais à l'époque, j'ignorais jusqu'au nom du Premier ministre de Grande-Bretagne !

La vie avec Fred consistait à lessiver, nettoyer la maison, faire l'amour, être enceinte, regarder la télévision. Cela me convenait. Je n'imaginais pas que l'on puisse vivre autre chose. Après tout, j'avais toujours vu ma grand-mère et ma mère agir ainsi.

L'argent se faisant rare, Fred décida de prendre des locataires pour nous aider à payer les frais et à rembourser l'emprunt. Du jour au lendemain, je n'avais plus la grande et belle maison pour moi, mais nous n'avions pas d'autre choix, me semblait-il. Fred savait ce qu'il fallait faire. En avril 1962, je donnais naissance à Leilah. Fred, fou de joie, faisait tout ce qu'il pouvait pour la rendre heureuse.

L'année suivante, je mis au monde Ahmed, et en juillet 1964, Zana. Mes accouchements se passèrent normalement.

Nous manquions de place car toutes les pièces de la maison étaient louées. Nous avons dû nous séparer d'une locataire, Sheila, qui occupait une chambre avec son mari et ses deux enfants. Je passais mes journées à courir derrière mes bambins et j'en attendais déjà un autre. Je me sentais sereine. Un après-midi, un homme de l'administration est venu me poser des questions sur Fred. J'ai répondu sans réfléchir car j'ignorais que Muthana cherchait à obtenir la naturalisation anglaise. Lorsque je le lui racontai, pour la première fois, Fred se fâcha violemment. Mes réponses imprudentes au fonctionnaire avaient, paraît-il, ruiné toutes ses chances. Il m'accusa d'être responsable des nouvelles difficultés qui allaient nous accabler. Décidément je n'étais bonne à rien, à part fumer des cigarettes en buvant des litres de thé ! Ce fut la première cassure dans notre couple. Je m'en voulais terriblement de n'avoir pas su quoi rétorquer à l'agent de l'administration. Je restais penaude au lieu d'exiger de Fred qu'il m'explique sa situation, m'éclaire sur ses buts et ses projets.

1965. Nadia est venue au monde, prématurée, pesant à peine 2,3 kilos, juste assez pour lui éviter d'être placée sous incubateur. L'accouchement avait été si douloureux que la sage-femme avait cru préférable d'avertir Muthana que je ne devrais pas avoir d'autres bébés, c'était trop dangereux.

— Pas question que je prenne des précautions ! déclara Fred.

— Les femmes ne sont pas des machines à bébés ! protesta l'infirmière.

Le regard de Fred la frappa comme une gifle.

— Dans mon pays un homme doit planter sa graine !

Après le départ de la sage-femme, Fred tournait en rond, visiblement tourmenté. Il se mit à tempêter :

— C'est tout de même un comble que dans un pays prétendument évolué comme l'Angleterre, avec toute cette technologie moderne, une femme ne puisse pas avoir autant d'enfants qu'une paysanne du Yémen qui accouche sur le sol de sa maison !

Il était révolté. Et moi, allongée dans mon lit, je culpabilisais de n'être pas aussi solide qu'une Yéménite. Maman avait déjà mis dix enfants au monde et, bien que totalement détruite par ses grossesses successives, elle n'en était point morte. Le lendemain, j'étais à nouveau penchée sur la baignoire, à laver les vêtements de toute la famille.

Notre mauvaise situation financière assombrissait l'humeur de Fred. Nous avions maintenant quatre enfants et un locataire en moins. Des discours nouveaux ont fleuri sur sa bouche :

— Nous vivons au cœur de l'Angleterre et nos enfants doivent se contenter d'une promenade au parc !

J'étais d'accord, bien que triste qu'il soit déçu par l'Angleterre, donc un peu par moi. Mais j'étais attentive à ce qu'il pouvait dire pour le bonheur de mes enfants.

Fred me parla alors du Yémen et de ses vertes prairies, de la beauté de la campagne et des bienfaits de la vie au grand air. Il souffrait de voir sa progéniture privée de ce véritable paradis et de tout ce qu'ils apprendraient sur la nature en partageant le labeur des paysans.

Pour les enfants, bien qu'ils soient encore presque des bébés, j'étais d'accord. Les rues de Birmingham sont peu troublées par le soleil et l'air qu'on y respire n'est pas des plus purs.

Il décida d'emmener Leilah et Ahmed au paradis, quitte à faire des sacrifices. Je pensais qu'il allait se priver des matchs de boxe, des paris, de l'alcool et des cigarettes, et obtenir des subsides de son père, le grand propriétaire terrien, mais non, pour financer le voyage, les vacances des enfants, il avait pris la décision de vendre la maison ! En attendant son retour, il me laisserait largement de quoi nourrir Zana et Nadia, trop petites pour se déplacer. Quant à moi, encore enceinte, j'étais considérée comme intransportable.

J'ai tout gobé, tout accepté ! J'avais pour Fred une telle confiance et une telle admiration que je n'avais pas compris que son système nous conduisait dans une impasse économique. Il voulait posséder une grande maison et une grande famille. Mais plus la maison était grande, plus elle était chère, plus il nous fallait de locataires pour amortir les frais, et plus il voulait d'enfants, moins il pouvait avoir de locataires et moins il pouvait assurer la survie de notre famille.

Il partit au Yémen avec les deux aînés. Au bout d'un mois, l'argent qu'il m'avait généreusement laissé avait fondu. Je me retrouvais avec Zana et Nadia, totalement désemparée.

Dans mes rêves, je voyais Fred, monté sur un cheval fougueux, galopant à travers les prairies vallonnées de ses propriétés du Yémen avec les enfants en croupe. Fred, l'égoïste, heureux dans son pays, qui ne pensait pas à nous, pauvres Anglaises de Birmingham ! Je le détestais, je l'enviais, il me manquait, je le désirais ! Depuis notre rencontre, ma vie allait mieux : je n'étais plus seule au monde, j'avais de beaux enfants, les soucis d'argent n'étaient pas si dramatiques. Je ne comprenais pas son attitude.

Des coups donnés contre la porte m'ont réveillée en sursaut. Depuis la lettre de janvier 1967, j'ai guetté toutes les nuits le retour de Fred. Rien n'est plus épuisant que d'attendre pour rien. En pleine nuit, à moitié groggy, j'ai ouvert la porte. Il était là, debout, sur le seuil. Pas un sourire, pas un mot, mais son regard planté sur moi... J'étais confuse. Je n'attendais plus son arrivée. Je ne m'y étais pas préparée. J'attribuai sa froideur à mon état de grossesse avancé. Quand il était parti, huit mois plus tôt, j'étais mince. Comme il ne me serrait pas dans ses bras, je ne bougeais pas non plus, jetant juste des regards derrière son dos, prête à voir surgir Leilah et Ahmed. Mais pas un signe de vie dans le noir de l'escalier. Je dis aussitôt :

— Où sont les enfants ?

Les yeux de Fred restèrent vrillés sur moi si longtemps que je commençai à m'agiter. J'ai répété, cette fois avec angoisse :

— Où sont Leilah et Ahmed ?

Sa voix tomba, glaciale, monocorde :

— Je les ai laissés au Yémen.

Il m'a poussée sur le côté pour entrer dans la

chambre. Bêtement, je suis allée regarder dans l'escalier, espérant encore qu'il plaisantait, que les enfants s'apprêtaient à me faire la surprise de me sauter dessus.

— Où sont-ils ?

Ma voix devenait perçante, la sienne était toujours froide et sans vie :

— Je te l'ai dit. Je les ai laissés au Yémen, dans ma famille.

Il s'assit sur le lit.

— Ce n'est pas vrai ! Tu n'as pas fait ça !

— Ils sont avec leur grand-mère et leur grand-père, parfaitement heureux et en bonne santé. Ils sont beaucoup mieux là-bas qu'ici, crois-moi !

De sa main, il tâtait la souplesse du matelas.

Je restais debout. Sa voix sourde et lente me glaçait. Je me suis dit : « C'est incroyable, ce n'est pas vrai, ce que je vis n'est pas ma vie. » L'absence de Leilah et d'Ahmed me paraissait tellement inconcevable que cette nouvelle ne s'inscrivait pas dans ma tête. Je la rejetais totalement. Je regardais l'ombre de Fred se pencher sur Zana et Nadia, leur déposer un baiser sur le front. C'était comme dans un film. La voix de Fred me fit sursauter :

— Referme la porte, Miriam.

J'obéis, nullement consciente que, par ce geste, j'acceptais implicitement ce qu'il venait de me faire : me priver de mes deux premiers enfants.

Fred quitta le lit et alla vers le fauteuil au coin de la cheminée. Il se laissa tomber pesamment, poussa un gros soupir de lassitude, s'installa plus confortablement et s'endormit aussitôt.

Abrutie, j'ai marché jusqu'au lit pour me serrer contre Zana et Nadia. Ce qui se passait était terrible. Le noir du malheur m'envahissait. Je me sentais misérable, guère plus forte que mes bébés.

Le lendemain, Fred me tira de mon engourdissement pour me donner la leçon comme à une petite gamine écervelée. Pour commencer, il déplorait que je sois incapable d'établir une différence quelconque entre l'idéal et la réalité. Je devais me comporter comme une adulte et prendre la peine de réfléchir.

Je sanglotais.

— Écoute-moi, Miriam. Leilah et Ahmed voulaient rester chez leurs grands-parents. Bien sûr, j'ai hésité. Mais comment aurions-nous fait à six dans une petite pièce ? Et toi qui attends un enfant supplémentaire. Il faut être réaliste. Réfléchis.

— Ce sont mes enfants ! Tu m'avais dit que vous partiez trois semaines !

— Je suis resté au Yémen plus longtemps que prévu à cause des affaires.

— Huit mois au lieu de trois semaines !

— Écoute-moi, mon père a fait un héritage. Il a acheté des terres. La propriété s'en est trouvée agrandie. J'ai dû rester pour l'aider à placer l'argent. Cela n'a pas été sans peine, mais j'ai réalisé d'excellents placements financiers. Je n'ai pas perdu mon temps. Miriam, écoute-moi, tout cela nous appartiendra un jour. Nous irons vivre là-bas tous ensemble ou tout revendre pour nous installer définitivement ici. Ce sera comme tu voudras. Cesse de pleurer. Nous le ferons, plus tard. Tu entends ?

Il me semblait sincère, raisonnable et convaincu.

— Leilah et Ahmed me manquent. Je veux qu'ils reviennent maintenant. Je ne veux pas attendre plus tard.

— Oui, je sais, à moi aussi ils vont me manquer.

Et, comme pour mieux appuyer ses paroles, il prit sa valise qu'il ouvrit devant moi. Je m'attendais naïvement à ce qu'il ait rapporté des cadeaux pour les petites, non, il sortit une enveloppe brune qu'il me donna. Je découvris à l'intérieur une série de photos : Ahmed et Leilah courant dans un champ de maïs, le visage barbouillé de rires ; Ahmed et Leilah assis, tout sourires, sur les marches d'un vieil escalier de pierre...

En tout, six clichés qui m'apportaient la preuve qu'ils étaient heureux au Yémen.

— Regarde comme ils sont beaux, regarde comme ils sont bien dans la propriété de mon père, me dit Fred, alors que les larmes continuaient à couler sur mes joues.

— Tu n'avais pas le droit de faire ça. Ce sont mes enfants !

— Même s'ils sont plus heureux, plus épanouis là-bas qu'à Birmingham ?

Il allait bientôt me traiter de femme égoïste, de mère possessive. Je me plaignis encore :

— Tu n'avais pas le droit !

— Je vais trouver du travail immédiatement. Nous allons acheter une nouvelle maison. On ne peut pas rester à vivre dans une petite chambre. Je vais gagner de l'argent. Dès que nous le pourrons, nous irons tous ensemble dans mon pays retrouver Leilah et Ahmed, et les ramener. Je te le promets.

— Allons-y tout de suite !

— Avec quel argent, Miriam, tu veux me le dire ?

— Emprunte ! Demande à ton père de financer leur retour, débrouille-toi, mais je veux qu'ils reviennent !

— Je comprends ce que tu ressens mais ce n'est pas raisonnable. Je veux que tu y réfléchisses.

Il se leva, et quitta la chambre en emportant le paquet de cigarettes qui se trouvait sur la table, non sans m'avoir rappelé les méfaits du tabac, sur moi et sur l'enfant que je portais.

Muthana Muhsen se souciait de mes poumons ! Mon Dieu, que pouvais-je faire ? Je devais protéger Zana et Nadia et le petit qui allait naître. Comment décrire le traumatisme que je venais de subir ? Pendant toutes ces années, j'avais été bien avec Fred, il m'avait donné confiance en l'avenir ; j'attendais tout de lui, j'étais sans aucune ressource personnelle, épuisée par les grossesses, surtout encore amoureuse. En revenant sans Leilah et Ahmed, il me portait un coup d'une violence telle que j'étais presque étonnée de ne pas mourir d'un arrêt du cœur ou d'étouffement. J'étais K.O. Et je cherchais à me déresponsabiliser. Je pensais à mon beau-père qui, en apprenant le départ de Leilah et d'Ahmed au Yémen, n'avait pas compris que Fred n'eût pas aussi emmené Zana et Nadia pour les présenter à la belle-famille. Si mon beau-père, l'intransigeant, n'avait pu imaginer le pire, comment aurais-je pu l'envisager ? Ensuite, je me raccrochais à l'espoir que me laissait Fred : il n'avait pas pris mes enfants, il les avait laissés chez ses parents, le temps que notre situation financière en Angleterre se rétablisse.

J'ai réveillé Zana et Nadia, je les ai lavées, puis, comme d'habitude, je suis partie avec elles à l'épicerie. Pendant que je payais les courses, je sentis une main légère se poser sur mon épaule :

— Miriam, ça va ?

C'était Ann Sufi. Ma seule amie. Celle qui m'avait obtenu l'aide sociale. Je l'entendis me parler avec douceur, me demandant des nouvelles de Fred, des enfants. J'étais incapable de lui répondre, pas un mot ne me venait à la bouche, je n'avais plus de voix. Le choc. La honte. Toute cette honte qui me montait à la tête. Un flot d'émotions et de désespoir qui me submergeaient. Je me suis laissée entraîner par Ann. Elle m'a conduite chez elle, à l'abri. Avec une immense patience, elle a continué à me parler, à me poser des questions simples ; peu à peu, m'est revenu le courage de tout lui raconter.

En parlant, je prenais conscience de ma misère, de mon incroyable isolement, de l'enfermement dans lequel je m'étais mise de moi-même. Je vivais comme un automate. Pourtant Fred, en m'abandonnant à mon sort pendant si longtemps, m'avait indirectement montré que j'étais capable d'élever toute seule Zana et Nadia. Je n'étais pas une si mauvaise mère. C'était ce qui en moi me paraissait solide. Sinon, je crois que j'aurais renoncé à tout et je me serais laissée mourir.

Bill, le mari d'Ann, est arrivé. Mon amie lui a tout expliqué.

— Il faut immédiatement écrire au ministre des Affaires étrangères pour lui demander de l'aide et des conseils, dit-il avec autorité.

Ann se chargea de rédiger la lettre et de l'envoyer.

J'avais une alliée. Un bien faible plan de résistance se mettait en place. Le soir, en retrouvant Fred, je piquai une crise de nerfs. Je me mis à hurler en me jetant sur lui :

— Salaud ! Qu'as-tu fait de mes gosses ! Fumier !

J'ai hurlé, hurlé puis j'ai roulé par terre en larmes. Fred ne disait rien, il me toisait du regard. Il était le plus fort.

Trois semaines plus tard, j'accouchai d'Ashia, dans de bonnes conditions. Pas un point de suture, rien ! Quelle chance ! Peu de temps après, Ann recevait la réponse du ministère des Affaires étrangères : Leilah et Ahmed avaient la double nationalité, il n'y avait rien à faire. Fred, qui avait inscrit leurs noms sur son passeport, avait donc le droit de disposer de mes enfants. Leilah et Ahmed étaient sous la garde de leurs grands-parents. Tout était légal. Comme disait ma grand-mère, il faut se taire et admettre. Je me consolais en pensant qu'ils étaient heureux sous le soleil du Yémen et que je les reverrais bientôt. Grâce aux familles anglo-yéménites, nombreuses dans le quartier, j'avais des nouvelles de leur santé. Tout allait bien puisqu'il n'y avait rien à faire. Mon calvaire pouvait commencer.

2

1967. La guerre dévastait le Yémen. À Birmingham, la communauté anglo-yéménite ne parlait que du conflit. Les morts, les tortures, les enfants arrachés aux familles, embrigadés par des religieux ou par des militaires, je ne savais trop, mais j'étais folle d'inquiétude sur le sort de Leilah et d'Ahmed. Fred m'affirmait qu'ils étaient en sécurité à la campagne, loin du centre des combats.

Chaque jour, pas une seconde ne passait sans que je pense à eux.

— Il faut les rapatrier !

— Trop dangereux ! rétorquait Muthana.

— Mais pourquoi les as-tu laissés là-bas ? Ils étaient mieux avec nous, même serrés dans une petite piaule, qu'en pleine guerre !

Novembre 1967. Aden a conquis son indépendance après vingt-huit ans de colonisation. Le pouvoir est passé aux mains du Front national de libération. La République démocratique populaire du Yémen du Sud a été proclamée, le Yémen a été coupé en deux entre le Nord, musulman, et le Sud, communiste.

Il n'était toujours pas question de faire revenir Leilah et Ahmed. D'ailleurs où étaient-ils ? Au Sud ou au Nord ?

— Les gens du Nord sont des minables, des abrutis, déclarait Fred. Tu verras, Miriam. Aden va connaître des jours meilleurs maintenant qu'on a chassé les Anglais. On va bénéficier de tout ce qu'ils ont laissé et on sera plus forts que ces crétins du Nord, avec leur religion. Qu'ils gardent leur islam, nous on ramasse la monnaie !

— Alors la propriété de ton père est au Sud ?

— Je te dis que les enfants sont en sécurité ! Il faut attendre que les événements se tassent pour les faire revenir.

Parce que ça « se tasse », les événements ? Et ça se tasse comment ? Mon Dieu, ce que j'étais ignorante ! Je ne connaissais rien à la politique ni à l'histoire du Yémen — qui restait pour moi le pays merveilleux de la Reine de Saba —, mais je sentais Fred écartelé entre le progrès laïc et la tradition incarnée par la religion.

Le soir, dans le salon de notre nouvelle maison à Golden Hillock Road, les amis de Fred venaient nombreux commenter les événements. Les uns étaient pour Aden, alliée aux soviétiques et communistes, les autres contre les communistes. Tous parlaient en arabe. J'essayais de deviner le sens de leurs propos en pensant à Leilah et à Ahmed. Je servais le thé en tendant l'oreille. Mais je ne comprenais pas la langue. Muthana et ses amis pouvaient discuter devant moi de projets me concernant sans que j'en sache rien. Je me repliais sur Zana, Nadia et Ashia, que je voulais protéger de ces hommes — et des événements plus ou moins bien « tassés ».

Muthana avait tenu parole. Il avait acheté la mai son la plus belle qu'il avait pu trouver. Et, vraiment, elle était spacieuse, et dotée d'un jardin ! Mais je n'en profitais pas. Je me sentais étrangère chez moi. Après une réunion politique, Fred m'annonça qu'il avait loué tout le premier étage. Nous logerions lui, les filles et moi dans les deux pièces du bas. La cuisine, la salle de bains et la salle à manger serviraient à tout le monde.

— On n'est plus en famille ! protestai-je.

— Tu ne sais pas que la livre sterling est au plus bas ? rétorqua Fred. Tu n'as pas entendu parler de mesures d'austérité ? Mais dans quel monde vis-tu ? Les temps sont durs, Miriam, très durs.

La semaine suivante, « ma » maison était envahie par trois jeunes hommes célibataires, peu soigneux et bruyants. En réaction, je restais cloîtrée dans les pièces du rez-de-chaussée, évitant de me rendre dans les parties communes. Muthana, innocent ou cruel, se plaignait de mon détachement. La fureur traversait son visage.

— Tu n'es plus pareille avec moi. Tu es distante !

Il ajoutait sur un ton presque pitoyable :

— Les enfants passent avant moi !

Et c'était vrai. Les petites étaient ma priorité et ma raison de vivre. Pour moi, aimer, c'était se soucier de quelqu'un et prendre soin de lui. J'étais devenue lointaine avec Muthana. Il en souffrait. Tant mieux. Pour me reconquérir, il m'envoyait à la maison des amis qui me donnaient des nouvelles de Leilah et d'Ahmed :

— Nous revenons du Yémen. Nous avons vu tes enfants. Ils sont heureux, Miriam, on s'occupe bien d'eux.

Je ne les avais pas vus depuis maintenant deux ans. Je réclamais des photos. On ne m'en présentait pas, mais on me donnait des détails sur leur vie. Leurs grands-parents, les riches fermiers, les adoraient. Ils menaient une existence merveilleuse à la campagne, au soleil, entourés d'animaux. À Birmingham, les hommes vivaient pour l'argent dans le bruit des moteurs et la pollution des cheminées d'usine ; là-bas, au Yémen, c'était la vie comme au matin du monde. Ici, c'était la puissance industrielle ; là-bas, la puissance du rêve. Mes enfants étaient des privilégiés puisqu'ils connaîtraient plus tard deux cultures et qu'ils concilieraient l'efficacité occidentale avec la sagesse de l'Orient.

Toutes ces paroles me tournaient la tête.

— Ils ne sont pas malades ?

— Tu n'as pas de raison de t'inquiéter, Miriam. Ils vont bien. Ils sont épanouis et ne demandent pas à rentrer. Tu verras, quand tu les retrouveras, combien Fred a eu raison de les emmener au Yémen.

Tout de même, c'était mal de priver une mère de ses enfants, même si pour eux, là-bas, la vie était proche de l'idéal. Pour compenser, je redoublais de tendresse pour mes petites filles. Je leur donnais tout mon amour pour que demain elles ne me quittent jamais dans leur cœur. Le souvenir de Leilah et d'Ahmed s'éloignait, et je ne le supportais pas. Je croyais en l'amour. Fred ne concevait pas comme moi les relations entre une mère et ses enfants, entre un homme et une femme. Mais nous n'en parlions jamais. De toute façon, il ne m'écoutait pas. Ma froideur à son égard était ma seule arme de dissuasion. Fred laissait éclater sa colère. Comment ? J'osais lui résister ? Je manquais d'enthousiasme à faire l'amour ? J'étais lasse ?

Un samedi matin, j'entendis des coups de marteau en provenance du jardin. Tout un raffut ! j'allai voir ce qui se passait. Je découvris Muthana occupé à scier puis à clouer des planches de bois.

— Qu'est-ce que tu fais ?

— J'ai loué les pièces du bas, me dit-il. Les enfants et toi, vous allez évacuer les lieux et vous installer ici. J'aurai terminé ce soir !

Un cabanon dans le jardin ! Je n'arrivais pas à le croire !

Des amis de Muthana vinrent l'aider. J'essayais de garder une humeur normale pour ne pas alarmer les filles. D'ailleurs, je pensais que Fred n'oserait pas mettre son projet à exécution. Cela ne me semblait pas vrai. On ne parviendrait jamais à loger tous là-dedans ! Et la cabane ressemblait à des latrines ! Mais le soir, Fred et ses amis festoyaient dans la maison — ils avaient sacrifié le mouton en l'honneur d'un couple de Syriens de passage en Angleterre —, et moi, j'étais bel et bien terrée avec les petites dans le cabanon !

Le lendemain matin, je courus chez Ann Sufi. En approchant de sa maison, j'avais le cœur serré : son couple heureux, ses enfants épanouis, son environnement protégé, tout son bonheur me faisait mal ! Je ravalai ma rage jalouse. J'avais trop besoin de ma seule amie.

La réaction ne tarda pas. Le bureau d'action sanitaire et sociale ordonna la destruction immédiate du cabanon. Fred à contrecœur dut s'exécuter. Je récupérai le petit salon. Mais rien n'était arrangé pour autant. J'avais regagné un espace mais nous avions perdu une source de revenus. Pour couronner le tout, j'étais une nouvelle fois enceinte.

Comment m'en sortir ? Quitter Muthana et m'enfuir avec les enfants ? Ann m'y engageait ! Mais c'était au-dessus de mes forces ! Puis, cette année-là, 1969, tout allait mal !

En pleine nuit, mon frère Henry débarqua chez moi. Il était complètement désemparé. Il venait me chercher pour me conduire à Earl's Street, dans la maison familiale. Jamais je n'oublierai ce que je vis en arrivant : maman, assise près de la cheminée, les yeux éteints, le teint jaune, le visage détruit, avec son dernier enfant, un bambin de cinq ans, qui s'amusait à lui sauter dessus ! Et le beau-père, paralysé sur tout un côté à la suite d'une crise cardiaque, qui la regardait mourir, le regard saisi d'épouvante !

Maman m'a fait peur comme jamais je n'ai eu peur de ma vie ! Je l'ai soulevée, portée, transportée, mise au lit, lavée. Le médecin appelé en urgence a déclaré qu'elle devait aller à l'hôpital. Maman ne voulait pas en entendre parler. Elle comptait sur sa résistance intérieure pour reprendre le dessus. Elle avait toujours fait face. J'ai envoyé Henry chercher mes filles et je suis restée à la maison pour m'occuper de maman, de ses enfants et du beau-père.

Une semaine plus tard, en dépit de son acharnement, maman a dû être transportée à l'hôpital. Elle avait un cancer généralisé.

J'ai tenu sa main jusqu'à l'instant de sa mort.

Trois mois après, l'Anglais la rejoignait au ciel.

Et, en septembre 1969, je donnai naissance à Tina. Quatre kilos, mon plus gros bébé.

La disparition de ma mère m'avait mûrie. J'ai pris conscience de la vie et de la mort, de la durée éphémère de notre passage sur terre. Nous devions être forts car le temps imparti était court. J'ai saisi la première occasion qui se présentait de quitter Muthana en emménageant avec mes filles dans une petite maison fournie par les services sociaux, à Basall Heath.

Un mois plus tôt, une assistante sociale était venue me trouver alors que j'étais encore chez maman. Elle voulait que je rentre m'occuper de Muthana ! Elle partait du principe qu'ayant deux foyers à entretenir, je devais choisir celui de mon « mari ».

Dans un accès de fureur, dû au désespoir et à la fatigue, je lui avais crié au visage que je préférais m'épuiser ici que de retourner chez le constructeur de cabanon ! Je lui ai narré l'épisode, et aussi mon immense chagrin d'avoir abandonné maman quand j'avais dix-sept ans. Si j'étais restée près d'elle pour l'aider, au lieu de me mettre en ménage avec un salopard, elle serait en bonne santé ! Et si le beau-père s'était montré avec moi juste un peu sentimental, je ne les aurais jamais quittés !

Impressionnée par ma conviction et par l'histoire du baraquement au fond du jardin, l'assistante sociale m'avait fait obtenir en priorité, pour mes filles et moi, cette HLM.

Je m'y suis vite sentie perdue seule avec mes bambines. Zana avait cinq ans, Nadia quatre ans, Ashia deux ans, et Tina quelques semaines. Pour vivre, je pouvais faire des ménages ou trouver un emploi d'ouvrière à la chaîne dans une usine, mais qui s'occuperait d'elles ? Zana et Nadia étaient bien trop jeunes. Je m'étais crue forte. Ce n'était qu'une illusion. La présence de mon frère Henry et de mes demi-frères, mon retour au sein de la famille m'avaient éloignée de Muthana. Seulement, après le décès des parents, mes frères ont cessé de m'entourer, de me protéger. Je me retrouvais abandonnée.

Muthana faisait l'assaut de mon appartement. Il venait pour embrasser Tina, cajoler sa petite princesse. Quand il portait le bébé dans ses bras, un sourire réchauffait son visage. Il me suppliait de reprendre la vie commune avec lui. Il devait être sincère. Il était fier de ses enfants. Zana, Nadia, Ashia, Tina étaient folles de lui. Il trouvait toujours le petit geste qui les mettait en joie. Moi, j'aimais toujours son sourire qui chassait les nuages noirs de mon enfance. Le rêve de la vie de famille me reprenait. Le comportement chaud, gai, naturel de Fred me séduisait à nouveau. Il était tellement à l'opposé de celui de mon beau-père ! Seulement, si l'Anglais s'était montré sévère, austère avec nous, jamais il nous aurait remisés dans un cabanon parce que maman lui boudait son amour ! J'étais perdue.

Muthana connaissait les plis de mon âme, car il savait exploiter à la fois ma détresse et les sentiments de solidarité qui m'avaient été inculqués. À cause de moi, il avait perdu la belle maison de Golden Hillock Road.

— Je ne savais pas si tu allais revenir ou pas. Tu ne disais rien. Alors, je n'ai pas loué et, en raison de ce manque d'argent, je n'ai pu rembourser les emprunts, et j'ai dû vendre. Si tu m'avais dit tes intentions d'une façon claire, précise, j'aurais agi en conséquence. Maintenant, je suis à la rue, par ta faute.

Une remarque juste de Muthana suffisait à me déstabiliser. J'étais une mère, me disait-il, trop maternelle, trop protectrice. Tous les enfants ont besoin d'un père pour les protéger contre les dangers de la vie mais aussi pour leur insuffler le courage de les affronter. Et l'affrontement n'était pas ma spécialité !

Ce n'était pas tout. J'étais maladroite et peu habile de mes mains. Je laissais tomber tout ce qui me résistait, et les objets se détérioraient. Par exemple, Ann m'avait offert une belle applique lumineuse pour éclairer le salon, mais comme j'étais incapable de la poser, le luminaire restait sur le sol à prendre la poussière. Un jour de visite, sans rien dire, Fred l'a ramassé, et, quelques minutes après, le salon était doucement éclairé. Il a fait de même pour toutes les installations électriques. Grâce à lui, tout marchait dans la maison ! Jusqu'aux rideaux qu'il avait accrochés aux fenêtres !

Mais on ne se parlait toujours pas. Je me contentais d'accepter son aide. Un soir que je m'étais assoupie dans la chambre, un bruit m'a tirée du sommeil. Fred s'activait encore à cette heure tardive. J'ai marché en titubant vers la cuisine.

— T'es encore là ?

— Je t'ai réveillée ? a dit Muthana.

— Oui. Je vais faire du thé !

— Je viens de réparer la plomberie. J'ai changé tous les joints, c'est impeccable.

— Ça ne coule plus ? Merci.

Je lui tournais le dos, mais je sentais qu'il me détaillait. Un frisson m'a parcouru la nuque. J'ai versé l'eau dans les tasses.

Debout, le dos appuyé contre le mur, les mains dans les poches, Fred me regardait, le sourire aux lèvres.

Le thé me brûlait la langue, mais je ne voulais rien laisser paraître. Oh, qu'il n'imagine pas que j'avais envie de lui ou que je ressentais du trouble ! Du coin de l'œil, j'ai vérifié s'il avait toujours son petit sourire chaud et détendu. Il a aspiré une bouffée d'air entre ses dents, c'était chez lui comme un tic, et, le pas nonchalant, il est passé devant moi. J'ai ouvert la bouche mais aucun mot n'a jailli pour lui interdire l'accès de ma chambre ! Je ne savais plus quoi faire. Alors, j'ai médité. Fred était imprévisible, parfois humiliant, mais il n'avait pas toujours tort de me faire des reproches. C'est vrai : je me coiffais mal, je ne savais pas m'arranger, je me laissais souvent aller. J'avais besoin du soutien d'un homme. Fred était utile. Par ailleurs, je ne pouvais pas priver mes enfants de leur père. Enfin, je devais faire preuve de réalisme : à quelle solitude terrifiante je me condamnais si je repoussais l'homme qui m'avait choisie pour femme ? Que fallait-il faire ? Qu'est-ce qui était le moins terrible ? Vivre avec Fred, ou rester en rade, toute seule, avec des gosses à élever sans aucun espoir pour m'aider à supporter la vie ? Oui ? Non ? J'ai poussé un grand soupir, j'ai lavé la tasse, j'ai tout rangé, tout nettoyé, puis je suis allée m'allonger sur le lit, à côté de lui.

3

Fred nous avait installés dans une nouvelle maison à Washwood Heath. Une année venait de s'écouler. Le pari semblait gagné. Notre foyer s'était coulé dans une routine confortable, propice à l'épanouissement des enfants. Zana et Nadia travaillaient bien à l'école. Je disposais d'un peu plus de liberté pour les aider à faire leurs devoirs. C'était la vie de famille à laquelle j'avais toujours aspiré. Certes, la moitié des pièces était louée à un couple marié, mais ce n'était plus une bande de jeunes hommes bruyants. Et puis, dans le quartier, tous ceux qui possédaient des maisons prenaient des locataires. Personne n'avait le choix. Il fallait bien boucler les fins de mois.

En 1972, j'ai donné naissance à Mohammed. Un garçon ! Fred débordait de joie. L'accouchement s'était déroulé correctement, mais ce devait être le dernier. Le médecin était formel.

Mon bonheur aurait été complet si j'avais eu tous mes enfants autour de moi. Malheureusement, quand je parlais du retour de Leilah et d'Ahmed, Fred me répondait invariablement :

— Bientôt !

— Leilah va avoir dix ans, et Ahmed neuf. Ton père ne nous écrit plus ! Dis-lui qu'ils doivent venir à la maison pour les vacances, sinon...

— Sinon quoi ?

— Je ne serai plus rien pour eux, qu'une étrangère ! Je ne veux pas perdre l'amour de mes enfants ! Ton père doit comprendre ça !

Fred s'en allait en claquant la porte. À son retour, il me faisait toute une série de réflexions : j'étais moche, nulle, stupide, je buvais trop de thé, je fumais trop de cigarettes. Je ne valais pas grand-chose. Il se livrait sur moi à un véritable travail de déstabilisation.

Mais je continuais à réclamer Leilah et Ahmed. Fred s'est mis à boire, à faire des paris, à dépenser de l'argent inconsidérément. Fauché, il a fallu louer la plupart des chambres à des Anglo-Yéménites célibataires. Très vite, je n'ai plus disposé que de deux pièces au rez-de-chaussée pour vivre avec mes cinq enfants !

Tout recommençait !

C'était comme si un démon manœuvrait Fred pour nous empêcher d'être heureux. Il ne supportait pas de me voir mener une existence normale, paisible. Dès qu'il me sentait un peu plus sûre de moi, il m'enfonçait en me dénigrant, en contestant mes initiatives, en critiquant mes actes. Il ne me tolérait que réduite au rang d'esclave. Et moi, je marchais ! Je me renfermais sur moi-même, sur mes enfants, mon petit univers, je ne m'occupais plus de lui. Il avait tous les prétextes pour retrouver ses amis de la communauté yéménite. Ils envahissaient ma maison. Je devais les servir, me taire, et prendre le moins de place possible.

J'appelai Ann Sufi à la rescousse. Son punch me donnait du cœur au ventre ; grâce à elle, j'osais réclamer du secours. Une nouvelle fois, j'obtins un logement par les services sociaux du district.

La lettre à la main j'ai sauté de joie au milieu de mes enfants, je les ai entraînés dans une samba improvisée autour de la table de la cuisine, me fichant qu'ils renversent leur bol de thé. Après les avoir amenés à l'école, j'ai couru prendre les clefs de l'appartement à l'office HLM. J'ai fait un détour chez Ann Sufi. Elle allait m'aider à m'installer. C'était génial. Le temps a passé à bavarder. Et j'ai dû me dépêcher pour récupérer les petites à la sortie des cours. Catastrophe ! Le surveillant m'apprenait que Muthana était passé avant moi. Quelle idiote ! Évidemment, les gosses avaient tout dit à leur père !

Muthana m'attendait debout dans la cuisine. Il jouait avec un couteau.

— Tu pensais filer en douce ?

Il avait l'air mauvais, coriace. J'essayai de paraître effrontée, mais j'avais les genoux qui tremblaient.

— Tu sais tout ? Quelle malchance !

Muthana a tiré une chaise pour s'asseoir à la table de la cuisine. Le raclement des pieds sur le carrelage m'a fait sursauter.

— Et d'abord où est-il, cet appartement ?

Je me suis cassé un ongle d'un coup de dent, avant de répondre :

— À Strensham Road.

Fred continuait à me dévisager. J'ai détourné la tête, voulant prendre un air impassible, hors d'atteinte. Mais sa voix monocorde me figeait.

— Strensham Road ? Et tu ne t'es pas demandé pourquoi ils t'avaient donné un logement aussi rapidement à Strensham Road ?

Je le regardai, crânement :

— Parce que tu me fais du mal !

Fred restait assis immobile, parfaitement décontracté.

— Je te fais du mal ? Je ne pense qu'à toi et aux enfants ! Personne ne veut habiter là-bas, c'est la zone !

— C'est pas vrai !

Selon lui, Strensham Road était le secteur le plus dangereux de Birmingham. Les rixes entre voyous explosaient sans arrêt, les parents ne laissaient pas leurs gosses jouer dehors, la loi des bandes régnait.

Femmes agressées, vieilles dames égorgées, commerçants rackettés. Le vol, le crime, le viol formaient le quotidien de Strensham Road. J'étais terrorisée. À tel point que j'étais soulagée qu'il parte visiter l'appartement avec moi.

— Mais c'est assez grand pour que nous vivions tous ensemble, s'est-il exclamé, avec conviction.

J'ai rétorqué, faiblement :

— C'est ma maison à moi et à mes enfants !

Il m'a gratifié d'un sourire.

— Elle est pour nous tous.

« Ma maison à moi et à mes enfants » est devenue le nouveau centre de réunion des amis de Muthana. Tous les sujets d'actualité y passaient : Septembre noir, Israël, le décret sur la discrimination raciale mis en place par le gouvernement britannique qui interdisait toute discrimination sur la couleur de peau lors d'une embauche.

Les conversations se prolongeaient tard. J'étais souvent profondément endormie quand le silence enfin tombait sur la maison. Une nuit, dans un demi-sommeil, j'ai senti un poids chaud sur moi, j'ai entendu un halètement ; d'un sursaut, je me suis dégagée, mais trop tard : Muthana avait atteint l'orgasme. La naissance de Mohammed remontait à trois mois à peine, cela n'allait pas recommencer ? À côté de moi, Muthana dormait, repu. J'ai passé le reste de la nuit à me tourmenter sur mon sort.

Après la naissance d'Ashia, en 1967, l'assistante sociale m'avait parlé de la pilule contraceptive : « Allez à la clinique, ils vous donneront la pilule, ça vous évitera de retomber enceinte. » J'avais suivi son conseil, mais la pilule ne me convenait pas, toute cette chimie me rendait malade ! Et puis, j'oubliais de la prendre. J'ai donc arrêté, et je suis immédiatement tombée enceinte de Tina en 1969, puis de Mohammed en 1972.

Le temps de me décider à aller consulter un médecin, j'en étais déjà à trois mois de grossesse !

À peine étais-je entrée dans son cabinet que je me mis à pleurer.

— Il m'a déjà fait sept enfants ! Je ne veux plus que cela continue !

Le médecin m'a proposé de discuter avec lui d'une possibilité d'avorter.

Je l'ai regardé :

— Sans être pratiquante, j'ai tout de même été élevée dans la religion anglicane. Je veux dire, docteur, que l'idée d'avorter m'est totalement étrangère. Ma mère a eu onze enfants, vous savez ? Elle est morte à quarante-huit ans... Je ne veux pas mourir comme elle... Je me rends bien compte que je n'en peux plus ! Alors oui, vous avez raison, je veux avorter !

Il m'a souri avec bienveillance, comprenant que je n'étais pas en plein accord avec ma conscience :

— Avez-vous pensé à vous faire stériliser ? Ou à une vasectomie pour votre compagnon ?

Lisant sur mon visage la plus totale incompréhension, le médecin m'a expliqué ce qu'était la vasectomie. Je me suis effondrée dans mon siège en riant. Muthana, accepter une vasectomie ? Non, je voulais être stérilisée. Il était clair que Muthana continuerait à m'engrosser d'année en année. J'avais à peine trente ans, et sans doute dix ans encore de fertilité.

Un mois plus tard, je subissais l'opération, et deux semaines après ma sortie de l'hôpital, je recevais une lettre terrible : les médecins avaient décelé que j'avais un cancer de l'utérus !

Un cancer comme maman ! J'ai revu sa souffrance atroce. J'allais mourir, moi aussi ! Et les enfants, qui s'en occuperait ?

À l'hôpital, les docteurs m'ont rassurée : le cancer avait été diagnostiqué à temps. J'étais donc sauve.

Quand je suis revenue à la maison, c'est bien simple : c'était le plus beau jour de ma vie ! J'ai embrassé Fred. Si, cette nuit-là, il ne m'avait pas sauté dessus, je ne serais pas allée voir le docteur, je n'aurais pas demandé à être stérilisée, et les médecins n'auraient pas diagnostiqué le cancer de l'utérus ! En prenant son plaisir, Fred m'avait sauvé la vie, et je lui en étais reconnaissante ! En réaction, il s'est montré à nouveau très attentionné pour ses enfants.

Je commençais à voir la vie autrement. Je ne craignais plus d'être enceinte, j'avais pour la première fois du temps libre. Je surveillais un peu mieux la scolarité de mes filles. Je sortais de mon petit monde.

— Ça ne peut plus durer ! m'a dit Fred, un soir, à table. Acheter des maisons, prendre des locataires pour rembourser l'emprunt, ça revient à ce que ce soit moi qui loge les autres et nous qui soyons à la rue ! C'est absurde !

— Tu en conviens, enfin !

Fred m'a fait taire d'un regard, et a repris :

— J'ai trouvé la solution !

Ce qu'il avait trouvé m'a désarçonnée. Il avait décidé d'acheter un café-restaurant dans Stratford Road ! Nous allions créer un *fish and chips,* et plus tard une grande sandwicherie ! Et puis deux, et puis trois, puis une chaîne, et nous deviendrions riches !

Pendant que Fred voyait la réalité à travers le prisme de ses rêves, je découvrais, serré, dans une petite rue, en face d'un garage, entre un entrepôt et une maison décrépie, un ancien bistrot ouvrier depuis longtemps abandonné par ses propriétaires. Une tristesse, une misère, une ruine ! De la porte ouverte se dégageait une odeur infecte. Il n'y avait pas de lumière à l'intérieur. La salle semblait à peine plus grande qu'une gargote. En tâtonnant, Fred m'a guidée au premier étage. L'appartement, situé au-dessus de la salle, comportait de belles chambres, un magnifique salon, un deuxième étage identique, et comme me le faisait remarquer Fred, l'école était située à quelques centaines de mètres. Séduite par l'espace, j'oubliais l'odeur d'abandon qui suintait de toutes les pièces, je fermais les yeux sur le mauvais état général des lieux.

Seulement, pour avoir le droit d'habiter un si bel appartement, il fallait tenir le café-restaurant ! Un vrai bazar ! Comment allais-je m'en sortir avec toute cette huile bouillante pour les frites et les poissons ? Et pour la gestion, les commandes, la comptabilité ? Fred avait réponse à tout. Nous allions former une équipe. Nous allions nous élever dans l'échelle sociale en devenant nos propres patrons. En l'écoutant, je me sentais déjà valorisée. Il avait tout prévu, tout pensé. Le matin, à six heures, il se chargerait d'ouvrir le restaurant. Pendant ce temps, je préparerais les enfants pour l'école, ensuite je l'aiderais à servir les repas, poissons et frites, jusqu'à trois heures de l'après-midi. Puis, je pourrais me retirer dans notre logement pour m'occuper des petits à la sortie des classes. Après quoi, je redescendrais l'aider jusqu'à la fermeture à onze heures du soir.

Fred avait oublié le ménage. La journée démarrait bien à six heures mais elle se terminait à une heure du matin ! Je faisais tout : cuisinière, femme d'entretien, serveuse, plongeuse, gardienne des flippers, mère de famille, épouse dévouée. Résultat : je n'en pouvais plus. Pendant ce temps, à l'étage, Fred abattait des cloisons, déplaçait des escaliers. Il bricolait.

Tant pis, courage ! Tous ces efforts nous plaçaient dans la bonne voie. Le café ne désemplissait pas. L'argent rentrait. Si nous avions des difficultés pour boucler le budget, Fred prenait un emploi dans une usine. J'avais retrouvé l'homme travailleur du début. Et je redoublais d'ardeur, aux fourneaux, au comptoir, servant, bouillant, épongeant du matin au soir. Je n'avais jamais connu de ma vie une situation aussi stable. Tout allait bien. Les enfants s'épanouissaient.

Fred trouvait son repas servi à l'heure qu'il voulait, son linge propre et repassé. Dès que j'avais deux minutes à moi, je les consacrais aux devoirs des enfants.

Ce bon équilibre dura cinq ans, puis la situation s'est dégradée brutalement. Fred avait aménagé dans une chambre du premier un véritable tripot. Mieux, il avait fabriqué un petit escalier qui reliait directement la salle du café à l'étage pour éviter aux joueurs de traverser notre appartement. Ils passaient la nuit à miser de grosses sommes d'argent, en mâchant des feuilles de qât, une substance narcotique douce qui procure une impression de vivacité et qui coupe la faim, ils ne s'arrêtaient que pour aller pisser les litres de thé qu'ils ingurgitaient. Sans vergogne, Fred flambait aux cartes la recette du bistrot. S'il était vainqueur, il faisait la fête. S'il perdait, il se soûlait. De toutes les manières, il dilapidait notre argent, et moi, je trimais dix-neuf heures par jour !

Les factures impayées ont commencé à s'accumuler. Pris dans la spirale du jeu, Muthana fut cité à comparaître devant un tribunal pour non-paiement de charges.

— Je suis un grand joueur ! déclarait-il, avec fierté. Je ne suis pas un médiocre ! Je suis un seigneur.

Il avait trouvé dans le jeu sa vraie vocation, ainsi qu'une nouvelle échelle de valeurs où même la perte l'ennoblissait.

Il fut incarcéré à la prison de Winson Green.

Un peu calmé, Muthana a pris un travail en usine pour payer les huissiers. Mais il se désintéressait du restaurant, de moi, et du sort de ses enfants, même quand la malchance et l'injustice les frappaient.

Nadia, treize ans, se comportait comme un garçon manqué. Elle adorait jouer au football, un peu comme moi à son âge. Derrière ses poses garçonnières, nous la savions, son père et moi, plus sensible que les autres filles, bien plus émotive que Zana, pourtant plus féminine.

Un jour, sur le marché, j'achetais des fruits pour le restaurant quand j'ai entendu dans la foule la voix de Nadia : « Maman ! Maman, regarde ! » Je me suis retournée vers elle. Nadia, le bras levé, tenait entre les doigts un bijou fantaisie qu'elle voulait me montrer. Comme je ne réagissais pas assez vite, elle a fait quelques pas vers moi. À ce moment-là, un homme s'est jeté sur elle, et l'a plaquée au sol en criant : « Au voleur ! Cette salope m'a chouravé un article sur mon stand ! » Nadia se débattait, car le marchand lui tirait les cheveux en hurlant comme un forcené. Les policiers sont intervenus.

Accusée de vol à l'étalage, Nadia a été citée à comparaître au tribunal d'instance. J'ai expliqué au juge que ma fille n'avait jamais eu l'intention de voler, qu'elle avait seulement voulu me montrer le bijou. Ce fut ma parole contre celle du marchand. Le juge a tranché. Nadia a été inculpée de vol et placée en liberté surveillée pendant une période de deux ans, sous ma garde, avec obligation de pointer dans les services sociaux tous les quinze jours.

À la maison, apprenant la condamnation de Nadia, Muthana est entré dans une colère noire. Sa voix tremblait :

— Alors, comme ça, ma fille est une voleuse ? Elle traîne mon nom dans la boue ? Comment vais-je pouvoir regarder les gens dans la rue ?

Je témoignai de son innocence. Muthana ne désarmait pas : si le juge l'avait condamnée, c'est qu'elle était coupable. Et moi, responsable, car mon laisser-aller, mon désordre, mes négligences, ma paresse poussaient mes filles sur la pente dégringolante de la délinquance, de la malhonnêteté et du vice !

Trop, c'était trop ! Moi, paresseuse et laxiste ? Je travaillais dix-neuf heures par jour pendant qu'il jouait aux cartes la recette du café ! Qui de nous deux était

« laxiste, paresseux, malhonnête » ? Ma fille traînait son nom dans la boue ? Qui était allé en prison pour non-paiement de ses charges ? Ce désordre n'avait pas arrangé notre réputation auprès des juges !

Pour la première fois, je lui tenais tête. Et, pour la première fois également, j'ai entendu Muthana hurler en arabe de terribles imprécations. J'eus peur qu'il frappe Nadia. J'ai couru dans sa chambre pour la protéger. Je réagissais comme du temps de ma jeunesse, avec le même désarroi, la même crainte profonde de la violence des hommes. Je voulais aussi être un rempart pour ma fille contre les institutions, car je restais persuadée que le juge était raciste. Ne nous avait-il pas dit qu'il nous trouvait un petit air « exotique » ?

Mais surtout, j'avais tenu tête à Muthana.

D'ailleurs, nous ne nous parlions plus, nous ne dormions plus dans le même lit. On s'évitait, en fait. Je travaillais, je m'occupais de servir les clients, je discutais avec mes enfants. Quand il s'est mis à jouer aux cartes, je n'ai même pas protesté. On vivait chacun dans son monde.

À cela, il n'était pas indifférent.

Quelques jours plus tard, en plein après-midi, deux hommes sont entrés dans le café en soutenant Fred, livide, chancelant sur ses jambes. À l'usine, une presse lui avait écrasé la main. Il avait perdu un pouce, la plus grande partie de son index, et la totalité du majeur. Ses collègues le ramenaient de l'hôpital.

La main brisée, Muthana faisait peine. Je lavais sa plaie, changeais les pansements, lui portais ses médicaments, par devoir, par loyauté. Je l'écoutais se plaindre de moi pendant que je le soignais. Je ne prenais pas suffisamment soin de ma personne, je m'habillais mal, je n'allais jamais chez le coiffeur. Vexée, je protestais que je n'avais pas le temps de me faire belle ! Je travaillais au café comme une bête de somme ! Il réclamait ma compagnie. Il me disait qu'il regrettait de s'être laissé emporter par la passion du jeu. Il voulait retrouver le bon chemin. Cette blessure était pour lui comme un avertissement divin. Avec sa main mutilée, sa voix faible, ses yeux battus, il m'apitoyait. J'ai pris un peu mieux soin de ma tenue. Un soir, il m'a retenue dans la chambre. Il avait besoin de faire le bilan de notre vie commune. Nous avions réussi à créer ce commerce, qui tenait debout. Certes, je travaillais énormément, mais, d'un autre côté, sans lui, jamais je ne me serais crue capable de tenir un établissement. Même s'il perdait parfois le sens des réalités, il avait toujours de bonnes idées sur ce qu'il fallait faire. Le jeu, cette maladie, nous avait criblés de dettes. Il accusait le « climat » de Birmingham de l'avoir détourné du bon chemin. Il allait resserrer les boulons. Une fois totalement rétabli, il me promettait que tout allait changer. Ma foi, pourquoi pas ? Il avait dû avoir très peur le jour de l'accident et désirait changer le cap. Pour ma part, je gardais toujours un petit peu d'amour en réserve, que je ne demandais qu'à utiliser s'il se montrait gentil.

J'avais oublié un détail : j'étais isolée au sein même de ma maison. Lorsque Muthana était revenu de l'hôpital, soutenu par ses collègues, il m'avait dit tout de suite :

— Préviens Gowad !

Gowad Abdul Majid faisait « autorité » au cœur de la communauté anglo-yéménite. Extrêmement religieux et traditionaliste, il était l'homme de confiance dans les coups durs. Il avait tenu à diriger les négociations avec les patrons de l'usine pour que Muthana perçoive les indemnités qu'il était en droit de toucher. Depuis, Gowad et ses amis faisaient tous les soirs le siège du salon et lançaient Muthana dans d'interminables discussions. Ils parlaient en arabe, jamais en anglais, même devant moi. De toute manière, je quittais peu la cuisine, contente de pouvoir fumer tranquillement autant de cigarettes que je voulais, sans avoir à subir les réflexions des mâcheurs de qât.

— Miriam ! Prépare du thé pour une dizaine de personnes !

J'ai fait un bond, car je ne l'avais pas entendu débouler dans la cuisine. Fred n'a pas remarqué que je fumais. Signe d'une grande préoccupation. Le salon était bondé comme d'habitude. J'ai posé la grosse théière sur la table basse — qu'ils se servent eux-mêmes —, et j'ai repris le chemin de la cuisine où m'attendaient cigarettes et magazines.

La voix de Fred m'a figée sur place.

— Où vas-tu, Miriam ?

Sa voix, habituellement sèche et triste, chantait ce soir mélodieusement. Je me suis retournée, saisie.

Fred me souriait, ce qui était en soi renversant ; mieux encore, résolu, il m'a prise par la main pour me présenter à ses amis.

— Reste un peu avec nous... — il n'a pas dit « ma chérie », mais c'était tout comme. Cela nous ferait plaisir, n'est-ce pas, les gars ?

Tous buvaient du thé en mâchant du qât. Ils ont interrompu leurs mastications pour me dévisager avec curiosité, puis ils m'ont saluée avec déférence, et en anglais ! Je n'en croyais pas mes oreilles ni mes yeux ! Je les connaissais tous de vue. Ils avaient des emplois dans les usines de métallurgie lourde, les fonderies. Le travail ne manquait pas à Birmingham, un des plus grands centres industriels d'Europe.

Soudain, un joyeux chahut a retenti dans l'entrée, si fort qu'il couvrait le vacarme des hommes : Zana, Nadia, Ashia revenaient du Club pour la jeunesse, en retard une fois de plus. Elles défiaient l'autorité paternelle. J'appréhendais la suite. Devant ses amis, Fred allait se fâcher très fort, et leur reprocher de traîner avec les garçons du quartier. Zana avait un petit copain, comme toutes les filles de son âge, et Muthana ne l'acceptait pas. À ma grande surprise, il n'a pas élevé la voix contre les retardataires, mais leur a gentiment demandé de venir se joindre à nous.

Les hommes se sont levés pour céder la place à Zana, Nadia et Ashia. Leur peau cuivrée leur donnait un air d'oiseaux des îles. Toutes trois avaient des chevelures magnifiques, surtout Nadia. Chaleureuses, attentionnées, elles étaient très appréciées des gamins du quartier qui venaient au café pour les voir. Demain, me disais-je, ce seront des jeunes femmes éclatantes. Pour l'instant, Zana et Nadia flottaient entre deux univers. Elles avaient encore le naturel de l'enfance, mais les traits un peu flous de leurs visages révélaient les incertitudes de l'adolescence. Elles n'avaient que quinze et quatorze ans, un âge merveilleux et fragile. La conversation en anglais a glissé sur des sujets de civilisation : l'école, l'apprentissage des langues, l'avenir. Puis nos invités sont partis, les filles sont montées dans leur chambre, et il n'est plus resté que l'impressionnant Gowad, installé comme un prince dans le fauteuil de Muthana.

Je le respectais, sans plus. Je n'aimais pas ses yeux sombres qui semblaient vous regarder de l'intérieur. Instruit sur les questions religieuses, Gowad prétendait en savoir plus long que les autres sur Dieu et ses desseins impénétrables. Il débrouillait l'indéchiffrable. Il lisait à travers les signes. D'où cet air de supériorité tranquille qu'il affichait en permanence et qui m'agaçait. Ensuite, il n'était pas beau et se laissait gagner par l'embonpoint. Cinquante ans, le visage gras, le crâne chauve, le ventre bien bedonnant, stabilisé par d'épais « bracelets d'amour », il était plus proche physiquement du personnage emblématique des pneus Michelin que de l'acteur Omar Sharif ! Il avait la particularité de parler toujours avec une extrême douceur, et très bas. Nous devions retenir notre souffle pour entendre ses paroles. À cause de ses rondeurs et de son allure bonhomme, les enfants l'adoraient, et l'appelaient oncle Gowad. Je savais qu'il était marié avec une Yéménite, qui vivait dans son village natal. Il allait la rejoindre régulièrement.

À son retour du Yémen, il ne manquait jamais de me donner des nouvelles — toujours excellentes — de Leilah et d'Ahmed. Il s'en faisait un devoir. Il comprenait les inquiétudes d'une mère et, toujours très poli, se pliait de bonne grâce à toutes mes questions. Bien que traditionaliste, Gowad Abdul Majid avait des vues modernes. Toutes les minutes, disait-il émerveillé, des avions décollaient sur tous les aéroports des quatre continents, les frontières explosaient ; demain, nous serions tous égaux et la sagesse de Dieu régnerait sur le monde.

— Gowad repart bientôt pour le Yémen, me dit Muthana.

— Au mois de juin, inchAllah ! a murmuré Gowad, de sa voix de velours.

Muthana a toussé pour s'éclaircir la gorge ; devant Gowad, il cherchait à prendre un ton suave et modulé.

— Miriam, je dois te dire que j'ai l'intention d'accompagner Gowad. J'y pense très sérieusement. Après mon accident, je ressens le besoin de resserrer les liens familiaux.

Le ciel ne s'est pas écroulé sur ma tête. La dernière fois qu'il était parti au Yémen, j'avais cru mourir de chagrin. Aujourd'hui, disons que je n'étais plus une femme transie d'amour.

— La famille, c'est ce qu'il y a de plus important, continuait Muthana.

Pendant que Fred exprimait son envie de retourner à ses racines yéménites, mon esprit s'emballait : je songeais à Leilah et Ahmed... Si Fred partait au Yémen, cette fois, il pourrait les ramener ! Ils avaient déjà seize et quinze ans, à quoi pouvaient-ils ressembler, n'était-il pas trop tard ?

— Miriam ! Tu écoutes ? m'a dit Muthana. C'est bientôt l'été et Gowad veut bien emmener une des filles en vacances au Yémen. C'est gentil de sa part, tu ne trouves pas ? Je vais recevoir l'indemnisation pour mon accident de travail. Dès que j'aurai reçu l'argent, nous irons tous ensemble la rejoindre. Je te l'ai toujours promis, n'est-ce pas ? Je crois que le moment est venu. Qu'en penses-tu ?

Mon regard allait de Muthana à Gowad.

— Nous allons tous au Yémen ?

Fred gémissait, affalé dans son fauteuil : sa main devait le faire souffrir.

— Oui. Je te l'ai toujours promis. Mais pour l'instant nous avons un grave problème à résoudre. Nous devons choisir laquelle des deux filles partira avec Gowad. Il s'en va dans trois semaines, il faut choisir sans attendre !

— Oui, mais nous, nous partons quand ?

Il gémit plus fort.

— Dès que j'aurai reçu mes indemnités. Aussitôt après. C'est une affaire de semaines. J'ai déjà réservé des places d'avion.

Gowad a approuvé :

— Il vaut mieux s'y prendre un mois à l'avance.

J'ai regardé Gowad. Ses yeux mi-clos étaient chargés de générosité. Si une des filles devait partir quelques jours en vacances, il valait mieux que ce soit Nadia. Après l'épreuve du tribunal, le dépaysement lui ferait le plus grand bien.

Fred eut un sursaut convulsif, comme s'il était saisi par le souci du devoir.

— Je savais que tu allais la favoriser. Mais Nadia ne le mérite pas !

J'ai protesté. Fred s'est fâché, s'est cabré, s'est obstiné. Puis, il a cédé :

— Dans ce cas, appelle Nadia !

— Elle est au lit !

— Va la chercher !

À moitié endormie, Nadia est descendue nous rejoindre au salon, avec Zana sur ses talons.

— Asseyez-vous en silence et écoutez l'oncle Gowad, ordonna Muthana.

Il adoucit sa voix pour ajouter :

— Il va vous parler du Yémen.

Nous avons tendu l'oreille pour saisir ses paroles. Il n'avait pas dit trois mots que déjà les yeux blasés de Nadia se mettaient à scintiller, son fin visage triste s'est épanoui. Moi-même, j'étais transportée ailleurs, très loin de la fumée des usines de Birmingham. Il fallait entendre la voix mélodieuse d'oncle Gowad chanter les mille et une couleurs du Yémen ! Il fallait le voir dessiner d'un geste de la main le mouvement doux des dunes, ou bien esquisser la beauté des reflets du soleil levant. Grâce à la magie de ses mots, nous suivions la route de l'encens et de la myrrhe, nous franchissions les portes antiques de Maleb, la capitale du royaume de la reine de Saba. Pays merveilleux où poussent en abondance les oranges, les bananes, les dattes et les mangues. Nous imaginions une Arabie fertile et heureuse, grasse et bonne, à l'image du gros et poétique Gowad. Dans ce pays de légende, il habitait une maison blanche avec des piliers de marbre, noyée dans les verts pâturages et les arbres fruitiers. La vie là-bas était très différente, expliquait-il. Après le travail, au galop sur des petits chevaux vifs et prompts, les jeunes rejoignaient les plages parfumées, situées à quelques kilomètres à peine de la maison. Un vent chaud et apaisant agitait les feuilles des palmiers sous lesquels venaient sommeiller les grands dromadaires. Le soir, on dévorait des chapatis sous un ciel illuminé d'étoiles. Les vieux racontaient les facéties des génies invisibles qui peuplaient les montagnes. Les garçons frappaient sur des tambourins et les yeux des filles riaient tandis qu'elles battaient la mesure avec leurs mains. Zana et Nadia applaudissaient. Fans du chanteur jamaïcain Bob Marley, elles associaient le Yémen de Gowad aux rythmes reggae de leur idole. Muthana a toussé à plusieurs reprises, n'en pouvant plus d'attendre que le grand homme ait fini d'épancher sans réserve son goût pour la poésie — inclination fortement excitée par la consommation du qât —, pour annoncer à ses filles qu'une fois riche de l'argent des indemnités, nous irions tous, Ashia, Zana, Tina, Mohammed, lui, moi, rejoindre Nadia pour retrouver Leilah et Ahmed ! Notre grande famille serait enfin réunie sous le soleil du Yémen ! Et ce fut à mon tour de battre des mains, surexcitée comme une gamine ! Émų par le spectacle d'une famille en fête, Gowad séchait une larme.

Zana n'avait pas osé interrompre le discours d'oncle Gowad, mais, après son départ, elle a fait une véritable comédie :

— Pourquoi j'y vais pas la première ? Pourquoi Nadia ? Elle n'a que quatorze ans ! Elle parle pas arabe !

— Parce que tu parles arabe, toi ? a rétorqué son père. N'oublie pas que la plupart des Yéménites parlent anglais.

— Mais Nadia va être seule, entourée d'étrangers ! Elle est trop sensible !

— Gowad n'est pas un étranger, protesta Muthana.

— Oui, mais il va être accaparé par sa famille. Nadia aura peur toute seule, elle ne m'a jamais quittée plus de six heures ! Puisque toi et maman, vous y allez de toute façon, pourquoi je partirais pas avec elle tout de suite ? On sera deux, ce sera mieux. Moi, je vous le dis, si Nadia part seule, je ne suis pas d'accord !

Les arguments développés par Zana ont paru ébranler les certitudes de Muthana.

— Allez vous coucher. On en reparlera.

C'était bien la première fois que je le voyais hésiter. Une fois les filles montées dans leur chambre, je l'ai interrogé sur ses intentions réelles.

Il s'est versé une dernière tasse de thé. Il réfléchissait. Sa voix était redevenue basse et triste :

— Zana a raison, mais il y a le problème du billet d'avion. Et puis Gowad est très gentil, mais il serait impoli d'exiger qu'il emmène les deux filles. Tout cela est très embêtant.

Qui plus est, nous avions oublié l'administration anglaise ! Nadia, sous surveillance judiciaire, devait répondre de ses actes tous les quinze jours au bureau des services sociaux. J'ai dû déposer une requête pour lui permettre de partir en vacances, et une enquête de moralité a été diligentée sur Gowad et Abdul Khada Saleh. Un peu plus tard, nous recevions une réponse favorable de l'Administration.

C'est alors que Fred trouva la solution qui arrangeait tout le monde. Zana partirait dès la fin de l'année scolaire avec Abdul Khada Saleh et son fils. Au sein de la communauté yéménite de Birmingham, Abdul Khada Saleh jouissait d'un prestige encore plus grand que celui de l'oncle Gowad, car il possédait une certaine fortune, acquise en travaillant en Arabie Saoudite et au Koweit. Son épouse, Wad, était restée au Yémen avec leur fils Abdullah qui s'occupait du développement de sa propriété. Son deuxième fils, Mohammed, avait également femme et enfant. Il aurait été inconcevable de ma part de mettre en doute l'honorabilité d'Abdul Khada Saleh et celle de l'« oncle » Gowad. Je n'y songeais même pas.

Il fut donc décidé que Zana partirait la première et resterait avec Abdul Khada Saleh jusqu'à l'arrivée de Gowad et de Nadia, deux semaines après. Ensuite, les deux vacancières, sous la bonne garde de Gowad, iraient ensemble au sud du Yémen où les attendaient Leilah et Ahmed. Muthana et moi nous fermerions le café un ou deux mois, c'était encore à voir, et nous partirions les rejoindre. Muthana espérait avoir assez d'argent pour payer les billets d'Ashia, Tina et Mo. Sinon, ils resteraient à Birmingham sous la surveillance de tante Helen, une de mes demi-sœurs. De toute façon, nous serions de retour avant le début de la nouvelle année scolaire.

Le soleil entrait dans ma vie !

À l'aéroport de Londres, j'embrassai Zana pour la dixième fois. Elle n'était jamais partie en vacances à l'étranger. La veille, ses copains étaient venus faire la fête à la maison pour célébrer l'événement. Dans sa valise, achetée tout exprès, elle avait glissé des jupes, quelques tee-shirts, un magnétophone, ses cassettes de Bob Marley et des bouquins à succès. Je l'ai embrassée encore en lui demandant de m'écrire dès son arrivée. Un peu plus loin, Muthana, les mains dans les poches, palabrait avec Abdul Khada et son fils Mohammed. À eux trois, ils formaient un clan de moustachus taciturnes. Ils avaient des visages moroses, soucieux. Depuis le matin, Muthana ne cessait de recommander à Zana de se montrer respectueuse et bien élevée avec Abdul Khada et sa famille. Et surtout de lui obéir en évitant de faire « son intéressante ». En riant, Zana promettait d'être sage. Fred semblait redouter sa nature indisciplinée. Personnellement, l'agressivité de ma fille me rassurait : ce n'était pas elle qui se laisserait mener par le bout du nez par qui que ce fût. Muthana m'a fait signe : les passagers étaient appelés en salle d'embarquement. J'ai demandé à Zana de me répéter les mots très simples qu'elle devait transmettre de ma part à Leilah et à Ahmed. Je voulais être bien sûre qu'elle se les rappellerait. « T'en fais pas, maman ! » Elle a emporté mes mots d'amour dans un dernier baiser. Puis, d'un mouvement joyeux, a glissé ses pas dans ceux des honorables Abdul Khada père et Mohammed Khada fils pour franchir à leur suite le poste de douane. J'ai regardé s'éloigner ma jolie vacancière, légère dans sa jupe à fleurs, et solidement chaperonnée par une paire de dévots à moustaches. Elle s'est retournée pour m'adresser un petit geste de la main. Lorsque je ne l'ai plus vue, j'ai pensé qu'elle fêterait ses seize ans là-bas, au Yémen.

Deux semaines plus tard, le facteur déposait joyeusement sur le comptoir du café une carte postale de Zana, expédiée de Sanaa, la capitale de la République arabe du Yémen. La photo représentait un vieux château perché au sommet d'un rocher. Au verso, Zana nous assurait que tout allait bien, mais conseillait à Nadia de s'habiller correctement. Elle se désolait de ne pas avoir encore vu de chameau ! Nadia m'a pris la carte des mains pour l'examiner attentivement. Où était la plage ? Cependant, les ruines du château perché évoquaient celles de la Grèce antique, reproduites dans son manuel d'histoire. Elle s'est mise à danser de joie. La seule évocation de la Grèce me transportait moi aussi dans un monde enchanté ! La Grèce, le berceau de notre civilisation, l'Egypte, la mère du monde ! Le Yémen, avec ses côtes bercées par la mer Rouge et le golfe d'Aden, ses montagnes magiques, recelait dans mon esprit tous les secrets de l'Arabie. Nadia imaginait plutôt des îles exotiques, des palmiers, des plages de sable doré. Elle avait du mal à contenir son impatience. Elle riait, plaisantait à longueur de journée. Je riais avec elle. Nadia avait le même caractère chaleureux et attachant que Zana. Mais quelqu'un ne partageait pas notre joie. Un peu jalouse, un peu punie de ne pas être de la fête, Ashia, du haut de ses treize ans, ne cachait pas sa mélancolie. Zana lui manquait déjà et le départ de Nadia l'assombrissait.

— Mais bientôt nous irons tous là-bas, lui disais-je.

Ashia retrouvait le sourire ainsi que Tina et Mo. Quelle bonne idée Zana avait eue de demander à son père la permission d'aller au Yémen ! Elle protégerait Nadia, l'empêcherait de jouer trop longtemps au soleil ou de monter à cheval toute la journée. Excellentes nageuses toutes les deux, elles passeraient le plus clair de leur temps, je m'en doutais, sur la plage. Je me plaisais à imaginer Nadia grimpant en haut des palmiers pour épater son monde et faire crier Zana. Ma seule inquiétude tournait autour de la rencontre avec Leilah et Ahmed. Quelle serait leur réaction ?

Après Zana, ce fut le tour de Nadia d'être poursuivie par mes recommandations.

— Oui ! Oui ! Je les embrasserai de ta part ! Oui, maman, je ferai attention aux chevaux ! Non, maman, je n'irai pas nager en mer s'il y a du courant ! Ah ça oui, j'irai défier Ahmed au foot !

Elle riait, et moi aussi. J'étais certaine que ce voyage leur serait bénéfique. Ces vacances au soleil les changeraient des sempiternelles promenades dans le parc du manoir de Drayton ou les visites au zoo de Dudley. Tous les jeunes du quartier les enviaient.

Une semaine plus tard, le cœur un peu serré, je retrouvais l'aéroport de Londres. Cette fois, je confiais Nadia aux bons soins de l'oncle Gowad.

Dans le train qui nous ramenait à Birmingham, je rêvais aux enfants, bronzés et fous de soleil ! Muthana, à côté, avachi, somnolait.

Un mois a passé. Tous les jours, je guettais le facteur, mais le pauvre était désolé de ne pas avoir dans sa sacoche la moindre carte postale. Fred me rassurait. En provenance du Yémen, le courrier mettait du temps. Un mois ? Ça fait beaucoup. Fred me certifiait que les filles ne risquaient rien avec Gowad et Abdul Khada. Évidemment, je ne les aurais jamais laissées partir seules ! Je ne les aurais même pas laissées partir avec Muthana. Je n'avais pas oublié ce qui s'était passé avec Leilah et Ahmed. Cette fois c'était différent, Zana et Nadia étaient plus grandes et placées sous la responsabilité de Gowad et d'Abdul Khada, deux hommes qui comptaient dans le quartier. Et puis, tout le monde était au courant qu'elles voyageaient avec eux, jusqu'aux services sociaux de la ville.

Néanmoins, l'inquiétude commençait à me ronger.

Rien n'allait normalement. Fred avait reçu une lettre de son employeur qui lui proposait un dédommagement de 3 500 livres. Qu'espérait-il ? Toujours est-il qu'il avait refusé ce qu'on lui proposait et qu'il s'était mis à boire. Il m'a avoué qu'il avait emprunté de l'argent à un collègue pour payer le billet de Zana. Il devenait de plus en plus taciturne, déambulant dans le restaurant, sans but, les épaules voûtées, la moustache en bataille. Et, avec tout ça, le facteur qui n'apportait toujours aucune nouvelle des filles !

— Elles sont tellement bien là bas qu'elles ne pensent pas à nous écrire, disait Fred.

Il ne parlait plus de la lenteur des postes ! Je connaissais Zana et Nadia. Même très occupées à s'amuser, elles auraient trouvé une minute pour griffonner ne serait-ce que trois mots. Une idée s'insinuait en moi : elles n'écrivaient pas parce qu'elles étaient empêchées de le faire !

Je dormais de plus en plus mal. J'avalais des litres de thé et battais mes records de consommation de cigarettes. L'anxiété creusait mes traits. Souvent, je m'asseyais sur une chaise pour reprendre mon souffle, car j'avais la respiration bloquée. Le tabac et l'angoisse me suffoquaient.

Un matin, j'ai dû me rendre chez les huissiers pour régler une partie de l'amende de Fred. J'étais presque contente d'avoir une course à accomplir à l'extérieur. Prendre l'air, croiser des gens me libérait quelques instants de mes tourments. À mon retour, j'avais à peine franchi la porte du restaurant, que Fred me lança :

— Zana et Nadia ont téléphoné !

Les questions se bousculaient dans ma bouche.

— Elles ne sont pas malades ? Elles ont vu Ahmed et Leilah ? Tu as pu leur parler ? Où sont-elles ?

— Elles n'avaient que trois minutes de communication. Elles téléphonaient d'un central à Taez. Elles m'ont demandé la permission de rester un peu plus longtemps.

— Tu leur as dit non ?

— Pourquoi ? C'est le voyage qui coûte cher, elles peuvent rester encore quelques semaines à se dorer au soleil et à manger des chapatis. Miriam, écoute-moi ! Ce serait stupide de les faire revenir alors que nous allons les rejoindre.

J'ai ouvert de grands yeux :

— Tu viens de refuser les indemnités ! C'est trop tard !

— C'est en négociation. Nous allons partir, ce n'est qu'une question de temps. Il faut simplement attendre de recevoir l'argent.

— Tu es sûr qu'elles allaient bien ? Qu'est-ce qu'elles t'ont dit ?

— Elles m'ont dit qu'elles étaient très heureuses, loin de nous et du ciel gris de Birmingham !

Il plaisantait ! Bien sûr qu'elles pensaient à moi, à leurs sœurs, à leur frère et à leurs amis ! J'en étais persuadée.

L'attente, l'incertitude se sont prolongées jusqu'à ce petit matin ordinaire où ma vie a basculé.

J'étais postée derrière le comptoir, et je surveillais du coin de l'œil les jeunes agglutinés autour des flippers. Je craignais toujours des chamailleries ou des coups donnés sur l'appareil. Mary, une des amies de Nadia — elles appartenaient toutes les deux au club des garçons manqués —, entra dans le café dans un coup de vent. Son attitude était anormale. Elle me lançait des regards durs, méchants. Elle semblait agitée, énervée. Au lieu de rejoindre ses copains, elle m'a apostrophée :

— C'est vrai que Zana et Nadia sont mariées ?

Elle était tendue, dressée, poings serrés, prête à exploser de colère. Stupéfaite, j'ai essayé de la calmer :

— Allons, ne sois pas bête, Mary. Pourquoi me demandes-tu si elles sont mariées ?

Son regard ne me lâchait plus :

— C'est vrai ou pas ?

— Non, Mary, c'est faux ! Pourquoi me poses-tu cette question ?

Elle m'a regardée droit dans les yeux pour savoir si je disais la vérité. Puis, soulagée, elle a tourné des talons, quittant le café aussi vite qu'elle était entrée.

Mes filles, mariées ? Quelle idée saugrenue ! Ce devait être la nature impulsive de Mary qui la poussait à se raconter des bobards.

Le lendemain, Mary est revenue, entourée de ses copains de flipper. Cette fois, elle m'accusait :

— Vous mentez ! Zana et Nadia sont bel et bien mariées !

— Je te dis que non ! Tu vas te taire !

— Je ne me tairai pas ! Elles sont mariées !

Elle criait. Les clients avaient cessé de manger, tous nous regardaient.

Une vague d'effroi m'a glacée soudain. Si c'était la vérité ? Mary avait tout juste quinze ans, mais elle semblait tellement catégorique.

— Elles sont mariées ! criait-elle. Vous vous taisez, maintenant ?

J'ai contourné le comptoir, et j'ai saisi Mary par le bras :

— Qui t'a dit cela, Mary ?

— Une femme !

Ses yeux exprimaient la bonne foi.

— Quelle femme ?

— Une femme au coin de la rue. Cela fait deux fois qu'elle me le dit !

J'ai empoigné Mary et l'ai traînée dehors, laissant la porte du café grande ouverte derrière moi :

— Mène-moi à cette femme, Mary, et tout de suite !

Elle ne s'est pas fait prier. Elle a filé droit. Je l'ai

suivie à travers les rues, la tête bourdonnante de mille questions. Cette femme allait sûrement me prendre pour une folle ! Une mère qui ne sait pas si ses filles sont mariées ou non ! Tant pis, elle penserait ce qu'elle voudrait, je voulais en avoir le cœur net.

La femme en question appartenait à la communauté anglo-yéménite. Je la connaissais tout juste de vue. J'ai essayé de reprendre mon souffle, surtout une expression normale, avant de lui dire :

— Madame, je suis Miriam, la mère de Zana et de Nadia Muhsen. D'après Mary, vous auriez appris que mes filles étaient mariées. Vous pouvez m'expliquer, s'il vous plaît ?

La dame m'a regardée, un peu embarrassée :

— Oui, c'est exact. Mais je pensais que vous étiez au courant. Ce sont des rumeurs qui circulent.

— Des rumeurs ?

— Oui, une femme qui connaît quelqu'un qui revient du Yémen me l'a dit.

— Quelle femme ? Qu'est-ce que ça veut dire ? Tout cela est absurde !

— Le mieux est que je vous donne son adresse.

— S'il vous plaît !

Toujours flanquée de Mary, j'ai couru à l'adresse indiquée. Les passants s'arrêtaient sur le trottoir pour me dévisager. Mais je ne me souciais plus d'être prise pour une folle !

Arrivée devant un petit pavillon ouvrier, le cœur battant d'impatience, j'ai sonné à la porte, plusieurs fois. Une femme m'a ouvert. Je me suis à peine présentée ; elle m'a laissée entrer, elle me reconnaissait, et m'a dit exactement ceci :

— Deux jeunes hommes yéménites, revenus il y a deux jours à peine, racontent qu'ils sont allés dans un village où ils ont rencontré deux jeunes filles de Birmingham, appelées Zana et Nadia, qui se sont mariées avec des hommes de ce village.

— C'est impossible !

La femme a continué à me parler, mais je ne l'entendais plus. Mon esprit vrillait et tournait en panique. Les mots que l'on me disait ne montaient plus à ma conscience. Une seule idée me dévorait : Fred ! Le trouver, lui parler, lui arracher la vérité.

Dans un état de panique absolu, j'ai traversé les rues sans me soucier du flot ininterrompu des camions et des camionnettes. Au café, Fred était debout derrière le comptoir. J'ai poussé un cri. Je me suis jetée sur lui :

— Zana et Nadia sont mariées ?

C'étaient les seuls mots intelligibles que j'étais capable de prononcer. Pour le reste, mes yeux scrutaient son visage qui restait impassible, presque indigné.

— Bien sûr que non. Qui a pu te dire ça ?

Je lui ai déballé ce que ces femmes m'avaient dit sur un ton proche de l'hystérie.

— Écoute-moi bien, Miriam. Zana et Nadia sont en vacances au Yémen sous la protection de ma famille. Elles ne sont pas mariées. Tout ce qu'on t'a raconté, ce sont des inepties. Reprends-toi, s'il te plaît, car j'ai du mal à comprendre que tu donnes foi aux paroles d'une gamine, et que tu aies pu laisser la caisse du café sans surveillance. Tu es stupide, c'est à ne pas croire !

Fred n'a pas cessé de se moquer de moi. Ce que j'étais stupide !

Il avait raison : j'étais stupide. Je ne cessais de lui demander de me réconforter en m'affirmant que Zana et Nadia n'étaient pas mariées. Ces mots agissaient comme une drogue apaisante. Je réagissais exactement comme avec Leilah et Ahmed, treize ans auparavant, je voulais entendre des paroles endormantes, alors que la vérité était là, éclatante ! Les heures passant, les effets calmants de ses mensonges devenaient de plus en plus brefs. Le doute me rongeait l'âme. Une crainte sortie des profondeurs de mes entrailles me torturait sans me laisser le repos. Une petite voix intérieure me criait : « Miriam, sois lucide ! Miriam, sois forte ! »

Je songeais aux témoignages des deux femmes. Elles connaissaient les noms de mes filles et les deux jeunes Yéménites n'avaient pu les inventer : « Zana et Nadia, deux jeunes Anglaises de Birmingham, mariées à des hommes du village. »

Après la fermeture du restaurant, effondrée dans un fauteuil, j'ai appelé Fred. Il se tenait debout à l'autre extrémité du salon. Nous étions seuls. Tina, Ashia et Mo étaient couchés et dormaient.

— Fred, je n'arrête pas de penser à Zana et à Nadia. Pourquoi ces femmes parleraient-elles de mes filles sans raison ? Fred, dis-moi, c'est vrai, elles sont mariées ?

Il s'est retourné vers moi. Il était d'un calme glacial, d'un calme cruel. J'attendais qu'il me rassure. J'attendais ma drogue. Il m'a regardé droit dans les yeux, et m'a dit :

— Oui.

Une décharge électrique m'a traversé tout le corps. Recroquevillée sur le fauteuil, j'étouffais de douleur. Muthana me toisait avec mépris et une pointe de curiosité. Il observait ma réaction comme s'il prenait du plaisir au spectacle de ma souffrance.

— Oui, Miriam, tu as bien entendu. Elles sont mariées. Elles ne reviendront jamais !

Une douleur inouïe m'a propulsée dans un abîme sans fond.

4

Hier encore, je rêvais du Yémen. J'imaginais mes filles, dorées et bronzées, venant me chercher à l'aéroport de Sanaa, et me présentant Leilah et Ahmed. J'avais rêvé de toucher ces instants de lumière. Quelques mots de Muthana ont suffi pour me faire plonger dans les ténèbres. Depuis ce soir maudit où le bourreau m'a annoncé que je ne reverrais plus jamais Zana et Nadia, j'ai cessé de manger, de parler, de me laver, de dormir. Un médecin, appelé par les enfants, m'a prescrit des tranquillisants pour que je souffre moins, et que je dorme un peu. Ces médicaments m'enfermaient dans un monde nébuleux où je puisais l'oubli. Ils m'installaient dans le malheur. Peut-être pour toujours.

Quelle médecine pourrait me sauver de l'aliénation ?

Des pleurs m'ont réveillée. C'était Ashia. Malgré ses quatorze ans, elle pleurait comme un petit enfant. J'ai senti un peu de chaleur monter en moi. Doucement, j'ai appelé ma petite fille. Aussitôt Ashia est venue se blottir dans mes bras. Cramponnée à elle, j'essayais d'émerger de cette brume qui envahissait mon cerveau.

— Ashia, mon bébé chéri, ai-je prononcé péniblement, ton père !

Les sanglots étouffaient ma voix. J'étais incapable de maîtriser l'émotion.

Ashia a relevé la tête, du désarroi et un peu d'espoir passaient dans ses yeux.

— Oui, on sait, maman. Qu'est-ce qu'on va faire ? Je veux que Zana et Nadia reviennent ! Ne laisse pas papa nous emmener, nous aussi !

Les enfants comptaient sur moi et j'étais incapable de me lever. Ils étaient sous le choc. Depuis que j'avais perdu pied, Tina, onze ans, oubliait l'angoisse et le chagrin en s'attaquant vigoureusement au ménage, traquant le moindre grain de poussière, comme si, en frottant une tache, elle allait récurer sa douleur. Elle palliait mon absence en préparant les repas. Mohammed, huit ans, montait la garde à mes côtés, surveillant mon sommeil, prêt à chasser la mort si elle survenait pour me prendre. Ashia m'a raconté que son père, à plusieurs reprises, avait voulu que Mo dorme dans la même chambre que lui. Mon fils se levait, quittait son père, et revenait se placer près de moi. C'était sa façon à lui de réclamer le retour de ses sœurs.

Ashia sombrait comme moi dans l'absence de vie. Elle ne dormait pas, ne mangeait pas, pleurait, le cerveau embrumé par les tranquillisants. Ce n'était plus possible ! Je devais réagir, recouvrer la volonté de vivre. Mais je n'y parvenais pas. Les médicaments m'apaisaient un moment et m'affaiblissaient en permanence. J'étais prise dans un cercle vicieux : j'avais besoin de reprendre des forces pour me lever, et je devais dormir pour retrouver de l'énergie et de la volonté. Il y avait des voix à l'intérieur de moi qui se chevauchaient. C'était comme si deux personnes opposées luttaient en moi et toutes les deux me donnaient des ordres contraires. Il y avait Miriam la femme vaincue, la compagne-esclave de Muthana, qui me poussait à me résigner pour trouver le repos ; et il y avait Miriam la mère qui me criait de me lever, de me battre, de faire front. Tandis que les deux Miriam intérieures, les deux faces de moi-même s'affrontaient, la vraie Miriam restait assise sur le lit, le regard vague, indécise. La femme vaincue l'emportait et m'attirait dans les torpeurs d'un mauvais sommeil. Au bout du tunnel, il y avait la mort.

La vie avec la lucidité me sont revenues. Sans doute, en mon for intérieur, la mère avait-elle supplanté la femme-victime. Selon Ashia, je me traînais dans cet état depuis un mois.

Je devais me lever et affronter Muthana pour recevoir la vérité.

J'avais choisi, jusqu'à présent, de ne pas chercher à savoir, dans l'espoir insensé d'effacer la réalité. Mes filles étaient au Yémen, voilà la réalité. Et mariées par la volonté de leur père, voilà encore la réalité. Et leur père, c'était cet homme que je retrouvais dans l'immense salon, sale, débraillé, mal rasé, déchu de toute grâce, misérable.

Mes lèvres étaient tellement sèches et gercées que j'ai senti leur peau se craqueler en petites crevasses lorsque, lui faisant face, j'ai prononcé ce seul mot :

— Pourquoi ?

Les épaules affaissées, le ventre tombant, Muthana a fait deux pas vers moi en faisant siffler l'air entre ses dents et s'est esquivé. Il a disparu, sans me répondre.

Il sortait tous les soirs et revenait le matin, complètement ivre, en se cognant partout dans l'appartement. Il faisait peur aux enfants.

Muthana s'était fondu dans son ombre mauvaise, la face noire de son être. Du coup, j'ai retrouvé un peu d'énergie. Il me fallait m'occuper de mes enfants, et commencer par leur donner correctement à manger. Mais je ne pouvais toujours rien avaler moi-même. La seule vue de la nourriture me donnait la nausée. En descendant au rez-de-chaussée, j'ai constaté que le café était tenu par un « copain » de

Muthana. Je suis remontée à l'appartement, satisfaite. Du moment que ces hommes me fichaient la paix, tout m'était égal.

— Maman ! Maman !

Mo grimpait les escaliers à toutes jambes pour m'apporter une lettre du Yémen ! Une lettre des filles !

J'ai pris la lettre, et j'ai couru m'enfermer dans la salle de bains. Muthana pouvait surgir d'un moment à l'autre, peut-être même avait-il entendu les cris de Mo. Mes jambes vacillaient, je tremblais de tout mon corps, sur le point de m'évanouir. Ma faiblesse et mon émotion étaient si fortes que j'ai fixé l'enveloppe longuement avant d'oser l'ouvrir. Comme une idiote, je redoutais d'apprendre que Zana et Nadia se plaisaient au Yémen. Comme Leilah et Ahmed, elles avaient trouvé le bonheur là-bas. Elles avaient rencontré des garçons dont elles étaient tombées amoureuses au point de se marier avec eux ; elles ne m'avaient rien dit de crainte d'essuyer un refus de ma part et de me peiner. Cette fable que Muthana ne cessait de répéter. J'ai humé le papier pour sentir l'odeur de mes enfants chéries qui me manquaient tellement. D'un coup, prise d'un accès de fébrilité, j'ai ouvert l'enveloppe.

J'ai reconnu aussitôt l'écriture de Zana qui couvrait des pages arrachées à un cahier d'écolier. Elle avait décoré les marges de notes de musique et de dessins de « Noëls blancs ». La lettre était datée du 10 novembre 1980. Voici sa transcription fidèle :

Chers maman chérie, papa et la famille,

Maman, cette lettre est pour toi, en fait. Je voulais te souhaiter un bon anniversaire. Je ne sais pas par où commencer.

Je pense tout le temps à toi. Je t'écris aussi de la part de Nadia. Je crois que je vais pleurer :

JOYEUX ANNIVERSAIRE, MAMAN CHÉRIE.

On aimerait tant être avec toi pour te faire passer un jour de fête, parce qu'on t'aime et que tu nous manques énormément. Ça nous tue de penser qu'on ne sait pas si on va jamais te revoir. Tu te rappelles quand Nadia, Ashia et moi sommes parties camper ? On s'est mises à pleurer au bout du quatrième jour parce que tu nous manquais. Maintenant, ça fait plus de quatre mois. Je ne sais pas comment je réussis à survivre.

Je suppose que c'est parce que je réalise, maman, que, quand on était petites, on était vilaines et que la vie était dure, pas vrai ? Maintenant, j'ai quitté l'école et on m'a séparée de toi, alors que je pourrais faire plein de choses pour te faciliter la vie, mais papa ne veut pas. Quand je t'écris, je te dis la vérité, mais tu mens et tu trouves des excuses pour que je ne revienne pas auprès de toi. POURQUOI ? Maman, pourquoi, pourquoi, pourquoi ?

N'écris pas pour dire le contraire, pour nier que tu ne nous laisses rien savoir. Pourquoi personne ne nous écrit ? J'ai l'impression que l'Angleterre a cessé d'exister. Est-ce que ça vous ferait mal de prendre un crayon et d'écrire ?

Je suis en train de devenir folle. Ça ne sert à rien de pleurer. Il suffit que tu prennes un crayon et un papier et que tu nous dises : « Revenez à la maison. » Alors, tout le monde sera content. Tu vois, c'est facile.

Tu es ma maman, maman, maman, maman, maman. Où es-tu ? Où ?

Maman, sais-tu ce qui se passe le 10 novembre ? C'est un jour très spécial. Je devais revenir à la maison. Abdul Khada devait me ramener. Il avait une très bonne raison pour le faire. Il a un cousin qui s'appelle Mohammed Ashem et qui a une grande famille dans ce village et un fils de douze ans. Quand il était plus jeune, son fils a eu un accident et depuis sa main gauche est restée plus ou moins paralysée. En Égypte, les médecins ont conseillé à Mohammed Ashem d'emmener son fils en Angleterre parce qu'ils ont les meilleurs chirurgiens, mais il leur a dit qu'il ne parlait pas anglais. Alors, il a fait appel à Abdul Khada qui a accepté. Mais, quand on en a parlé à Gowad, celui-ci a dit : « Je te préviens, il ne faut pas que tu l'emmènes, sinon tu vas avoir de graves ennuis avec Muthana ! » Alors Abdul Khada a dit : « Je ne sais pas », et on n'est jamais venus et ce pauvre garçon souffre beaucoup. Je serais seulement venue jusqu'à ce qu'on ait soigné la main du garçon et puis, comme Nadia n'aurait pas pu venir avec moi, je serais retournée près d'elle. Tu sais, elle est la seule raison qui m'a fait venir ici, alors je peux la laisser seule quelque temps. Ça lui est égal. En tout cas, Abdul Khada a écrit à papa et lui a expliqué le problème, et on attend de voir ce qui va se passer. Il veut nous emmener, le garçon et moi, pour un court séjour, et puis, on reviendra, tu comprends ? Alors maintenant, on attend une lettre de toi, et si papa dit : « Amenez-la avec le garçon », on pourrait venir pour Noël, OK ? Ou est-ce que ta fille t'en demande trop ?

Oncle Henry, Billy, tante Helen, dites à maman, s'il *vous plaît, que quelqu'un lui dise de me laisser venir, avant que je ne me tue. Je suis sérieuse, maman. Ne t'imagine pas que je suis devenue folle. Il vaut mieux que tu me voies maintenant, plutôt que tu me perdes plus tard parce que je viendrai plus.*

Maman, c'est la dernière page. JE VOUS AIME TOUS.

Maman, ça ne changerait rien si je quittais Nadia pendant quelque temps parce que je n'habite pas avec elle de toute façon. Elle est au village et je suis à Hays. Alors, je ne veux pas que tu utilises cette excuse. Plus de mensonges, plus d'excuses, s'il te plaît. Je ne suis pas sur la lune, tu sais. L'Arabie, c'est tout près de l'Angleterre. Dis, maman, que ferait papa si je venais quelque temps ? Tu sais bien pour-

tant que je ne quitterais jamais Nadia bien longtemps ? S'il te plaît, réponds-moi.

Mon écriture bizarre est due au crayon, j'espère que tu peux tout lire et comprendre que j'ai besoin de toi. Ne me demande pas d'attendre plus longtemps. J'attendrai avec toi seulement, ou au paradis.

Maman, ne m'envoie pas de cadeau de Noël ou je te le renverrai. Garde-le jusqu'à ce qu'on soit ensemble, comme je garde le tien pour te le donner à la maison. Vraiment.

Papa, comme chante Elvis : « NE SOIS PAS CRUEL ! »

Je veux revenir à la maison auprès de vous. Peut-être pas demain, mais très bientôt.

Maman, n'est-ce pas un nom adorable pour une petite fille, Sarah Victoria ? J'adore ce prénom, maman. Et j'aime tout particulièrement cette chanson. JE RÊVE D'UN NOËL BLANC (avec ma famille).

Je pense sans arrêt à toi.

Ne pleure pas, papa.

Je t'aime parce que je te comprends, maman. Et surtout, je t'aime parce que tu me veux près de toi maintenant, n'est-ce pas ?

C'est juste des mots qui me passent par la tête comme si j'étais avec toi. Je ne peux pas me contrôler. Cinq mois, maman. Je ne peux pas attendre sur terre plus longtemps ! Je souffre tout le temps. Des migraines. Seule ma maman peut les arrêter.

S'il te plaît, maman, maintenant !

Je serai là à Noël. Petites sœurs Ashia, Tina, dites à maman que je veux rentrer à la maison. Dis-lui, s'il te plaît, Ashia !

ZANA.

Les mots dansaient devant mes yeux. Chaque mot m'éblouissait. Chaque mot écrit par ma fille entrait dans mes yeux et me broyait la cervelle.

J'ai vu mon visage dans le miroir. Étais-je vraiment

cette femme ? Mais qu'importe qui j'étais devenue ! Mes filles, mes pauvres petites filles étaient tombées dans un piège tendu par Muthana. Je restais leur unique espoir. J'avais laissé Muthana agir à sa guise sous la houlette de Gowad et d'Abdul Khada ! Pourquoi n'avais-je rien voulu voir ? Zana ne voulait pas laisser Nadia partir seule, elle était soucieuse. Certes heureuse de connaître le Yémen, mais sur la défensive. Je n'avais rien dit. Je les avais laissées partir, subjuguée par Gowad. Je ne savais plus. Et de quoi parlait Zana dans sa lettre ? De quels mensonges ? Quelles excuses ? Zana me tenait responsable de quoi ? J'étais responsable de ne rien comprendre !

Pourquoi Abdul Khada aurait-il de graves ennuis avec Muthana ? Qu'est-ce que tout cela voulait dire ? J'ai senti la rage, la frustration, l'impuissance grandir en moi. Folle de colère, j'aperçus une paire de ciseaux sur le rebord de la fenêtre. Je l'ai ramassée dans un geste de démence. J'ai commencé à tailler mes cheveux. De longues boucles noires sont tombées dans le lavabo. Ce que je ne parvenais pas à couper, je l'arrachais, laissant des plaques sanglantes sur mon cuir chevelu. Je me moquais de la douleur. J'étais malheureuse comme jamais ! Je voulais partager la souffrance de mes filles. Tout était de ma faute ! J'aurais dû voir, j'aurais dû savoir, j'aurais dû comprendre !

J'ai ouvert les yeux sur le visage de Derek, penché sur moi et qui me parlait doucement. Derek, le troisième fils de ma mère. Allongée sur le lit, j'aspirais frénétiquement l'air vicié de ma chambre, comme un noyé sort la tête de l'eau. Derek était là !

J'avais envie de quelque chose que j'aimais. Une bonne tasse de thé, avec une cigarette ! En inhalant la fumée, je me suis mise à tousser. J'ai dû boire pour faire passer la quinte de toux. Mais tenir la cigarette entre mes doigts suffisait pour me réconforter. Le cœur et le corps malades, je regardais autour de moi. Je n'osais pas tirer une deuxième bouffée.

— Tu veux encore du thé, maman ?

C'était Ashia. Elle avait une mine affreuse ! De grands cernes sombres creusaient ses yeux. Son visage avait une expression bouleversée.

— Que dirais-tu d'une soupe bien chaude ? a dit Derek.

— Le thé, ça suffit.

Ashia protestait.

— Cela fait un siècle que tu n'as rien mangé !

— J'ai mangé des toasts, ce matin.

— Qu'est-ce que tu racontes ? s'est exclamée Ashia. Ça fait des mois que tu n'as rien avalé !

Alertés par ses cris de colère, Tina et Mo ont déboulé dans la chambre. J'ai cherché un appui auprès d'eux :

— N'est-ce pas, les enfants, que j'ai mangé des toasts ce matin ?

Tina s'est mise à pleurer. Mo a baissé les yeux. J'ai entendu Ashia me dire doucement :

— Maman, c'était il y a deux semaines. Depuis, tu n'as rien avalé, et ça fait huit semaines en tout que tu ne t'occupes plus de rien. Tu es ailleurs, sur une autre planète. Mo t'a trouvée enfermée dans la salle de bains. Il a appelé un médecin. Ils ont enfoncé la porte. Tu étais en train de te cisailler les cheveux. Le médecin a dû te faire une piqûre pour que tu lâches la paire de ciseaux. Et tu n'as pas quitté ton lit depuis quinze jours.

J'ai serré la main de Derek... Deux semaines ! J'avais fait une nouvelle dépression.

— Que dirais-tu maintenant d'une soupe bien chaude ? a dit mon demi-frère.

J'ai hoché la tête.

Ashia a bondi dans la cuisine. Derek m'a entouré l'épaule de son bras, me serrant contre lui :

— Je ne sais pas exactement ce qui se passe,

Miriam. Les enfants m'ont dit que Fred avait fait quelque chose aux filles. Ils ont ajouté que Zana et Nadia n'avaient pas le droit de revenir en Angleterre. Est-ce que c'est vrai ? Tu n'est pas obligée de me répondre, Miriam. Tu as le droit de me dire de m'occuper de mes affaires et de te laisser en paix, mais j'aime tes enfants, moi aussi. Et je veux les aider. Pour cela, tu dois me dire ce qui est en train de se passer.

Mes idées étaient confuses, mes paroles embrouillées.

— C'est à cause de la lettre.

— Où est cette lettre ? a demandé Derek.

— Je ne sais pas. Je me souviens de l'avoir lue dans la salle de bains.

— En as-tu parlé à Muthana ?

J'ai aspiré une bouffée de tabac. Ashia est revenue avec un bol de soupe. Derek m'a soulevée, pendant que Mo installait les oreillers, pour que je puisse confortablement avaler la soupe.

J'ai bu pour leur faire plaisir. Ashia m'observait. Elle paraissait gênée.

— Qu'est-ce qu'il y a, Ashia ?

— Maman, c'est moi qui ai la lettre de Zana. Quand le médecin est venu, je l'ai trouvée par terre dans la salle de bains. Je sais que je ne devais pas, mais je l'ai lue. J'ai essayé de ne pas la lire, mais j'étais tellement contente de retrouver l'écriture de Zana. En un sens, j'aurais préféré ne pas l'avoir lue ! La voilà...

Elle l'avait gardée dans sa poche. Elle s'est jetée dans mes bras en pleurant :

— Elles me manquent, maman, comme elles me manquent !

— Où est ton père ?

— Il est parti au pub. Il ne reviendra pas avant quatre heures du matin. J'imagine qu'il sera soûl comme d'habitude.

— Qui s'occupe du restaurant ?

— Moi, dit Derek.

J'ai voulu me lever.

— Dans quel pub est-il en ce moment ? Je veux le voir, lui parler.

Derek caressait ce qui me restait de cheveux, tendrement :

— Tu es trop faible, Miriam. Ce n'est pas une bonne idée.

— Qu'est-ce que je peux faire d'autre ? Si tu avais lu cette lettre ! Zana veut se tuer ! Elle voudrait rentrer à la maison et elle ne peut pas ! Fred a menti, à moi, aux filles ! Et elles croient... elles croient que c'est de ma faute ! Qu'est-ce qu'on leur a raconté ? Qu'est-ce qu'on leur a dit pour qu'elles s'imaginent que j'ai pris part à ces manigances ? Je ne peux pas souffrir comme ça. Tu entends ? Il est en train de nous tuer tous !

Derek essayait de m'apaiser par des gestes tendres.

— Je ne sais pas quoi faire, je ne sais pas quoi dire, Miriam. Il faut qu'on s'accroche. Il faut que tu redeviennes forte. Il faut tenir bon. Et puis, chercher de l'aide à l'extérieur...

Il me berçait dans ses bras d'avant en arrière comme si j'étais un bébé.

Je n'aimais pas la nuit. Elle ressemblait à mon destin. Assise devant la fenêtre, je regardai le jour se lever sur Birmingham. Chaque matin, le soleil essayait de percer à travers les nuages lourds de pluie, sans y parvenir. Je comparais l'impuissance de l'astre à chasser les menaces à ma situation. Soudain, en provenance de l'escalier, j'ai entendu des rots sonores, des jurons, des bruits sourds qui m'ont tirée de ma contemplation. Muthana rentrait. Son pied dérapant sur les marches cirées, il s'écroula en vociférant des insanités.

Mo, qui dormait sur un lit de camp à l'autre bout

de la chambre, s'est redressé dans un sursaut. Il avait entendu comme moi. Son père entreprenait pour la seconde fois l'ascension de l'escalier. Mo ne me quittait pas des yeux. Il avait peur. Une voix implorait derrière la porte :

— Mo ! Mon petit Mo ! Tu viens ?

Muthana appelait son fils. Il le voulait près de lui pour dormir.

Mo s'est assis sur le lit, très droit, les yeux fixés sur la poignée de la porte qui remuait. Il suffoquait. Alors, j'ai crié :

— Assez ! ASSEZ !

Puis d'un bond, j'ai traversé la pièce.

— Non, maman, reste là ! cria Mo.

J'ai ouvert la porte d'un geste brusque. Je n'ai eu que le temps d'apercevoir Muthana disparaître en haut des marches en direction de sa chambre. Le seul fait d'avoir entrevu sa silhouette d'ivrogne m'a insufflé de la force. Une vigueur inconnue. J'allais découvrir que la haine est une arme puissante contre la cruauté. Mo pleurait.

— Tu es un garçon. Tu dois veiller sur tes sœurs, tu entends, Mo ?

— Oui, maman.

— Sèche tes larmes !

Mo adorait profondément son père. Il n'arrivait pas à admettre qu'il pût être aussi le monstre qui l'avait séparé de Zana et de Nadia.

Dans la chambre à côté, qui communiquait avec le salon, Ashia criait. La pauvre faisait des cauchemars sans pouvoir se réveiller à cause des tranquillisants. Il n'y avait pas moyen de faire autrement : soit elle prenait des calmants, soit elle ne dormait pas.

En regardant la télévision, j'ai appris l'assassinat du chanteur John Lennon. Les fans pleuraient. Je me demandais si les gens éprouveraient la même tristesse à l'égard de mes enfants s'ils savaient. Le même jour, des militants irlandais s'étaient évadés de la prison de Brixton. Cette nouvelle me faisait songer à Nadia et à Zana, prisonnières au Yémen. Était-il donc plus difficile de s'échapper du Yémen que des geôles anglaises ? Tandis que je faisais ces drôles d'associations d'idées, j'ai senti une présence dans mon dos.

Muthana, ivre, oscillait de droite à gauche pour sauvegarder un tantinet son équilibre. Il me regardait. Un filet de salive dégoulinait d'un coin de sa bouche.

— Pourquoi, Fred ? lui ai-je demandé.

Il a tenté un pas vers moi, mais, sous l'effet de l'ivresse, il a reculé de trois pas en arrière, ses épaules ont heurté le mur. Il essayait de se redresser. En levant haut le menton d'une façon qu'il voulait martiale, il a balbutié :

— Quelle sorte d'épouse es-tu donc pour réduire son homme à aller dans les boîtes de strip-tease pour se changer les idées ? (Il s'est mis à glousser comme un gamin.) Tu sais ce qu'on a fait avec les copains ? On les a emmenées, les putains, et elles ont défilé devant nous sans rien ! Elles nous ont laissé toucher tout ce qu'on voulait. C'était fantastique ! Elles étaient couvertes d'huile, de l'huile pour bébés, et on leur mettait de l'huile nous-mêmes. On les a touchées toute la nuit, partout !

Il montrait ses mains, mimant la manière dont il avait enduit le corps de ces filles. Il gloussait entre deux hoquets. J'avais peur qu'il vomisse son alcool.

J'ai répété ma question :

— Pourquoi, Fred ?

Il a cessé de rire. Son visage s'est assombri. Une colère sourde, profonde le secouait. Je l'attendais, cette colère, je me tenais prête à l'affronter avec toute ma haine.

— Tu me demandes pourquoi ? Mais tu ne vois pas au milieu de quelle pourriture nous vivons ici ? Regarde le restaurant, il grouille de Noirs ! Je les connais, tous des maquereaux ! Est-il vraiment normal qu'une mère laisse ses filles embrasser des Noirs ? Est-il vraiment décent qu'une mère permette à des Noirs de renifler ses filles ? Si elles étaient restées ici, Zana et Nadia seraient devenues les putains des Noirs ! Je veux bien laisser les Blanches faire les putains pour les Noirs, mais pas mes filles !

— Pauvre imbécile ! D'abord, c'est toi qui as choisi de nous amener ici, dans ce quartier !

— Il n'y avait pas autant de Noirs ! Et puis, il y a ce qui se passe entre nous depuis des années qui ne va pas du tout. Vraiment, pas du tout !

— Je t'écoute.

— Je t'ai voulue pour femme ! Pendant des années, je t'ai voulue ! Et je t'ai mise enceinte pour te garder près de moi, pour t'avoir à moi, toujours près de moi toute ma vie. Oui, j'ai voulu ça ! Et toi, tu ne voulais rien, tu te laissais aller ! Tu ne m'as donné que des filles qui coûtent de l'argent quand il faut les marier. Rien que du souci. Et maintenant, tu ne peux plus avoir d'enfants ! À quoi tu me sers ? Je suis bien soulagé pour les deux qui sont là-bas... Bientôt, j'enverrai Mo faire son armée comme Ahmed. Et ce sera le tour d'Ashia et de Tina, parce qu'il n'est pas question que je les laisse se faire renifler par des Noirs !

— Les Noirs fréquentent ton café, ils te remplissent les poches, pauvre crétin !

— Ils tournaient autour de Zana et Nadia, en essayant de poser leurs sales pattes sur elles. C'était dégoûtant ! Tous des maquereaux !

— J'ai toujours surveillé ce qui se passait. Je n'ai jamais rien eu à reprocher aux amis de nos filles. Tu es complètement cinglé.

Il ricanait.

— Parce que tu te crois capable de comprendre ce qui se passe autour de toi ? C'est vraiment la meilleure de l'année !

Il ricanait de plus belle. J'ai gardé mon calme.

— Il y a au moins une chose que j'ai comprise et que t'as pas pigée : tu ne peux pas choisir les amis de tes filles... pas plus qu'elles n'ont pu choisir de t'avoir pour père !

Les muscles de sa mâchoire ont sailli.

— Tu oses me répondre ? Tu OSES !

À pas chaloupés, renversant les meubles sur son passage, il s'est rué vers la porte, qu'il a coincée violemment avec le dossier d'une chaise. J'étais stupéfaite.

— Qu'est-ce que tu fais ?

J'avais reconnu la lueur qui brillait dans ses yeux, mais cette fois son expression me semblait plus vicieuse. La violence du désir le dégrisait. Il s'est avancé vers moi.

J'ai brandi la lettre de Zana comme un talisman :

— Je sais tout ! Zana veut se tuer ! Abdul Khada voulait l'envoyer chez nous mais Gowad l'a prévenu que ça te mettrait en colère ! Tu vas faire rentrer les filles immédiatement !

Tout son être est devenu rigide. Seuls ses yeux roulaient en me parcourant le corps.

— La ferme ! Oublie-les ! Elles ne font plus partie de notre vie maintenant ! Tu devrais plutôt essayer de me satisfaire !

Il s'est penché pour essayer de m'embrasser le cou. Je frissonnais. Son haleine puait l'alcool. Il me pressait contre lui. Je tremblais.

— Qu'est-ce que t'as à trembler comme ça, bon sang ?

J'ai détourné la tête en quête d'un objet apaisant à contempler. Mais il n'existait rien d'apaisant dans cette pièce. Sur l'écran de la télévision, quatre filles blondes en minijupe sautillaient gaiement en chantant à pleins poumons une rengaine d'amour. Muthana soufflait sur moi en essayant de me caresser. Je lui ai assené une grande tape. Alors, il m'a prise à la gorge, enfonçant son pouce et son médium autour de mon cou pour m'obliger à me lever. Le spectacle de mon visage congestionné le faisait rire. Il serrait plus fort. J'essayais de le repousser, il s'accrochait à ma robe de chambre pour ne pas tomber en arrière, le tissu s'est déchiré sur toute une longueur.

Des coups ont résonné. Mo criait : « Maman, maman ! »

— S'il continue à brailler, je vais l'obliger à regarder ! a dit Muthana.

D'un geste, il a arraché ce qui me restait de robe de chambre. Les cris de Mo redoublaient. Muthana risquait de mettre sa menace à exécution.

— Tout va bien, Mo, ai-je lancé le plus calmement possible, c'est la télé. Retourne te coucher et rendors-toi.

Muthana collait sa bouche sur mes épaules, ma gorge, mes seins.

Mo me suppliait.

— Maman, je peux dormir dans ta chambre ?

— Non, Mo, il faut que tu veilles sur Ashia et Tina. S'il te plaît, je veux être seule.

— D'ac, m'man.

Le doute et la déception transparaissaient dans sa voix.

— Déshabille-toi complètement ! a grogné Muthana.

Je ne m'étais jamais mise nue devant lui. J'étais trop prude et lui trop impatient pour attendre que je me déshabille.

— Obéis ou je fais entrer Mo !

D'un geste rageur, j'ai jeté ma chemise de nuit par terre. Ses yeux brillaient. Il m'a attrapé le poignet, m'a tirée violemment contre lui et m'a renversée par terre. Il m'écrasait de tout son poids. Je fermais les yeux, serrant les poings tandis qu'il me pénétrait. Je ne voulais pas que les enfants entendent ou comprennent. Je restais allongée, attendant que ce soit fini.

Il a roulé sur le côté, soulagé. Je me suis relevée.

La robe de chambre déchirée à la main, je suis allée, chancelante, libérer la porte qu'il avait bloquée.

— Où crois-tu aller ? a dit Muthana.

J'ai ouvert.

— Je vais chercher Derek pour qu'il te casse la gueule !

Muthana a bondi sur moi. J'ai pris la chaise, m'en servant comme d'un bouclier :

— Un pas de plus, Fred, et je te tue.

J'avais parlé d'une voix calme. Il a reculé. J'ai filé dans le couloir pour aller rejoindre Derek au deuxième étage.

À peine avais-je atteint les premières marches que j'entendais dans mon dos les pas de Muthana dévalant l'escalier. Il a tiré les verrous de la porte principale. Je suis descendue à toute vitesse les repousser, sans oublier de mettre la chaîne de sécurité de façon que Muthana ne puisse ouvrir de l'extérieur. Il était sûrement parti finir de se soûler en compagnie des putains, mais il pouvait aussi bien revenir avec des amis pour se débarrasser de Derek. J'ai accompli la même opération sur la porte de service. Soulagée, je suis remontée me faire couler un bain. Je voulais effacer de mon corps l'empreinte de Muthana et son odeur d'ivrogne.

Je passais toutes les nuits postée devant la fenêtre, à veiller sur le sommeil de mes enfants. Le jour, j'allais méditer dans la chambre de Zana et de Nadia au milieu de leurs piles de disques et de jeans. J'ai entendu la voix d'Ashia qui m'appelait :

— Maman ! Maman ! Elle est là ! Elle vient d'arriver !

J'ai poussé un profond soupir. Il ne manquait plus qu'elle !

Je ne pouvais pas reprocher à cette femme de venir

faire son travail — elle s'occupait de Nadia depuis l'affaire du vol sur le marché —, mais une assistante sociale était pour moi une sorte de flic en jupon, qui n'apportait que des ennuis supplémentaires, des humiliations, des nouvelles contraintes.

Mary Burchell m'attendait, assise à la table de la cuisine. C'était une personne de petite taille, très présente, très consciencieuse. Avec son visage franc, ses cheveux raides et cette frange qui lui barrait le front, elle inspirait immédiatement la sympathie. J'ai posé la grosse bouilloire sur le feu, avant de prendre place en face d'elle, les yeux légèrement baissés. Les salutations d'usage échangées, Mary Burchell a fait marcher son moulin à paroles : conseils, consignes, observations, recommandations..., tout y passait. Elle voulait m'exhorter, me fortifier ! jamais je n'ai entendu quelqu'un placer autant de mots à la minute ! La parlote donnant soif, elle réclamait du thé, et plus elle baratinait, plus elle avait soif. C'était pour cette raison que, dès son arrivée, je faisais chauffer la grosse bouilloire. Ce n'aurait pas été bien de ma part de la laisser en panne de carburant. Dans le fond, j'aimais bien Mary Burchell, il suffisait de la laisser déverser ses mots, hocher la tête de temps en temps, acquiescer au moment opportun en poussant quelques borborygmes, et j'étais tranquille. Je lui versais une dernière tasse de thé pour accompagner la dernière remontrance, et c'était terminé ! Elle s'en allait, persuadée de m'avoir convaincue et replacée sur les « bons rails ». Elle ne convainquait qu'elle-même.

Mais ce matin, je l'écoutais, honteuse, malheureuse, sachant qu'elle allait poser des questions sur Nadia, les vacances au Yémen, la rencontre avec la famille éloignée... Qu'allais-je lui dire ? Que Nadia s'était mariée, que son père ne voulait pas qu'elle revienne à la maison ? J'ai dû laisser échapper une plainte, car Mary s'est aussitôt interrompue :

— Il faut m'écouter, Miriam ! Tout ce que je vous dis, c'est pour votre bien !

Elle avait les sourcils froncés, le visage sévère, la frange réprobatrice. J'ai esquissé un petit geste de protestation, avant de riposter :

— Hé, je n'entends que vous, Mary, hein, ça va !

Elle a posé une main sur mon bras. Elle voulait me secouer.

— Vous ne m'écoutez pas ! Cela fait un quart d'heure que j'essaie d'établir un dialogue avec vous, et vous n'avez pas suivi un traître mot de tout ce que je vous ai dit ! C'était déjà la même chose, lors de mes dernières visites ! Alors, dites-moi pourquoi je perds ma salive avec vous ?

J'ai levé de grand yeux.

— Vos dernières visites ?

— Oui. Et à chaque fois, j'ai l'impression que vous allez de plus en plus mal !

Je n'en avais pas le moindre souvenir. Les tranquillisants que le médecin me prescrivait effaçaient ma mémoire.

— Je m'inquiète pour vous. Je sais que quelque chose ne tourne pas rond, Miriam. Où sont Zana et Nadia ? Pourquoi ne sont-elles pas encore rentrées de vacances ? N'hésitez pas à vous confier à moi, un problème partagé est un problème à moitié résolu. Vous voulez bien me dire ce qui se passe, Miriam ?

Sa petite frange vibrait de colère sur son front.

Est-ce que je pouvais faire confiance à Mary Burchell ? Pouvait-elle m'aider ? Je n'arrivais pas à me décider. Et puis la honte m'empêchait de parler.

— Miriam, regardez-vous dans la glace. Vous ressemblez à une rescapée de je ne sais quel naufrage. Combien de kilos avez-vous perdus ? Regardez vos cheveux : qu'est-ce que vous leur avez fait ? Parlez, Miriam, dites-moi ce qui ne va pas !

D'un coup, comme ça, je lui ai déballé toute l'histoire, sans rien omettre. Telle quelle.

Mary Burchell est restée longtemps silencieuse. Le temps pour elle de digérer les informations. Soudain, son poing s'est abattu sur la table, me faisant presque sursauter :

— Bon Dieu, je n'arrive pas à y croire ! Êtes-vous sûre, absolument sûre ?

Comment la convaincre que je disais toute la vérité ? Je ne pouvais pas compter sur le témoignage de Muthana, et encore moins la mettre en contact avec Zana et Nadia... Mais si ! ce que j'étais bête ! j'avais une preuve : la lettre de Zana ! Je la gardais toujours sur moi ! Je la lui ai donnée...

J'ai allumé une cigarette en observant Mary. Elle lisait, relisait avec la plus extrême attention. Au bout d'un temps, elle a posé soigneusement la lettre dépliée sur la table. Elle a lissé avec soin ses bords écornés, tout en gardant le silence le plus accablé qui fût. Une pensée horrible m'a traversé l'esprit : et si l'assistante sociale ne pouvait rien faire, elle non plus ?

— Je peux avoir encore un peu de thé, Miriam ?

Je me suis empressée de lui verser une tasse bien brûlante qu'elle a vidée presque d'un coup, avant de me dire :

— Voilà ce que nous allons faire. Vous allez inscrire Ashia, Tina et Mohammed sur votre passeport. Vous en avez un ?

Non. Je n'en avais pas. Je n'avais jamais pensé qu'il fallait en avoir un ! Et pour quoi faire ? Je n'étais jamais sortie du quartier !

Mary ne s'est pas démontée.

— Aucun problème, Miriam. Je vais aller chercher un formulaire de demande. Nous le remplirons aujourd'hui ensemble. À ce propos, vous aurez besoin d'une photo d'identité. Ensuite, nous irons prendre rendez-vous avec le député de la circonscription.

La perspective de cette visite me terrifiait.

— Le député ?

— Oui. Il est chirurgien à Sparkhill et il administre Sparkbrook. Je le connais un peu.

— Ça sert à rien, un député ! Et encore moins un député des beaux quartiers ! Il fera jamais rien pour moi !

Mary a coupé court à ma tentative de dérobade :

— Nous irons le voir ensemble. Bien entendu, il faudra vous munir des actes de naissance des enfants pour établir les passeports. Vous les avez ?

Je les avais. J'en avais eu besoin pour établir les passeports de Zana et de Nadia. Ils étaient rangés dans le tiroir du milieu du buffet. Je les ai confiés à Mary, car je ne me sentais pas la force d'accomplir toutes ces démarches jusqu'à leur terme.

— Et votre acte de naissance ?

— Mais je n'en ai pas, Mary !

Je m'effondrais sur la chaise, le visage enfoui dans mes mains.

— C'est pas grave, Miriam ! Nous en demanderons une copie au bureau de l'état civil. Vous êtes née à Birmingham, n'est-ce pas ?

J'ai hoché la tête.

— Alors, il n'y a aucun problème ! Pour l'instant, tout va comme sur des roulettes !

Mary me prenait en charge. Elle me prenait carrément par la main, comme si j'étais une enfant sauvage, désemparée. Et, mon Dieu, c'est ce que j'étais ! Elle m'amena à la poste où, sous sa direction, j'ai rempli le formulaire adéquat, puis elle m'a conduite chez le médecin.

Dans la salle d'attente, les gens me dévisageaient avec le respect instinctif que suscitent les malades mentaux. Je ne leur en voulais pas, car j'avais sûrement l'air d'une folle.

Quant au docteur, il était consterné.

— Vous avez perdu près de vingt kilos ! Vous vous laissez aller, Miriam ! Ce n'est plus possible. Je comprends que vous ayez des difficultés — qui n'en a pas ? — mais, si vous tombez malade, vous n'aurez plus de forces pour lutter ! Et les difficultés, elles, elles ne tombent jamais malades ; au contraire, elles prospèrent !

Avant d'authentifier ma photo d'identité, ainsi que la loi l'exige, ce qui était la raison principale de ma visite, le docteur m'a fait un check-up complet. Pendant qu'il m'auscultait sous toutes les coutures, il s'est déclaré très inquiet pour la santé physique et mentale d'Ashia. Il était d'avis que je ne devais pas rester vivre avec mes enfants sous le même toit que Muthana.

Mary Burchell partageait son avis. Aussitôt après, elle m'a entraînée dans les locaux d'une association de logement, insistant devant les responsables sur l'urgence de ma situation.

Sans elle, je serais restée chez moi à pleurer sur mes enfants perdus. Sans elle, je serais probablement devenue folle ou morte de désespoir. Merci, mon Dieu, d'avoir créé Mary Burchell !

5

À l'heure du courrier, Muthana ne se tenait jamais très loin du comptoir. Il marchait de long en large, surveillant Derek qui servait les clients. Ses amis, gros ballots inutiles, joueurs de cartes, tueurs de temps, détournaient un peu son attention. Ils discutaient, plaisantaient grassement, se disposant à traîner leur carcasse toute la journée de pub en pub. Derek venait les provoquer en les traitant de fainéants, pendant que Mo, embusqué près de la porte, guettait l'arrivée du facteur.

— Papa m'a pas vu ! m'a dit Mo en reprenant son souffle. Mais, gaffe, il est à côté. Attends qu'il soit parti pour la lire !

Une lettre de Zana ! Mo avait raison, Muthana pouvait surgir ; d'un autre côté, une lettre de Zana, c'était tellement inattendu. Je n'ai pas résisté à l'envie de l'ouvrir immédiatement. Ashia et Tina me pressaient, me suppliaient, me harcelaient pour que je la leur lise à haute voix.

J'ai commencé. À la troisième phrase, je me suis tue, horrifiée. Zana annonçait qu'une Yéménite était en chemin pour le Royaume-Uni dans le but de ramener Ashia au Yémen. Elle était entrée en contact avec Muthana par l'intermédiaire de Gowad. « Prends garde à cette femme, maman, écrivait Zana. Elle veut ramener Ashia ici pour en faire une prostituée, et papa a dit qu'il était d'accord ! »

Les filles ont hurlé. Un éclair de seconde après, la lettre n'était plus dans mes mains. Muthana venait de me l'arracher.

Le témoignage de Zana était accablant pour lui et pour Gowad. Sourire aux lèvres, il a déchiré la lettre en mille morceaux, minutieusement.

— Je te promets que c'est la dernière fois que tu liras une lettre de Zana. Elle me cause trop d'ennuis, celle-là ! Elle a réussi à trouver un contact là-bas, mais Gowad l'a repéré. Abdul Khada ferme les yeux, il est d'accord. De ton côté, n'essaie pas d'écrire : toutes tes lettres seront confisquées à la poste par un homme de Gowad. Maintenant, écoute-moi bien, Miriam : Zana ne reviendra pas, et Nadia non plus. Oublie-les. Elles sont mariées. J'ai des certificats de mariage parfaitement légaux, et vingt personnes prêtes à témoigner. De toute façon, j'ai accepté leur argent, l'affaire est conclue. Impossible de revenir en arrière.

J'ai poussé un hurlement :

— Qu'est-ce que tu as fait, tu as touché de l'argent, tu as VENDU tes propres filles ?

Impassible, sûr de son droit, il s'est tourné vers Ashia :

— Quant à toi, tu feras ce que je te dis. Tu iras rejoindre tes sœurs. Et toi aussi, Tina. Et toi, Mohammed, tu iras faire ton service au Yémen.

Mes pauvres petits se serraient les uns contre les autres. Muthana disposait de leur vie, tranquillement !

Il s'est détourné des enfants, son regard s'est rivé au mien. Sa voix était rauque et profonde.

— Toi, la pute anglaise, tu peux t'en aller où tu veux, quand tu veux, tu ne me sers plus à rien. Une femme va venir chercher Ashia. Ça me coûtera moins cher que de les emmener moi-même. Et tu ne pourras pas t'y opposer.

Il a éclaté de rire, avant d'ajouter :

— Tu n'as tout de même pas cru sérieusement que j'allais un jour t'emmener au Yémen ?

Ses mots martelaient ma tête. Ce que j'entendais était tellement cruel, implacable. Cet homme était abject. J'ai voulu le faire taire, et l'anéantir comme on écrase un cafard ou un moustique. J'ai empoigné le premier objet qui se trouvait à ma portée, la planche à repasser, et je l'ai lancée de toutes mes forces sur lui, avec un tel élan qu'elle s'est cassée en l'atteignant. Muthana est tombé en hurlant de douleur. Je me suis précipitée sur lui et je l'ai frappé jusqu'à ce qu'il ait la peau à vif. Mo, Ashia, Tina hurlaient : « Maman ! Maman ! » Mais rien ne pouvait plus m'arrêter. Ce tyran devait mourir. Il était juste que ce soit moi qui lui donne la mort. Je le cognais au visage de toutes mes forces avec les poings. Les petits s'accrochaient à mes bras, alors je le martelais avec mes pieds. Il était trop étourdi, trop affaibli par l'alcool pour se défendre. Mes coups devenaient de plus en plus précis. Car la peur me gagnait. S'il parvenait à se relever, il me tuerait et cette idée me donnait une force incroyable. Je devais sauver Ashia, Tina, Mo tant que j'avais le dessus sur lui. J'avais perdu Leilah, Ahmed, Zana, Nadia parce que j'avais été faible ; cette fois, c'était fini, il ne ferait plus souffrir personne.

Des bras puissants m'ont soulevée de terre. C'étaient ceux de Derek. J'ai hurlé :

— Je m'en fous ! Je m'en fous d'aller en prison ! Je dois sauver les enfants !

— Zana et Nadia ont besoin de toi, m'a dit Derek.

J'ai hurlé encore :

— La lettre ! Prenez la lettre ! Il l'a en morceaux dans la main !

Ashia a essayé de les extirper des griffes de Muthana. Elle n'avait pas assez de force. Son père lui tordait le poignet. Ashia a crié de douleur.

— Lâche-la tout de suite ou c'est moi qui te crève, Fred ! a dit Derek.

Muthana a relâché sa fille en lui disant :

— Tu es la prochaine, Ashia, la prochaine !

Affolé, Derek m'a transportée dans la pièce à côté où il m'a jetée sans ménagement sur le canapé. Ensuite, il a couru chercher Tina, Ashia et Mo, qu'il a poussés dans le salon, avant de refermer la porte à clé.

Étendu sur le carreau de la cuisine, Muthana vomissait sa haine en poussant des petits gémissements de douleur.

Je tremblais de colère, de dégoût, les enfants blottis contre moi.

— Ne le laisse pas faire, maman, je t'en prie ! disait Ashia.

Derek s'est laissé tomber sur un fauteuil. Il avait les yeux révulsés.

— Je reste pour vous protéger. Je ne peux pas vous laisser seuls avec ce type !

Les jours suivants, Muthana surgissait à tout moment, jurant que les enfants sans exception iraient au Yémen et que je n'y pourrais rien. À chaque fois, Derek intervenait pour m'empêcher de me jeter sur lui. Frustrée, je frappais le mur de mes poings jusqu'à en saigner. Seul Derek parvenait à me calmer.

— Tu ne vois pas qu'il le fait exprès ! Il veut que tu deviennes cinglée pour qu'on t'enferme ; après, il pourra faire ce qu'il voudra des enfants !

— Les tyrans, il faut les abattre sans discuter !

— D'accord, mais pense aux filles là-bas !

Je me bourrais de tranquillisants pour pouvoir dormir. Je faisais des cauchemars épouvantables. Je voyais Muthana en train d'entasser les enfants dans le coffre d'une voiture et prendre ensuite la direction de l'aéroport. Une nuit, j'ai fait un cauchemar si terrible que je me suis réveillée en sursaut. Il était quatre heures du matin. Autour de moi tout était calme. Pas un bruit. Un silence anormal. D'habitude, Ashia parlait en dormant. Je n'entendais même pas le souffle de sa respiration. Mon regard en s'accoutumant à l'obscurité m'a montré que la porte était grande ouverte ! Je n'avais pas rêvé ! J'ai sauté hors du lit et j'ai couru dans leur chambre. Ouf ! Tina toussait et se retournait dans son lit à la recherche d'une position plus confortable. Et Ashia ? J'apercevais sa chevelure ébouriffée. Elle dormait. Tout allait bien. Mes petites étaient là.

Mais Mo ? Son lit était vide, les draps froids. Il n'avait pas dormi là !

J'ai filé droit au premier étage où j'ai fait irruption dans la tanière de Muthana. La pièce puait la bière éventée. Muthana était allongé sur le dos, les bras en croix, cuvant son alcool. Mo était serré contre ses flancs. Sans hésiter, je me suis approchée du lit. D'une main, Muthana m'a tordu le poignet.

— Il est à moi ! Je vais l'emmener chez mes parents dès que j'aurai touché l'indemnité ! Tu entends ?

Je me suis dégagée d'un geste prompt. Cet homme me révulsait. Je lui ai craché au visage, tout en faisant glisser Mo par terre. J'ai sifflé à l'oreille de Muthana :

— Tu devras d'abord me tuer.

À demi inconscient, tenant à peine sur ses jambes, Mo est sorti avec moi en courant jusqu'à la chambre des filles. Elles guettaient mon retour, debout, serrées l'une contre l'autre. J'ai crié :

— Au salon ! Je m'occupe des couvertures !

Elles ont galopé vers notre refuge, que j'ai bouclé à clef.

— Aidez-moi !

On a poussé tous ensemble le vieux buffet pour bloquer le passage. Cela fait, je me suis effondrée par terre, incapable de contrôler le tremblement de mes mains, de tous mes membres.

— Comment suis-je arrivé dans son lit, maman ? a dit Mo.

— Il a dû venir dans la chambre pendant que tu dormais. Il t'a emporté dans ses bras. Tu n'as rien senti. C'est fini, maintenant. Enroulez-vous dans les couvertures et allongez-vous sur le tapis !

J'ai médité jusqu'au petit matin. Comment un homme pouvait-il être aussi faux ? Au début, Muthana adorait ses enfants. Il adorait Zana, Nadia, pourtant il les avait vendues ! Comment avait-il pu faire ça ? Avait-il été manipulé par ses amis de soûlerie ? De quelles idées lui avaient-ils infesté le crâne ? Des idées de quel ordre ? Sa haine des Noirs, aussi implacable que la cruauté avec laquelle il avait vendu ses filles, d'où cela venait-il ? De Gowad ? D'Abdul Khada ? De lui, tout simplement ?

De toute façon, je ne pouvais plus vivre dans la terreur, barricadée à l'intérieur de mon propre appartement. Le jour levé, j'ai foncé avec les enfants chez ma demi-sœur Helen, lui réclamant asile.

Nous avons passé la journée à maudire Muthana, Gowad et Abdul Khada. Le soir tombait. Les enfants s'étaient endormis devant le poste de télévision. Helen et moi rêvions à haute voix que toutes les malédictions du ciel s'abattaient sur la tête de Muthana et de ses suppôts. Des coups ont retenti à la porte, nous faisant taire aussitôt.

— C'est Saif, un de mes locataires, a dit Helen.

Comme tous les pauvres du quartier, elle louait plusieurs pièces de sa maison.

Elle a poussé un cri en ouvrant la porte : le locataire était accompagné de Muthana ! Helen a entraîné Saif dans la cuisine pour le mettre au courant de la situation. Que Saif fût innocent ou complice, de toute façon cela ne changeait rien : Muthana était maintenant lourdement installé dans un des fauteuils du salon.

Les filles, réveillées, regardaient leur père en tremblant d'effroi. Allongé sur le tapis, Mo dormait à un mètre des pieds de Muthana.

Celui-ci s'est adressé à Ashia et Tina en me désignant d'un coup de menton. D'une main, il se caressait à travers son pantalon.

— Votre mère est bête. Une seule chose l'intéresse, le sexe !

Les filles ont éclaté en sanglots.

Muthana continuait à se toucher en me défiant du regard. Je tremblais. Il ricanait.

— Au lit, la pute anglaise !

Il a saisi une bouteille de bière sur la table du salon et a bu directement au goulot. Puis, il s'est essuyé les lèvres d'un revers de main, et d'un signe du menton m'a désigné le lit d'appoint à l'autre bout de la pièce :

— Obéis !

Je ne savais que faire, j'avais peur pour les petites. J'ai répondu doucement :

— Les enfants... ?

— Ne t'inquiète pas pour les enfants, ils feront bientôt la même chose au Yémen ! Et inutile d'ôter tes vêtements, ce ne sera pas long. Fais ce que je te dis, sinon je te prends ici, sur le fauteuil !

Le verre que j'ai lancé a explosé sur le haut de son crâne. Le sang a coulé. Des débris scintillaient sur ses cheveux et sur sa peau. À la vue de son sang, Muthana a poussé un cri de stupeur. Je jubilais en le regardant.

Pendant ce temps, Helen réagissait en entraînant Mo, Ashia et Tina à l'abri dans sa chambre. Elle criait :

— Saif ! pour l'amour du ciel, débarrasse-nous de Muthana !

L'ivrogne emporté au diable, la tension tombée, j'ai

pleuré à chaudes larmes. Jamais nous ne pourrions passer une nuit tranquille !

Deux heures plus tard, Saif est venu nous dire qu'il avait emmené Muthana, gravement blessé, à l'hôpital.

— Pour cette nuit, ça va, m'a dit Helen. Mais je ne pourrai pas vous garder plus longtemps tous les quatre.

Le lendemain, il a fallu retourner chez nous. Combien de temps allais-je tenir, barricadée, avec les enfants ?

À sa sortie de l'hôpital, Muthana s'est fait renverser par une voiture. Bilan : deux jambes brisées. « Au moins, il ne pourra pas s'enfuir avec les petits », me disais-je. Hélas, même sur des béquilles, il se déplaçait promptement et me poursuivait de ses sarcasmes. Pour me débarrasser de lui, j'ai pensé cirer les marches de l'escalier pour qu'il chute et se tue. Il était soûl du soir au matin. Quand il ne me criait pas dessus, il s'arrangeait pour se tenir sur mon passage et me faire subir l'expression hébétée de son visage. Il cherchait à me pousser à bout. Toujours ivre, il menaçait Ashia d'un départ prochain pour le Yémen. Plus ivre encore, il imitait Gowad en vantant à Tina la beauté resplendissante des montagnes de l'Hadramaout et les mystères du plus grand désert de sable du monde, le Roub-al-khali. Ce qui me rendait folle de colère. Il s'en réjouissait. Ma douleur, ma révulsion le stimulaient. Je le frappais, il reculait, puis revenait à la charge, plus hargneux encore qu'un chien enragé. Seule Mary Burchell l'inquiétait. Dès qu'elle arrivait, il sautillait sur ses béquilles pour aller se cacher. Mary Burchell représentait l'autorité, il haïssait l'autorité. Nous l'entendions grommeler dans son coin qu'au Yémen ça ne se passerait pas ainsi. Les femmes là-bas n'avaient pas la parole. Les hommes décidaient de tout, portés dans leur choix par la sagesse des ancêtres qui régnait sur les âmes depuis l'éternité. Ici, c'étaient les « putes anglaises » qui gouvernaient. Décadence ! Déclin de l'Angleterre ! Fin de l'Occident !

Un jour, il est sorti de son trou pour s'entretenir avec l'assistante sociale.

— Je vous entends beaucoup parler, madame Burchell ! Vous semblez convaincue que je suis hors-la-loi. Mais vous vous trompez. J'ai en ma possession les certificats de mariage de Zana et de Nadia, des documents tout ce qu'il y a de plus légal ! Quoi que vous puissiez faire ou tenter de faire avec cette femme (il me désignait) pour récupérer mes filles, vous vous heurterez à la loi. La procédure est légale et régulière. L'Angleterre est un État de droit, et j'ai le droit pour moi. Vous êtes coincée, ligotée, madame Burchell. Continuez à vous gonfler le ventre à boire mon thé, continuez à abrutir cette femme avec vos blablablas. Car je tiens à vous dire que vos blablablas m'amusent ! (Il imitait Mary.) Et patati et patata ! Un coup de thé par-ci, un coup de thé par-là, et patati et blablabla...

J'ai bondi pour le chasser. Il s'est enfui en béquillant. Depuis la cuisine, j'entendais toujours son rire de dément résonner dans le couloir. Mary restait bien silencieuse. Les arguments de cet ivrogne étaient-ils valables ? Mary m'a fait signe d'approcher... L'office des HLM m'avait accordé un logement à King's Heath. Je pouvais passer chercher les clés à l'office et, ce soir, je serais libre. Mais chut...

Quoi ? J'étais libérée de la présence de ce monstre ! J'ai failli crier de joie. Le regard sévère de Mary m'a cloué le bec.

— Il a raison : assez de blablas, agissons !

Muthana n'allait pas tarder à aller au pub. À ce moment-là, Mary préviendrait Henry et Derek. Et nous profiterions de son absence pour déménager à la cloche de bois, il serait plus juste de dire, en ce qui me concerne, à l'anglaise. J'étais d'accord avec Mary. Ce plan d'action me paraissait excellent.

Mais il n'avait pas soif ou quoi ? ! Et ses copains qui ne venaient pas le chercher ! J'avais le tournis à force d'arpenter la cuisine d'un bout à l'autre. Enfin, il s'est décidé à prendre le large ! Cap sur les pubs ! Je suis descendue derrière lui sur le trottoir. C'est ça, mets les voiles, et bon vent ! Solidement accroché à ses béquilles, il tanguait à bonne vitesse. J'ai attendu que sa grande carcasse ait viré au coin de la rue pour prévenir mes frères, planqués dans une voiture. Cela faisait une heure qu'ils attendaient mon signal. Je n'emportais pas grand-chose, quelques vêtements, quelques draps, deux casseroles, quatre bols, quatre tasses, la vieille bouilloire, quelques affaires de Zana et de Nadia, le tout fourré vaille que vaille dans de grands sacs en plastique noir. Plus deux lits à une place que mes frères ont pu fixer sur la galerie de la Ford Escort. Je n'oubliais pas les certificats de naissance de mes enfants, nos carnets médicaux. J'ai vérifié qu'ils étaient bien dans la poche du manteau, et en route pour King's Heath !

Même pauvrette et glacée la maison m'a paru plus accueillante qu'un palace ! C'était la maison de la liberté. Les enfants couraient d'une pièce à l'autre en se chamaillant déjà l'attribution des chambres. Et moi, comme une idiote, je courais avec eux. Je n'avais pas éprouvé un tel bonheur depuis des années ! Nous n'avions rien, même pas des chaises, mais qu'importe ! J'ai passé une soirée divine et, la nuit venue, je me suis endormie comme un bébé.

Sous la férule de Mary et avec la recommandation du député de la circonscription, j'ai écrit aux autorités compétentes, aux nombreuses associations influentes et j'ai envoyé un courrier au chef du service consulaire. Tous m'ont répondu que Zana et Nadia, citoyennes yéménites, ne pouvaient rentrer qu'avec leurs maris. J'étais découragée. J'ai tenté de rallier à ma cause des personnes appartenant à la communauté anglo-yéménite de Birmingham. Échec. Personne ne voulait me servir de messager, ni même me donner des informations. Tous avaient peur de Muthana. Comme il était impossible que cet ivrogne, dans son état, puisse faire peur à lui seul à autant de monde, j'en ai conclu qu'ils redoutaient quelque chose de quelqu'un de plus important et de mieux placé.

Les fêtes de Noël approchaient, j'avais envie d'envoyer à Zana et à Nadia un colis rempli de petits cadeaux. Naïvement, je pensais que personne n'oserait intercepter des cadeaux de Noël, même au Yémen. Je pourrais en profiter pour cacher des messages à l'intérieur des présents. C'était une bonne idée, non ? Il fallait que j'en parle à Helen, ma demi-sœur. J'ai traversé la rue, en robe de chambre, pour aller dans une cabine téléphonique. J'ai regardé ma montre. Il était vingt-deux heures trente. Helen n'allait pas tarder à se coucher. Fébrilement, j'ai composé son numéro.

Alors que j'attendais qu'Helen décroche, j'ai entendu un crissement de pneus. Une lumière blanche a envahi la cabine. Un énorme bang a éclaté. La déflagration a rempli mes oreilles, une avalanche me tombait dessus.

Quand j'ai rouvert les yeux, j'étais allongée dans un lit d'hôpital, une jambe en traction dans une attelle plâtrée. L'infirmière de garde m'a dit que j'avais la rotule du genou droit écrasée, des fragments d'os s'étaient incrustés dans ma chair, et il avait fallu me recoudre le visage avec quatorze points de suture. Que s'était-il passé ? J'avais eu un accident, m'a expliqué l'infirmière. « Dormez, maintenant. »

Le lendemain, un officier de police m'a renseignée davantage. Une voiture avait percuté la cabine où je me trouvais. Pris de panique, le chauffard s'était enfui sans me porter secours et en abandonnant son véhicule. Les policiers avaient retrouvé un sac à main dans la voiture. L'officier a ajouté que ma demi-sœur Helen s'occupait de mes enfants. Et le médecin a conclu que j'avais eu beaucoup de chance de m'en tirer.

Joyeux Noël ! Je n'avais vraiment pas besoin de ça ! L'officier est revenu trois jours plus tard pour m'annoncer que le chauffard avait été retrouvé, et qu'il avait tout avoué.

— Surtout, m'a-t-il conseillé, dites à votre avocat de réclamer des dommages et intérêts ! Le délit de fuite est très grave et, avec les blessures que vous avez subies, vous êtes en droit de réclamer une belle somme d'argent en compensation.

J'ai oublié mes souffrances en fixant toutes mes pensées sur cette « belle somme d'argent ». Une véritable manne qui allait me permettre de ramener Zana et Nadia à la maison ! Si leur père les avait vendues, leur mère pouvait bien les racheter. Je reprenais espoir, attachée sur un lit d'hôpital, le jour de Noël ! Mais la douleur au genou était terrible. Je devais prendre des calmants pour la supporter. Des analgésiques qui s'ajoutaient aux autres tranquillisants et somnifères !

Mars 1984. L'accident avait eu lieu en décembre 1983 et « la belle somme d'argent » promise n'était toujours pas dans mes poches ! La compagnie d'assurances avait exigé des examens médicaux et des radiographies. Il fallait déterminer si oui ou non j'allais garder des séquelles. Ce qui, dans un cas comme dans l'autre, modifierait le montant de l'indemnité. La procédure risquait d'être longue.

Alors, j'écrivais. Au gouvernement yéménite, au gouvernement britannique. Et toujours les mêmes réponses décourageantes : Zana et Nadia avaient la « double nationalité », il n'y avait rien à faire, ou bien elles étaient « yéménites » et non seulement il n'y avait rien à faire mais on me déconseillait même d'y penser !

Comme l'année 1984, l'année 1985 se solda par un résultat nul : aucune nouvelle de mes filles, réponses négatives des autorités, et je n'avais rien touché de la compagnie d'assurances.

Il ne me restait plus qu'une dernière démarche à tenter, que j'avais jusqu'à présent repoussée, tellement elle me répugnait. Avec mon amie Ann Sufi, j'allai rendre visite à Gowad. Pour me persuader du bien-fondé de cette tentative, je me rappelai la courtoisie de cet homme, son grand calme, son caractère affable et l'amitié qu'il manifestait à mes filles quand il venait dîner à la maison. J'espérais au fond de moi que Muthana l'avait berné, tout comme il m'avait trompée. Cet infime espoir se dilua dans l'air à l'instant même où Gowad nous ouvrit sa porte.

L'homme affable était devenu froid. Son vernis de bonne éducation avait fondu. Quant à son calme quasi religieux, il s'était dissous lui aussi dans je ne sais quel éther. Je l'importunais, je l'exaspérais. Assis sur un canapé, il se grattait une cuisse, une oreille, le nez, lâchait des soupirs et regardait ailleurs. Devant cet homme que j'avais cru de qualité, et à qui j'avais confié le sort de mes filles, je parlais péniblement, presque avec soumission. J'avais l'impression d'escalader une pente raide en m'accrochant à des mots comme à des appuis creusés dans la pierre, alors que sous mes pieds s'ouvrait un précipice sans fond. J'avais la bouche sèche à force de m'adresser à un mur de cruauté ou d'indifférence. Pour exciter son intérêt, j'expliquai que, victime d'un grave accident, j'allais obtenir des indemnités importantes. J'allais toucher beaucoup d'argent, beaucoup de livres, un gros pactole. Mais Gowad ne réagissait pas. Il n'attendait qu'une chose, que je m'en aille ! Je bredouillais qu'avec cet énorme paquet d'argent, je pouvais faire beaucoup de choses : offrir des billets d'avion à Zana, Nadia et leurs deux maris afin qu'ils viennent en

Angleterre ; je pouvais aussi, surtout, racheter mes filles.

Gowad haussa les sourcils en soupirant. Je m'adressais à lui avec une grande inconvenance, et je n'y étais pas du tout.

— Vous oubliez un détail, Miriam. Zana et Nadia ne sont plus vos filles. J'ai versé de l'argent pour que Nadia donne des enfants à un de mes fils, et Abdul Khada a payé pour que Zana donne des enfants au sien. Elles nous appartiennent. Muthana le sait très bien. Nous avons conclu un arrangement. Il n'y a pas à revenir là-dessus. Au revoir !

— Je n'ai pas conclu d'arrangement avec vous !

Il fit une moue. Une simple moue.

— Les femmes n'ont rien à voir dans ce type d'arrangement.

— Vous saviez très bien que jamais je n'aurais accepté de vendre mes propres filles ! Vous avez combiné votre arrangement avec Muthana à mon insu, dans mon dos ! Vous êtes un menteur et vous n'avez pas d'honneur. Vous m'aviez promis, chez moi, devant moi, de vous occuper de mes filles.

Gowad, à bout de patience :

— J'ai bien peur que vous perdiez votre temps, Miriam. Oubliez vos filles, elles n'ont plus rien à voir avec vous. Elles vivent à Ashube dans les montagnes. Elles sont mariées, bien mariées, et citoyennes yéménites. Maintenant, sortez de chez moi !

Je n'avais plus de forces, plus de salive, j'étais au bord de la crise de nerfs. J'allais glisser dans le précipice. J'avais tout de même espéré qu'avec de l'argent je pourrais faire revenir mes filles. Je me blessais sur des obstacles dont j'ignorais la nature. Ann Sufi prit la parole pour me soutenir, pour que je ne lâche pas prise :

— Si vous refusez de nous aider, on verra comment les choses vont tourner pour vous et pour Muthana ! Nous sommes en Angleterre, ici, monsieur

Gowad, et je vous le dis : vous n'échapperez pas à la loi anglaise !

Hautain :

— Vous n'êtes que des femmes ! Vous ne pouvez rien faire ! J'ai conclu un arrangement avec Muthana, un point c'est tout ! S'il vous plaît, maintenant, laissez-moi, j'ai à faire mes prières.

Il se leva et nous reconduisit au bout du couloir. Devant la porte, je menai la dernière offensive :

— Combien avez-vous payé Muthana ? Je vous rendrai votre argent, et même plus que vous n'avez payé. Je me moque du prix, je suis riche maintenant, et je veux retrouver mes filles !

— C'est trop tard. Nadia va me donner des petits-fils.

Il nous flanqua dehors.

Jetées sur le trottoir, nous sommes restées un moment choquées, immobiles, sans savoir que faire. Ann, le corps soulevé par une crise de larmes, me tenait par la main. Je ne pleurais pas. Le dernier espoir d'une possibilité de dialogue, de tractations à l'intérieur de la communauté anglo-yéménite à laquelle je pensais appartenir, venait de s'envoler. Je ne pleurais pas. C'était pire.

Je harcelais Mo. Il fallait qu'il aille au café fouiller dans les affaires de Muthana et rafler tout ce qui lui tomberait sous la main comme objets, documents, lettres susceptibles de m'aider à contacter ses sœurs. Mo hésitait. Il avait peur. Il le fallait ! Je dépêchai Tina pour l'accompagner. Le monstre ne se méfierait pas de ses plus jeunes enfants.

Ils trouvèrent leur père seul à se morfondre derrière le comptoir de l'établissement. Surpris, heureux de leur visite et content de pouvoir embrasser Mo, il se plaignit de mon comportement. J'étais une voleuse, une dépouilleuse, une femme sans mœurs qui était partie avec toutes ses affaires. Il ne croyait pas si bien dire. Les enfants restèrent le temps de piquer des photos, une lettre fermée postée au Yémen et une cassette audio. Pas mal !

Je reconnus tout de suite l'écriture de Zana sur l'enveloppe. Je la déchirai. Elle contenait une feuille détachée d'un cahier d'écolier. Zana y expliquait que Nadia avait mis au monde un garçon. Cette nouvelle me paniqua en raison de toutes ses implications : je savais, après avoir entendu Gowad, que Nadia avait été placée dans l'obligation de produire des enfants. Sur le mot Zana indiquait que je pouvais lui écrire au numéro de boîte postale d'un médecin qu'elle avait convaincu. Enfin un espoir !

Planté devant la table de la cuisine, Mo attendait que je lui dise de diffuser la cassette. Il était allé chercher dans sa chambre son petit magnétophone. Son regard m'insufflait tout le courage du monde. D'un coup de tête, je l'invitai à presser le bouton lecture. La bande émit une série de craquements, aspirant toutes sortes de bruits : chocs, tintements, sons humains articulés en arabe ; soudain une petite voix s'éleva au milieu du brouhaha : « Bonjour, maman, papa, Ashia, Tina, et Mo. Nous vous parlons depuis le Yémen. Le village est très joli, mais vous nous manquez beaucoup. Nous sommes bien installées et très heureuses. Le Yémen est un beau pays. Nous avons commencé à apprendre l'arabe. J'habite une belle maison et Abdul Khada est très gentil avec moi. Ils vont bientôt tuer un mouton pour la fête en notre honneur. Je suis très heureuse d'être ici au Yémen avec mes amis et la famille d'Abdul Khada. Maintenant, c'est comme si je faisais partie de la famille. Mes amis anglais me manquent beaucoup. Si vous les voyez, dites-leur bonjour de ma part. Je suis heureuse ici. Vraiment heureuse. Papa, tu as eu raison de nous envoyer ici. Tu es un bon père. Le Yémen est beaucoup mieux que l'Angleterre. Je me sens beaucoup plus heureuse ici. Merci, papa, de m'avoir envoyée ici. J'ai beaucoup de chance. Le Yémen est un si beau pays. Écrivez-nous vite. Je vous aime tous. Votre fille chérie, Zana. »

Sa voix me paraissait aussi naturelle que celle d'un robot, avec, malgré tout, un léger tremblement qui trahissait son énervement.

Mais la cassette n'était pas terminée. Au tour de Nadia de parler dans le micro : « Bonjour, papa, maman, Ashia, Tina et Mo. Nous sommes bien arrivées au Yémen. Nous sommes ici depuis un peu plus d'un mois. C'est un peu différent de ce que nous imaginions. Mais c'est très joli. Nous sommes en pleine nature. Gowad et Salema s'occupent de moi. Nous sommes mariées à de très gentils garçons. Zana et moi sommes très heureuses. Nous passons beaucoup de temps ensemble. Merci, papa, de nous avoir envoyées ici. C'est beaucoup mieux qu'en Angleterre. Nous avons beaucoup de chance d'avoir un père qui prend soin de nous et d'avoir de bons maris. Le Yémen est un très beau pays. Vous nous manquez tous beaucoup. J'essaie d'apprendre l'arabe et de me conduire en bonne musulmane. Nous sommes très occupées ici. C'est beaucoup mieux qu'en Angleterre et qu'à Birmingham. Dites bonjour de notre part à nos oncles et tantes. *Ma sallami,* ça veut dire au revoir. Votre fille chérie, Nadia. »

Fin de la cassette.

Mo réagit le premier :

— Elles disent les mêmes phrases, maman ! On les a obligées à dire ça !

D'après ce que disait Nadia, elles venaient d'arriver au Yémen depuis un peu plus d'un mois. L'enregistrement remontait donc à trois ans. À la même période, Zana, dans la lettre qui avait pu être interceptée, me confiait son envie de mourir. Cet enregistrement ne pouvait être que le fruit d'une mise en scène.

Alors vite, j'ai écrit à mes filles, la première lettre

qui arriverait jusqu'à elles depuis quatre ans. Je posais des dizaines de questions, je n'en finissais plus. Et ça a marché ! Dès ce moment des lettres me sont parvenues à peu près régulièrement — parfois elles mettaient deux mois. Mais ce que j'y ai découvert... Zana et Nadia avaient été violées par des garçons encore adolescents, sur ordre de leur père. J'étais affolée. M. Nigel Cantwell, à la tête de l'association Défense internationale de l'enfance, prévenu de l'enlèvement de Zana et de Nadia, avait alerté la Croix-Rouge. Des membres de cette grande organisation avaient tenté de rencontrer mes filles, la police du Yémen les avait obligés à rebrousser chemin. Pourquoi ?

Je contactai mes avocats. Je voulais toucher les indemnités le plus rapidement possible. Tant pis si la somme était largement inférieure à celle que j'aurais pu percevoir si nous étions allés jusqu'au procès.

Je devais aller au Yémen, immédiatement. Aucune police au monde ne pouvait empêcher une mère de voir ses enfants !

Avec l'argent, j'ai acheté deux billets aller-retour, un pour moi, un pour Mo, et deux billets retour pour Zana et Nadia. J'avais entendu leurs voix, lu leur écriture, j'avais retrouvé leur vie, leur souffle, je ne voulais pas les perdre comme Leilah et Ahmed, je ne pouvais plus attendre, je voulais les revoir, les serrer dans mes bras, même si je devais aller jusqu'au bout de l'inconnu.

6

« Le Yémen est un petit pays situé dans la péninsule arabique, elle-même peu peuplée, mais sa densité est de 35 habitants au kilomètre carré. Il a une population de 9 274 173 habitants. Il compte environ 1 168 000 travailleurs migrants. Les devises qu'ils envoient chez eux égalent 80 fois le montant total des exportations de marchandises et représentent soixante-treize pour cent des revenus en devises étrangères. »

Je ne possédais pas les outils intellectuels pour décrypter ces informations, piochées dans la revue *The Economist*, et lues dans l'avion ; toutefois elles me semblaient suffisamment « parlantes », même pour moi ! Le numéro datait de mars 1986. Il était tout récent. Ce document rejoignit les autres éléments, étalés sur le couvre-lit, qui devaient me permettre de retrouver mes filles tout au bout de l'Arabie. Il y avait une photo du fils aîné d'Abdul Khada, que Mo avait piquée chez son père, un numéro de boîte postale, le nom d'un village, prononcé par Gowad, Ashube, et le nom d'une personne cité par Zana, dans ses lettres, Nasser Saleh, qu'elle soupçonnait être l'agent de Gowad. J'avais d'ailleurs écrit aux autorités yéménites pour me plaindre qu'à Taez, deuxième ville du Yémen, un homme interceptait le courrier que j'adressais à mes filles. Avec tout cela, pensais-je, le consulat britannique allait pouvoir se débrouiller !

Mo prenait une douche, à côté, dans la salle de bains. J'étais épuisée par le voyage, la chaleur, l'angoisse, mais soulagée d'avoir trouvé une chambre dans un bon hôtel situé sur une avenue éclairée et propre. Ce n'était pas évident dans ce pays ! J'avais toujours rêvé de découvrir le Yémen, pendue au bras de Fred, au milieu de tous mes enfants. J'avais imaginé des échanges, des rencontres, des connaissances nouvelles. Une autre vie. J'arrivais meurtrie, désemparée, avec comme soutien mon fils de treize ans. Pour une femme qui avait toujours eu peur de quitter son coin de rue, ma présence à Sanaa représentait une sérieuse victoire sur mes inhibitions, non ? Nous étions arrivés depuis quatre heures.

— Viens voir, maman ! C'est pas du tout comme chez nous !

Mo se tordait le cou pour apercevoir par le hublot de l'avion à quoi ressemblait le paradis de Muthana. Il avait encore en tête la mosaïque de champs et de prairies que nous avions admirée en décollant du sol anglais, il était déçu de découvrir des cailloux et des montagnes.

L'aéroport était bâti en plein désert. Il avait fallu attendre d'être proche de Sanaa pour voir des champs cultivés à la place des dunes de sable. Auparavant, le taxi avait traversé de nombreux villages parsemés de petites boutiques nichées à tous les coins des maisons. Elles ressemblaient à des garages car elles étaient toutes protégées par un volet roulant en métal bleuté. Dans les rues de Sanaa, les automobilistes, nombreux, klaxonnaient sans arrêt et slalomaient comme des pilotes de rallyes entre des tas de gravats qui encombraient la chaussée, en évitant de justesse les carrioles tirées par des ânes, en frôlant les passants nombreux et imprévisibles. J'avais l'impression de basculer dans un autre monde. Les hommes, le turban sur le crâne, portaient la *futa,* une jupe longue en coton qui tombait jusqu'aux chevilles. Ils avaient tous la joue gonflée par le qât. Dès qu'ils m'apercevaient à l'intérieur du taxi, ils me jetaient des regards concupiscents. Sans exagérer, je me sentais aussi vulnérable que si j'étais nue. Les femmes étaient couvertes de tissu noir de la tête aux pieds. Elles circulaient prestement au milieu des nombreux petits marchands de cigarettes et de jasmin. On aurait cru des fantômes. Les plus audacieuses laissaient voir leurs yeux noirs, magnifiques.

Le taxi avait quitté l'artère principale pour s'engouffrer dans une rue si étroite que la carrosserie frôlait les murs. À notre vue, des enfants sales, vêtus de haillons, avaient jailli d'un dédale de passages étroits, sortes de venelles qui reliaient des bâtiments plusieurs fois centenaires. Ils criaient en bondissant autour du taxi. Des chèvres bloquaient le passage. Le chauffeur klaxonnait comme un demeuré. Les enfants cognaient aux vitres en faisant des grimaces. Mo ne savait pas s'il devait rire ou avoir peur. La voiture enfin avait tourné dans une grande avenue, très propre, un peu comme en Angleterre, je veux dire sans détritus jetés çà et là. Nous étions arrivés à l'hôtel.

En nous conduisant à notre chambre, le garçon d'étage nous avait expliqué qu'il avait habité pendant trois ans dans les Midlands, une ville qui s'appelle Birmingham, le quartier de Balsall Health ! Aucun doute pour Mo, le garçon d'étage était un espion !

Je rangeai mon faisceau de preuves dans mon sac. Mo revenait de la salle de bains, il ressemblait à un petit caniche avec ses cheveux mouillés. Il sauta sur un lit et s'endormit d'un coup. J'allumai une cigarette. Demain matin, à la première heure, nous irions à l'ambassade. J'avais mis six ans pour combattre la maladie physique et mentale qui m'avait clouée sur place, maintenant j'étais au Yémen, les diplomates devaient pouvoir m'aider à plaider la cause de mes enfants auprès des autorités yéménites. Le pays me semblait très différent de l'Angleterre, mais j'étais convaincue que, partout dans le monde, on avait le sens de la famille, et du respect pour une mère inquiète sur le sort de ses filles. Tout allait s'arranger, Zana et Nadia reviendraient avec moi à la maison. Il n'y avait qu'un fautif dans cette histoire, Muthana et lui seul. Voilà ce que je leur dirais. Je tournai encore et retournai des phrases dans ma tête, puis, je m'endormis, d'un coup, comme Mo.

Notre vieil Union Jack flottait mollement dans l'air étouffant. Les bâtiments du consulat étaient protégés par un haut mur de brique couvert de fils de fer barbelés. En pénétrant à l'intérieur de ce morceau de territoire britannique, je me sentis rassurée.

Un homme de haute taille, les cheveux très bruns, M. Andrew Page, me reçut dans un bureau à l'air climatisé. Mes projets de retrouvailles et de récupération de Zana et de Nadia ne l'enthousiasmaient pas. Il avait l'air très gêné. Pis, il se tordait de nervosité.

— Madame Ali...

— Mademoiselle Ali, *please* !

J'ai toujours détesté qu'on me dise Madame. Je n'étais pas mariée avec Muthana. Je tenais à ma liberté, à mon indépendance.

— Mademoiselle Ali, a repris M. Andrew Page. J'ai bien peur que vous ayez commis une grosse bêtise en venant au Yémen avec votre fils.

Il me regardait sans indulgence. Je perdis contenance. Il allait tout de même m'aider ? Je comptais sur lui pour sauver mes filles !

— J'ai l'intention de les ramener à la maison, et vous allez m'aider, monsieur Page !

Le geste fébrile, il cherchait dans le désordre de son bureau des documents. Il farfouillait tout en me parlant.

— Vos filles sont mariées. Elles ont épousé des Yéménites. D'après mes dossiers, je crois qu'elles sont elles-mêmes yéménites de naissance, de par leur père.

— Pas du tout. Je suis anglaise. Mes filles sont nées en Angleterre et elles ont grandi en Angleterre ! Comment pouvez-vous dire qu'elles sont yéménites ?

Il releva des yeux étonnés :

— Je suis désolé, mademoiselle Ali, mais c'est la vérité. Elles sont yéménites. Nous ne pouvons rien faire pour vous aider. Je ne saurais trop vous conseiller de retourner au Royaume-Uni et d'essayer d'oublier cette histoire.

Je réagis en criant :

— Ce n'est pas une histoire, ce sont mes enfants ! J'ai fait tout ce chemin... il faut que je voie mes filles !

Ne sachant plus quoi ajouter, j'ouvris mon sac et je lui montrai les billets d'avion :

— Regardez ! Je peux les ramener ! J'ai leurs billets ! Ça ne coûtera rien au budget de l'Angleterre !

À leur vue, le visage parfaitement soigné de M. Page blêmit :

— Mademoiselle Ali ! Dans quelle langue faut-il que je vous parle pour que vous acceptiez de comprendre ce que je vous dis ?

Je le regardai de toute mon âme : il était fini le temps où le premier homme venu pouvait me faire perdre confiance en moi d'une réflexion, ou en élevant la voix. Je demandai calmement, en fixant cet homme au fond des yeux :

— Où sont mes filles, monsieur Page ?

Effrayé :

— Je... je n'en sais rien !

— Vous ne voulez pas m'indiquer où se trouve Ashube ? On m'a dit que c'était au sud, dans les collines de Maqbana.

Épouvanté, puis menaçant :

— Ce serait beaucoup trop dangereux pour vous de vous rendre dans ce genre de village ! Quant à votre fils, je vous conseille de le surveiller de très près.

Sinon, vous pourriez bien rentrer toute seule en Angleterre !

— Monsieur, je ne pense pas qu'on puisse se moquer de moi d'aucune façon. Je suis citoyenne britannique et je vous demande : où sont mes filles ?

M. Page a soupiré :

— Le Yémen n'est pas l'Angleterre, mademoiselle Ali. Et je ne me moque pas de vous ! Maintenant, je vais vous répondre : vos filles sont à Ashube et à Hockail. Je n'en dirai pas davantage.

Il se leva de son siège. Il tourna le coin de son bureau. Il se dirigea à grands pas vers la porte. Il me jetait dehors ! Je n'arrivais pas à le croire, tellement j'étais choquée.

— Mais comment je fais pour me rendre à Ashube et à Hockail ?

— Prenez le bus !

Je sortis du consulat, sonnée. Mo était abasourdi. Nous n'allions pas faire demi-tour comme ça, sans avoir rien tenté !

— Il faut aller à Taez, une fois là-bas, on verra bien, a dit Mo.

— Oui. Mais comment on y va ? Je croyais qu'ils allaient m'aider au consulat !

J'avisai le soldat yéménite qui montait la garde devant l'ambassade et je lui demandai comment on se rendait à Taez. Heureusement, il parlait anglais.

— Où est le car qui va à Taez ?

En guise de réponse, l'employé de la gare routière à qui je m'adressais s'empara de ma valise et la lança avec une étonnante précision au collègue perché sur la galerie d'un vieux bus tout rouillé. Je rejoignis Mo à l'intérieur du car. Et nous attendîmes que la vieille et noble mécanique daigne s'ébranler.

Une heure plus tard, le bus s'arrêta en pleine route, sous le soleil. Des militaires armés de mitraillettes montèrent à bord. Les passagers tournèrent immédiatement la tête vers nous. J'avais l'estomac serré. Un gradé réclama mon passeport. Je lui dis :

— Lui, c'est mon fils. Et je viens voir mes autres enfants !

Le soldat nous dévisagea très longuement, puis me rendit le passeport en me gratifiant d'un joyeux :

— *Welcome !*

Le chauffeur reprit la route à travers des étendues de cailloux et de poussière. De temps en temps, j'apercevais des prairies bien vertes, mais pas souvent. Je cherchais désespérément trace de présence humaine, car je ne voyais que des chèvres, des moutons, des ânes, à tel point que la chaussée était parsemée des carcasses de leurs congénères, victimes de la conduite « sportive » des gens du coin.

D'un coup, tout changea. Une immense chaîne de montagnes apparut à l'horizon. Sur le bord de la route, des enfants marchaient en portant de gros paquets sur la tête. Je vis des femmes en noir accroupies dans les champs de céréales, coupant la récolte au couteau, et d'autres, coiffées de larges chapeaux de paille, qui battaient les céréales méthodiquement sous un soleil de plomb. C'était une vision de Moyen Âge ! Je remontais le temps ? Soudain, le bus fit un écart violent qui me projeta contre Mo. Nous abordions la montagne. Les virages de plus en plus raides nous balançaient d'un côté à l'autre. Le car montait péniblement, frôlant le vide ou longeant la paroi selon le sens des lacets et des virages en épingles à cheveux ; les voitures, les camions qui arrivaient en face, emportés par la pente, nous évitaient au dernier moment. Bientôt des nuages de brume enveloppèrent le paysage, brouillant la visibilité sur la route, rendant plus dangereux encore le périple. Quand nous atteignîmes le sommet, nous étions plongés dans une mer de brume. Il y eut un grand silence, comme si nous étions en train de planer, puis le chauffeur fit grincer la boîte de vitesses.

— Ça pue ! cria Mo en se bouchant le nez.

Une odeur âcre de caoutchouc envahissait l'intérieur du car. Nous étions en pleine descente et les freins brûlaient les pneus. Des éboulis encombraient la route. Je m'accrochais à mon siège. Peu à peu la brume se dissipa et le paysage se dévoila, impressionnant. Les fameuses couleurs du Yémen ! Mélange de brun et de vert qui envahissait la gigantesque vallée. J'aperçus, accrochés au bord de la falaise, plantés sur des minuscules carrés de verdure, des petits jardins bien entretenus et cultivés. Comment diable pouvait-on accéder à ces parcelles pour y faire pousser une récolte ? La route suivait une large courbe qui nous amenait sur le versant sud de la montagne. Des habitations, sculptées dans la roche, étaient enfoncées dans le flanc de la paroi. Pour parvenir à ces maisons, fallait-il escalader les rochers comme des chèvres ? Plus bas, je vis mon premier chameau ; il broutait sur le bord de la route, indifférent à la circulation. Des enfants, pieds nus sur les pierres pointues et les éboulis, couraient le long du bus. Ils voulaient nous vendre des citrons verts. Ils devaient habiter avec leur famille sous les tentes faites de loques et de cartons que j'apercevais en contrebas. Puis, la route devenue plane, le car augmenta l'allure. Là encore le paysage changea brutalement : des prairies magnifiques, qui semblaient avoir été conservées intactes depuis la création du monde, succédaient à des terres arides couvertes de pierres et de cactées. À un moment donné, des jeunes soldats escortèrent notre car pendant des kilomètres, avant de disparaître. Ils étaient juchés sur un vieux camion armé d'une mitrailleuse Lewis datant de la Seconde Guerre mondiale. Selon Mo, il devait y avoir des bandits dans la région qui attaquaient les cars comme jadis les diligences. Le jour baissait. Après sept heures de voyage, je commençais à cligner des yeux, quand Taez, la plus grande ville du Yémen après Sanaa, apparut devant nous.

Le car freinait brutalement pour éviter de gros cratères creusés au milieu de la chaussée. Les dangers de télescopage étaient nombreux, permanents, inouïs. Des automobilistes s'arrêtaient soudain, opérant des demi-tours surprenants et n'hésitant pas à couper la route aux véhicules roulant dans l'autre sens. Déconcertée, secouée, abrutie par le bruit et la chaleur, je cherchais des points de repère pour m'orienter dans cette ville inconnue : bâtiments officiels, hôpitaux, centres commerciaux... Mais rien ne ressemblait à ce que je connaissais. Le car s'arrêta. Le chauffeur coupa le moteur. Les voyageurs quittaient leurs sièges. C'était le terminus. Je réveillai Mo. J'avais pu distinguer la façade d'un hôtel peu de temps avant l'arrêt du car. Nous récupérâmes notre bagage et nous marchâmes le plus rapidement possible dans sa direction.

Peu m'importait le standing, j'avais besoin d'un refuge et de repos. Le hall était sombre, d'aspect miteux. Je redoutais les cafards, les lézards, les bestioles rampantes, mais la chambre qu'on nous présentait me parut propre, surtout la salle de bains, étincelante, très bien équipée pour qui n'est pas rebuté par les toilettes à la turque. Je commandai une omelette pour dîner, arrosée d'une tasse de thé, et vite une douche, puis au lit.

L'appel à la prière me tira du sommeil. Le jour se levait. Du fond du lit, j'écoutais les cris des marchands qui montaient de plus en plus fort au fur et à mesure qu'ils occupaient les trottoirs de l'avenue. À leurs exhortations se mêlèrent les rires des enfants qui partaient à l'école, et puis tout devint brouhaha en raison de l'insupportable et permanent concert de klaxons qui couvrait la ville entière. Ce damné pouet-pouet, véritable sport national ! Je réveillai Mo, qu'aucun charivari ne saurait perturber.

Galvanisés par une bonne tasse de thé, nous sommes descendus dans la rue. Dès que je posai le pied dehors, je sentis que, même si je localisais mes filles, ce ne serait pas une petite affaire de les amener à l'aéroport. La rue me le disait. Mo et moi avions en guise de boussole pour diriger nos recherches la photo du fils aîné d'Abdul Khada. J'interpellai les passants. Connaissaient-ils cet homme ? Le nom de Nasser Saleh leur disait-il quelque chose ? Où se trouvait le village Ashube ? Ils poursuivaient leur chemin sans répondre, jetant sur la photo que je leur mettais sous les yeux des regards suspicieux. J'étais désemparée. Le soleil brûlait ma peau, la chaleur m'épuisait, la poussière qui volait dans les rues me prenait à la gorge. J'arrêtai d'autres passants. Quel drôle de spectacle nous formions ! Une femme occidentale et un adolescent montant, redescendant la même rue, inlassablement, exhibant une photo, réclamant la route d'Ashube ! L'après-midi, déjà fatiguée du matin, je voulus agrandir le cercle d'investigation. Nous sommes allés dans le souk. Les marchands nous répondaient par la négative en souriant. On se perdait à sillonner les ruelles à travers les échoppes. Épices, bonbons, tissus, biscuits, poêles, casseroles, pneus, matériel électrique, culottes, genouillères : des milliers de petites boutiques proposaient des marchandises hétéroclites avec des associations qui parfois me laissaient pantoise, par exemple des biscuits avec des pneus ! L'amateur de biscuits serait-il tenté, par je ne sais quelle étrange alchimie, de repartir avec un pneu ? Ou bien, celui qui, au départ, voulait un pneu, pris par une soudaine envie de gâteaux, repartait-il avec des kilos de biscuits ? Mystère des lois du commerce à Taez ! Un autre mystère plus épais encore m'enveloppait : personne ne semblait connaître Ashube ! Me croyaient-ils folle ? Pensaient-ils qu'en me renseignant, ils me faisaient courir le risque de m'égarer davantage ? Nous sommes revenus à l'hôtel si épuisés et frustrés que Mo, sortant de la douche, me trouva le front renversé sur la table, endormie devant une tasse de thé.

Deux jours passèrent. Le troisième jour, nous étions

suivis par une bande de gamins moqueurs. Ils guettaient notre sortie de l'hôtel pour nous escorter. Les passants fuyaient à notre approche ou nous jetaient des regards franchement hostiles. Vers midi, j'abordai un homme en chemise et en jean, et lui balançai ma série de questions. Il s'arrêta. Il prit la peine de me répondre, et en anglais ! Le nom de Nasser Saleh ne lui était pas inconnu. Il me conseilla d'aller me renseigner à la poste.

— Bonne idée. Où se trouve-t-elle ?

— Connaissez-vous l'hôtel Al Gnad ?

— Bien sûr, c'est mon hôtel !

— La poste est juste en face. Vous ne pouvez pas vous tromper.

Je rougis. J'aurais dû commencer par là, évidemment ! Je remerciai cet homme en balbutiant, et je pris la fuite, honteuse. Muthana avait dit un jour à Zana que tous les Yéménites parlaient l'anglais, et je l'avais cru ! Et moi, depuis trois jours, j'interrogeais des gens qui ne comprenaient pas un mot de ce que je leur disais. Pas étonnant qu'ils ne me répondent pas. Une zombie pareille ! Pour finir de m'humilier, je me rendis compte que la poste était visible depuis le hall de l'hôtel ! Quelle fatigue inutile, quelle perte de temps ! Et je n'avais pas osé interroger les gens de l'hôtel, persuadée qu'ils étaient des espions. Bref, pendant trois jours, j'avais pataugé, patouillé, gadouillé. N'en parlons plus.

La poste était bâtie à flanc de colline. Il fallait escalader un escalier très spécial puisque les premières marches mesuraient dix centimètres d'épaisseur maximum, et les dernières soixante centimètres, sinon plus ! Le hall ressemblait à l'intérieur d'une gare aux heures d'affluence avec des longues files d'attente devant chaque guichet.

Notre tour venu, je poussai un cri de délivrance : l'employé des postes parlait anglais ! Un grillage nous séparait. Je glissai la photo du fils d'Abdul Khada sous le mince espace autorisé pour communiquer :

— Connaissez-vous cet homme ?

Le guichetier examina le document comme s'il s'agissait de l'objet le plus insolite qu'on lui eût placé entre les mains.

— Connaissez-vous Nasser Saleh ?

Il releva la tête : ses yeux brillaient d'étonnement derrière ses lunettes.

— Ma réponse est oui. Je le connais, il est ici. Attendez un petit instant.

Il me rendit la photo. Il s'en débarrassait plutôt avec soulagement. Il disparut pour réapparaître presque aussitôt.

— Le voilà !

Il me montrait un endroit dans le fond de la pièce réservée au service. Je me dévissai le cou pour voir un homme d'une soixantaine d'années assis derrière un petit bureau gris, qui faisait savoir par une série de gestes irrités que personne, pas même le président, n'avait le droit de l'arracher à ses absorbantes occupations.

— Il parle très mal l'anglais, m'expliqua l'employé, puis-je rester pour vous aider ?

J'acceptai, bien sûr. L'homme dérangé se leva du bureau, en râlant. Il était grand, massif, imposant. Il portait un jean et une longue chemise qui lui tombait jusqu'aux cuisses. Il se déplaça vers le guichet plié en deux comme un titan barbu. Il se frappa la poitrine du plat de la main :

— Nasser Saleh !

Des questions directes me brûlaient les lèvres : c'est bien vous l'agent de Gowad ? c'est bien vous le salaud qui avez intercepté pendant quatre ans le courrier que j'adressais à mes filles ?

Je me contentai de glisser à nouveau la photographie sous le grillage. Il y jeta un rapide coup d'œil, puis me dévisagea, l'air soupçonneux. Il avait quelque chose de l'ayatollah Khomeiny dans l'expression. Sa voix résonna avec autorité. L'employé traduisait au fur et à mesure.

— Savez-vous qui est cet homme ?

— Oui, c'est Mohammed, le frère d'Abdullah, le fils d'Abdul Khada, répondis-je.

Saleh caressait sa barbe en réfléchissant, puis :

— Qu'est-ce que vous lui voulez ?

Je haussai le ton, moi aussi :

— Je veux qu'il m'amène mes filles !

Tout à coup, Saleh se tourna vers l'interprète. Ils échangèrent rapidement quelques mots. L'employé-interprète dirigea les hublots de ses lunettes vers moi, et me demanda :

— Qui êtes-vous ?

— Je suis Miriam Ali. Je suis la mère des deux sœurs qui habitent au village d'Ashube. Je suis venue les voir, et je les verrai !

L'employé traduisit. Nasser Saleh se rua vers la porte. Il était maintenant dans le hall. Il progressait à pas de titan vers la sortie. Il se retourna vers nous. Je compris que nous devions le suivre.

Nous avons trotté derrière lui le long de la rue principale en prenant soin de ne pas glisser sur les détritus, puis nous avons sautillé sur un chemin de terre en évitant les cailloux. Parvenus devant une vieille maison, Saleh nous fit signe d'entrer. L'endroit était très sombre. Un corridor de béton desservait une série de pièces étroites. Venant du bout du couloir, une odeur lourde nous prit à la gorge. C'était la cuisine. Une femme faisait cuire des œufs dans une poêle noire de graisse. En nous voyant, elle se racla la gorge et cracha sa bile sur le mur. Je réprimai un haut-le-cœur. Saleh nous attendait. Il s'impatientait. Je m'empressai de le rejoindre. Nous nous sommes retrouvés dans un salon obscur. Seuls. Une minute passa. Les avertissements de M. Andrew Page résonnaient dans ma tête. D'un bras, j'entourai l'épaule de Mo, nous étions prêts à nous défendre. Un homme entra. Ce n'était pas Saleh, car la silhouette était courte, trapue. Mes yeux commençant à s'habituer à l'obscurité, je distinguai bientôt Mohammed Khada, le fils aîné d'Abdul Khada, l'homme de la photo. Je fis siffler l'air entre mes dents comme un serpent. Sans m'en rendre compte, j'imitais Muthana. Visiblement ma présence décontenançait Mohammed Khada. Il tourna les talons. Saleh entra pour nous surveiller. Un quart d'heure passa. Un cri rauque retentit dans la maison. Saleh me fit signe de le suivre. Il m'amena dans la pièce à côté, un salon bien éclairé, où il faisait tiède. Mohammed Khada me tendit le combiné d'un téléphone. Je portai l'écouteur à l'oreille.

— Allô ?

Des craquements brouillaient la ligne, mais je reconnus à l'autre bout du fil la voix d'Abdul Khada père. L'instigateur avec Gowad de l'enlèvement de mes filles !

— Que venez-vous faire ici ? Je vous conseille vivement de ne pas nous créer des ennuis !

Je répondis sur le même ton :

— J'ai fait tout ce chemin pour voir mes filles. Je veux savoir comment elles vivent dans ce paradis, ce pays d'abondance dont vous m'avez si souvent parlé en Angleterre !

— Il faut que je vous dise quelque chose, Miriam. J'ai reçu une lettre de Muthana qui me donne l'autorisation d'emmener les filles dans un village près d'Aden, si vous nous causez des ennuis.

— Vous aussi, vous allez m'écouter. Je suis venue ici voir ma famille. Si vous m'empêchez de voir Zana et Nadia, vous ne pouvez pas m'empêcher de voir Leilah et Ahmed, et je connais l'adresse de leurs grands-parents. Si vous n'avez rien à cacher, si mes filles sont heureuses comme Muthana n'a jamais cessé de le proclamer, vous ne devriez pas soulever la moindre objection à ma visite. Je suis leur mère. J'ai fait tout ce chemin pour voir mes enfants, et je veux les voir. Ensuite, je rentrerai chez moi satisfaite et heureuse, si tout va bien.

Je raccrochai brutalement. J'avais de plus en plus de mal à me contrôler, à retenir les insultes. Je devais à tout prix garder les nerfs solides. Je le devais pour mes filles.

Mohammed Khada, très pâle, frappa le sol avec son pied.

— Vous êtes très courageuse ! Non seulement vous venez à Taez, mais en plus vous voulez aller au village !

Je le fis taire d'un geste. Je ne voulais rien entendre. Je menais ma croisade, avec pour seules armes l'espoir et une détermination que je souhaitais hors du commun. Mon ignorance me protégeait mieux qu'un gilet pare-balles.

Mais je sentis que Mohammed Khada voulait communiquer avec sincérité. C'était un homme jeune, le regard encore clair. Il n'y avait pas que de l'animosité qui passait dans ses yeux. Ma colère tomba. Il se mit à me parler à voix basse ; visiblement il se méfiait de Saleh qui devait épier dans la pièce à côté.

— Vous avez compris maintenant ? Muthana a vendu vos filles à Gowad et à mon père. Ils ont payé mille trois cents livres chacun. Je suis navré pour vous. Mais c'est la tradition dans notre village. Ici, à Taez, beaucoup viennent des villages. Là-bas, les vieux ont des idées dépassées. Ce sont eux qui doivent trouver des fiancées à leurs fils, Et elles doivent leur faire beaucoup d'enfants. Elles travaillent dur dans les montagnes. Les femmes de la ville n'acceptent plus ces conditions de vie très pénibles. Alors, il faut trouver des femmes ailleurs pour les fils. Moi-même, j'avais une fille aînée. Je vais vous raconter... Nous habitions un village de Maqbana, ma femme, moi, mes deux filles et mon fils. Je suis allé travailler en Arabie Saoudite. Pendant mon absence, mon père a marié ma fille à un homme qui vivait au village. Cet homme avait plus de soixante ans et ma fille avait à peine neuf ans ! Quand je suis rentré, le mariage était consommé. Je ne pouvais rien faire. C'est comme ça, ici. Nous ne devons pas aller à l'encontre de la volonté du père, ou du père de son père. Avec l'argent gagné en Arabie Saoudite, j'ai emmené le reste de ma famille à Taez, pour mettre mes enfants à l'abri. En ville, c'est différent. Les filles peuvent faire un meilleur mariage, avoir une belle maison, mener une vie sociale. Si vous allez au village, Miriam, montrez-vous très prudente.

À l'approche du matin, mon anxiété devenait de plus en plus forte. Hier soir, Mohammed nous avait promis de nous conduire au village. La soirée chez lui avait été sinistre. Il nous avait raconté que, dans les montagnes de Maqbana, où se trouvaient mes filles, vivait la tribu des Shamiri. Des sortes de nomades, coupés du progrès, de la civilisation, dont tout le monde avait peur, même la police. Les Shamiri avaient leurs propres lois, leurs propres manières de régler les problèmes. Les habitants de Taez ne s'aventuraient jamais sur leur territoire de crainte que les djinns — génies invisibles — leur jettent le mauvais sort. Eh bien, si Mohammed Khada avait voulu m'impressionner, il avait réussi ! Au cours de la soirée, il m'avait également révélé qu'à la suite de la plainte que j'avais portée depuis Birmingham au gouvernement du Yémen, la police avait interrogé Nasser Saleh. Nasser Saleh avait juré de prendre sa revanche !

Mohammed Khada avait changé d'avis. Il ne voulait plus prendre le risque de nous conduire lui-même au village. Il avait préféré payer les services d'un chauffeur. Avant de se séparer, il nous souhaita la protection d'Allah. Très bien, allons-y ! Je grimpai à l'arrière de la Jeep avec Mo, disposée à tout endurer : les attaques de Shamiri, la malédiction des djinns, les envoûtements vaudous, la vengeance de Nasser Saleh ! Nous étions à peine sortis de Taez que j'étouffais sous la chaleur et la poussière. Après une demi-heure, la route n'était plus praticable pour une voiture normale. Nous étions secoués, brinquebalés. Les roues sautaient sur les cailloux ou s'enfonçaient dans les nids-de-poule. J'avais le moral au plus bas. Le paysage, voilé par une épaisse brume de chaleur, était d'une tristesse absolue. Rien qu'une étendue infinie de sol sec et rocheux, avec çà et là quelques cabanes en bouse de vache séchée. Des meutes de chiens efflanqués hantaient le désert, quelques moutons broutaient les broussailles desséchées poussant dans la rocaille. Je sursautais d'effroi à chaque fois que j'apercevais des enfants maigres courant entre des ruines sur un sol craquelé de chaleur. C'était ça, le paradis de Muthana où j'avais laissé Leilah, Ahmed, puis Zana et Nadia partir en vacances ? Des montagnes noires fermaient l'horizon, bouclant tout espoir. J'étais maudite d'avoir cru Muthana ! Je me cramponnais sur mon siège, serrant les lèvres pour ne pas hurler. De toute façon, je n'aurais réussi qu'à m'étouffer, car le vent de plus en plus fort remplissait l'habitacle de sable, de poussière. Je toussais, j'avais soif, chaud. Les heures passaient. Cinq peut-être, je ne m'en rendais plus compte. Mo restait silencieux. On ne se regardait pas. Il valait mieux se taire.

Le chauffeur se retourna pour nous dire quelque chose. Le paysage avait radicalement changé. Une rivière irriguait les arbres fruitiers, et dans les champs des légumes poussaient à perte de vue ! En comparaison avec ce que nous venions de voir, c'était bien le paradis. L'espoir se ralluma. Nous sommes entrés dans un village. Les habitants s'activaient sous le soleil sans misère apparente. Le chauffeur s'arrêta sur la place centrale. Il nous lança quelques mots avant de quitter le véhicule. Qu'est-ce qu'il voulait dire ? Nous étions arrivés à Ashube ? Je dirigeai mon regard partout, prête à voir Zana et Nadia jaillir de la foule des villageois. Ils avaient tous la peau très foncée, presque noire. Mais rien ne se passait. Le chauffeur remonta dans la Jeep, et démarra. Il s'était simplement arrêté pour acheter de l'eau et des fruits.

De nouveau, le désert, écrasé par le soleil. Un paysage aussi morne et sinistre que tout à l'heure, et nous progressions sur une route en terre battue cahoteuse aussi large qu'un sentier. Nous étions arrivés au pied des montagnes aperçues depuis le départ. Combien de temps allions-nous encore endurer les chocs, les secousses, avaler de la poussière avant de toucher la prochaine oasis ? Le chauffeur rétrograda en première car la pente était raide et il fallait passer sur des monticules de pierres, des tas d'éboulis. On s'arrêta d'un coup. En pleine pente ! Une panne ? Un problème ? Un barrage ? J'avais beau regarder, je ne voyais rien autour de nous, excepté les montagnes. Le chauffeur attendait au volant. À l'arrière, nous attendions aussi. Au bout d'un moment, très surpris, le chauffeur se retourna vers nous pour nous dire :

— Hockail !

— Quoi Hockail, où Hockail ? Ashube ! On va à Ashube, pas à Hockail !

— Hockail ! répéta le chauffeur.

Mo se fâcha.

— Il nous a égarés pour faire monter le prix de la course !

Agacé, le chauffeur s'était extrait du véhicule.

— S'il nous laisse en plan ici, on est mort ! fit Mo.

— Attends ! Andrew Page m'a parlé d'Hockail, c'est l'autre village !

— Mais il n'y a rien ici ! fit Mo.

J'observais l'étrange comportement du conducteur. C'était un grand jeune homme maigre aux yeux noirs, moustachu comme la plupart des Yéménites. Il se tenait à deux pas devant nous, debout, le visage dressé vers le sommet de la montagne, il hurlait. Il appelait du renfort ?

Dans les hauteurs, une silhouette sombre apparut. Les mains en porte-voix, le chauffeur redoubla ses appels. La silhouette lui répondit par des cris stridents. Toujours perchée, la montagnarde, car j'étais sûre qu'il s'agissait d'une femme, s'adressait maintenant à une autre silhouette postée plus haut qu'elle. Les cris s'enchaînaient les uns aux autres, se répercutant de plus en plus loin jusqu'à ce qu'on n'entende plus que le vent.

Le chauffeur revint vers la Jeep, il sortit ma valise du coffre, et alla la poser au pied de la pente. Il hurla de nouveau en direction du sommet.

Nous allâmes le rejoindre. J'avais mal au cou à force de scruter des yeux la montagne. J'ai compté avec Mo six personnes perchées, campées, postées, juchées, nichées, embusquées. Qu'est-ce qui allait se passer ? Qu'est-ce qu'elles voulaient ?

Un bruit de moteur nous fit tourner la tête. La Jeep s'en allait dans un nuage de poussière. Le chauffeur nous abandonnait !

Nous étions seuls, livrés comme des appâts.

Je me suis assise sur la valise, et j'ai allumé une cigarette. Je n'avais plus peur. J'étais fataliste. Il allait se passer ce qui devait se passer. À l'abri sur leurs pitons, les créatures de la montagne nous observaient sans bouger, sans crier.

Mo m'a saisi le bras.

Une femme en noir dévalait la rocaille droit sur nous. Elle se faufilait à travers les broussailles, trébuchait sur les cailloux. Elle peinait. Elle était énorme. Mais elle ne glissait pas, ses pieds agiles roulaient sur les pierres.

Parvenue à trois mètres de nous, la femme-fantôme s'est arrêtée. Elle portait le purdhah. On ne voyait que ses yeux noirs, figés sur nous.

Mon cœur a cessé de battre. Mon Dieu, la femme enceinte, ce n'était pas vrai, c'était Zana !

Je suis restée comme pétrifiée les mains tendues vers Zana. Je n'avais plus de réflexe, plus de voix, même les larmes n'osaient pas couler.

Zana s'est jetée dans mes bras, elle a crié :

— Pleure, maman !

Serrée dans mes bras, j'ai reconnu son odeur. J'ai détaché son voile, je voulais voir son visage, baiser ses yeux, caresser ses lèvres. Les mots ont jailli d'un coup, avec les larmes : un déluge de larmes et de mots ! Agrippées l'une à l'autre, aucune n'écoutait. Je retrouvais mon enfant chérie après six ans et quatre mois, si longtemps !

Mo toussait, d'une part pour retenir ses larmes, surtout pour nous rappeler son existence.

— Dis bonjour à ton frère. Tu lui as manqué autant qu'à nous tous.

Zana, secouée de sanglots, ivre de mots, a fait deux pas en arrière, très étonnée que ce long jeune homme puisse être, ou avoir été, le petit Mo. Ses yeux injectés de sang se sont illuminés :

— C'est pas vrai ! C'est pas Mo ?

Les larmes en coulant sur sa figure avaient laissé des traces noires.

— Salut, p'tite sœur ! Ça fait un bail !

Mon Dieu, comme c'était bon d'entendre leur babil, de retrouver leur connivence.

Zana a refixé le foulard noir qui lui dévorait les cheveux, le front, le nez et la bouche. Elle m'a tirée par la main :

— Ne restons pas en plein soleil. Allons à la maison.

Elle a pointé le doigt en direction des montagnes :

— C'est là-haut !

Elle s'est élancée vers la pente, escaladant un sentier rocailleux à pic. Ce n'était pas possible ! Je ne pouvais pas suivre !

Il n'y avait pas d'alternative. J'ai dû grimper dans la rocaille. Zana progressait vite malgré sa grossesse. Mo était couvert de sueur, moitié à cause de l'effort, moitié à cause de la peur. Zana m'a tirée par la main pour m'aider à gravir, à pousser mes jambes l'une après l'autre.

— J'ai un genou brisé, ma petite fille !

— Courage, maman.

Une femme en noir nous a dépassés. Souple, élancée, elle portait ma valise sur la tête. D'où sortait-elle ? Je ne l'avais pas vue, tellement je n'avais eu d'attention que pour Zana. Je peinais à reprendre souffle. Mes chaussures dérapaient sur les pierres. Zana me tirait, Mo me soutenait, et tant bien que mal, nous avons atteint un plateau couvert de pierres. En effet, perchée sur un piton, accrochée à la montagne, il y avait bien une maison, mais une seule.

— C'est ici que t'habites ?

— Non. Cette maison appartient à Abdul Noor.

La construction semblait minuscule, avec juste deux petites fenêtres encadrant une porte. En fait, elle n'était pas isolée, comme je l'avais cru au premier coup d'œil. Une maison identique était accrochée au-dessus d'elle, sur le piton supérieur au milieu des broussailles. Il devait y en avoir d'autres que je ne voyais pas.

Zana a respiré un grand coup, avant de me dire :

— Maman. Comment es-tu venue jusqu'ici ? Tu es là pourquoi ? Ça fait six ans qu'on t'attend. Tu viens nous chercher ?

J'avais le souffle court, la gorge sèche, je respirais avec peine.

— Je dois me reposer un peu, je n'en peux plus, je t'expliquerai après.

Je n'osais pas lui dire que je n'avais pas le droit de les ramener, ni les moyens pour outrepasser l'interdiction.

Le regard de Zana s'est durci. Elle avait compris.

Les yeux de ma fille à cet instant-là ! Durs ! Froids ! Un poignard dans mon cœur !

Zana n'aurait plus jamais les yeux doux, tendres, confiants. Ils seraient durs ou tristes, toujours méfiants.

Ils avaient abîmé l'âme de ma fille !

J'étais à bout de forces. Une femme est sortie de la petite habitation pour nous offrir à boire. Elle s'appelait Amina. Elle portait une robe de coton qui recouvrait des pantalons bouffants et, aux pieds, elle avait des claquettes en plastique ! Celles qu'on porte en Europe pour aller sur la plage ! J'ai alors réalisé que Zana avait les mêmes sandalettes et qu'elle grimpait, courait dans la pierraille avec ça aux pieds ! J'ai bu l'eau doucement pour chasser la douleur que j'avais dans la tête, elle provenait de l'épuisement physique et moral. Zana me pressait. Elle avait hâte de reprendre l'escalade. Elle nous a guidés vers l'à-pic d'une véritable falaise. Il fallait emprunter une piste de chèvres filant dans les hauteurs au milieu des broussailles. Je dérapais sur les pierres. Mo se tenait derrière moi pour me retenir dans l'éventualité d'une chute. Je ne devais surtout pas tomber et me blesser le genou. D'immenses oiseaux noirs planaient au-dessus de nos têtes, surveillant mon ascension. Vu mon état, j'ai pensé qu'ils attendaient le premier faux pas pour me dévorer.

— Ne regarde pas les oiseaux ! Regarde où tu mets les pieds, maman ! criait Mo, suant dans mon dos.

Chacun de mes muscles était tétanisé. Je devais m'arrêter à intervalles de plus en plus rapprochés pour reprendre souffle. Mes jambes tremblaient sous l'effort que je leur imposais. L'ascension devenait un véritable supplice. Le visage déformé de rides, la mâchoire douloureuse, je n'étais plus que grimaces et souffrance. Après une demi-heure d'efforts prodigieux, j'ai enfin vu la fin du calvaire.

Perchée sur le toit du Yémen, la maison de Zana

s'élevait à l'écart de toute autre maison alentour, dominant un univers sec et sauvage. À l'horizon, d'autres montagnes semblaient défier le soleil — et l'absurdité.

La paysanne qui portait ma valise a offert de se rendre tout de suite chez Nadia plus haut à Ashube pour la prévenir de ma présence. Elle s'appelait Hoala. J'admirais son énergie. Zana lui a recommandé de faire venir Nadia sans rien lui dire. Elle aussi était enceinte et fragile, et Zana la protégeait.

Je m'étais effondrée en atteignant la porte. Je n'avais même plus la force de chasser les mouches. Zana n'a pas voulu me laisser en repos, elle m'a obligée à me remettre sur mes pieds.

— Il ne faut pas rester au soleil. Nous serons mieux à l'intérieur.

Mon Dieu, ce n'était pas une maison, mais une caverne ! Je ne voyais rien, trop sombre, mais je sentais une odeur forte, suffocante. Le sol était jonché d'excréments et de mares d'urine. Des piétinements d'animaux résonnaient dans le fond, des poulets me passaient entre les jambes ! Ce n'était pas possible ! C'était une bergerie où vivaient des moutons, des poules, des chèvres ! Zana m'a pris le bras, pour me diriger sur la gauche. Mon pied a heurté un obstacle. Une marche. Une volée de marches taillées dans le roc qui formait un petit escalier menant à l'étage.

En haut de l'escalier, j'ai découvert une pièce centrale, nue, avec juste une pile de coussins dans un coin. Le sol était en pierre, les murs recouverts de plâtre. Sur la gauche, une étroite porte en bois ouvrait sur la chambre d'Abdul Khada, qu'il partageait avec son épouse Ward. J'ai jeté un regard rapide. C'était une sorte de cellule percée de petites fenêtres, qui ne laissaient passer que de minces filets de lumière. À droite, la chambre de Mohammed, de sa femme et de leurs deux enfants. En face, la chambre du grand-père qui ne la quittait presque jamais, et un peu plus loin, sur la droite, la chambre de Zana. La porte était si étroite, qu'il fallait se placer de profil pour se glisser à l'intérieur. Un matelas, posé sur un sommier en métal, constituait le mobilier. C'était plus lugubre que la cellule d'une nonne !

Je m'efforçais de ne pas montrer à quel point j'étais bouleversée de chagrin, car Zana avait essayé de tirer le meilleur parti de cette espèce de boîte qui mesurait à peine trois mètres sur deux avec un plafond très bas. Il faisait dans le réduit une chaleur étouffante. Je n'arrivais pas à respirer. Pas un souffle d'air malgré la fenêtre carrée. Je me retenais de gémir pour ne pas la blesser.

— Tu permets ? ai-je fait en m'asseyant sur le lit.

Zana s'est libérée du foulard. J'ai examiné son visage. Comme les épreuves l'avaient vieillie ! La souffrance morale, la dureté de sa condition, la maladie avaient marqué sa peau. Ses yeux fatigués, ses traits las, toute l'expression de son visage dénonçaient la tristesse profonde d'une femme trahie et abandonnée, renfermée sur ses ultimes forces intérieures.

Elle préparait le thé. Comme à la maison.

Mon cœur débordait de tendresse devant ses mains dures et calleuses, ses doigts enflés, ses ongles cassés à vif. Fallait-il que son père la haïsse pour lui faire subir une vie pareille ! Je retenais ma colère pour ne pas gâcher l'immense et doux plaisir que nous éprouvions à être réunis. Mo, assis près de moi, ne disait rien, perdu dans ses pensées qui, je le savais, étaient les mêmes que les miennes. Le chagrin rongeait son cœur comme un cancer.

Hoala, la paysanne qui avait monté ma valise, s'est présentée à la porte de la chambre. Zana s'est levée d'un bond. Elle nous a fait signe de l'attendre sans bouger.

Une minute a passé. Nous avons entendu un bruit de claquettes résonner sur les marches de pierre de l'escalier, puis une femme en noire est apparue sur le seuil. Elle a soulevé son *yashmak*. Les larmes brûlaient son visage. Nadia !

Elle a poussé un petit cri d'animal en se jetant dans mes bras. En s'y blottissant plutôt, comme un oiseau. Nous sommes restées cramponnées l'une à l'autre longtemps, nous berçant mutuellement, d'un mouvement tendre et délicieux.

J'avais retrouvé mes deux filles ! J'avais réussi à les serrer contre mon cœur. J'avais traversé un abîme de six ans !

Nadia embrassait Mo. C'est alors que j'ai vu un tout petit garçon, totalement effrayé, cramponné à sa jupe.

— Et lui, qui est-ce ?

Nadia a éclaté de rire :

— C'est Haney ! ton petit-fils !

Haney se cachait la tête dans les jambes de Nadia.

— Viens dire bonjour à ta grand-mère.

Il ne bougeait pas d'un millimètre.

— Je pense que ta blouse rouge et tes cheveux découverts lui font peur. Il croit probablement que tu es une extraterrestre !

Nadia riait de bon cœur, persuadée que leur cauchemar était fini, que j'étais venue les ramener à la maison.

Il a bien fallu leur apprendre la vérité.

Non ! Jamais je ne les avais abandonnées ! Je m'étais battue pour les ramener ! J'ai raconté ma dépression, le comportement dément de Muthana, le secours de Mary Burchell, les démarches à l'ambassade de Grande-Bretagne, à l'ambassade du Yémen, au ministère des Affaires étrangères à Londres, et mes contacts avec cette grande organisation de Genève et son président, M. Cantwell. Je leur ai montré les copies des lettres et des réponses. Elles devaient me croire !

Zana m'a raconté, en évitant les détails qui auraient

pu me choquer, dans quel piège Abdul Khada l'avait fait tomber. À son arrivée au village, Abdul Khada lui avait présenté un petit jeune homme malingre, appelé Abdullah. Elle lui avait serré la main par politesse et l'avait salué avec gentillesse. Ensuite, Abdul Khada lui avait dit qu'il était son mari. Toucher la main d'un garçon, lui faire la bise, c'était l'accepter comme mari ! Incroyable ! Aussitôt, Zana m'avait adressé un courrier pour m'avertir que le même sort attendait Nadia avec un certain Samir. Je n'avais jamais reçu cette lettre, sinon ! Il n'y avait eu ni promesse de mariage, ni cérémonie, ni consentement. Et pour achever de briser le moral de mes filles, Abdul Khada leur avait dit que Muthana les avait vendues pour mille trois cents livres chacune.

Mo a laissé éclater sa colère :

— C'est dégueulasse ce qu'il a fait, vraiment dégueulasse ! C'est plus mon père et c'est plus votre père non plus ! Un jour, je le tuerai et Gowad et Abdul Khada !

Nadia est intervenue :

— Papa nous a écrit qu'il avait les os des mains et des jambes brisés, qu'il était très malade, que tu l'avais quitté en prenant tout ce qu'il possédait. Il a dit que tu avais tout pris. Il n'avait plus rien que sa maladie. Tu lui aurais fracassé le crâne. Et tu lui interdis de revoir Mo et les filles. C'est vrai ?

Mo a répondu à ma place :

— Foutaises ! Il vous a vendues, il voulait vendre Aisha et Tina et moi. Et il dépensait tout son fric avec des putains !

Nadia avait du mal à le croire. Elle ne pouvait accepter la vérité sur son père. Elle réagissait en se bouchant les yeux et les oreilles pour ne pas souffrir, pour ne pas vomir le monde. Mais moi, en ne voulant rien voir, rien savoir, j'avais perdu quatre de mes sept enfants ! Je détaillais Nadia. Toute sa personne avait changé. Elle n'avait plus rien du garçon manqué insouciant. Elle semblait très renfermée sur elle-même, l'esprit ailleurs.

— Nadia, ai-je dit. Si toi ou tes enfants, vous voulez voir votre père, je ne vous en empêche pas. Ni maintenant ni jamais. Je ne crois pas que je puisse lui pardonner un jour ce qu'il a fait à vous deux, à nous tous. Je veux que vous soyez toutes les deux heureuses. Je veux que vous soyez libres de choisir votre manière de vivre. Je ne veux pas que vous vous retrouviez forcées de vivre le mensonge de votre père. Vous m'avez écrit pour me supplier de vous sortir d'ici, et cela, je le veux aussi. Je continuerai à tout faire, tout tenter pour vous sortir d'ici. Et rien ne pourra me faire changer d'avis.

Zana, en examinant les réponses que j'avais reçues des instances officielles, poussa un juron. Elle prenait comme une insulte le style froid, apathique et arrogant des différentes administrations face au drame cruel qu'elle et sa sœur vivaient.

Au soir, Nadia avait hâte de partir. Sa maison était perchée plus haut dans la montagne. Elle me regardait, inquiète et désolée. Elle devait rentrer, elle avait très peur de ne pas obtenir la permission de rester quelques jours avec nous. Je la sentais grave, docile, faible. J'ai mieux compris ses appréhensions en voyant arriver le beau-père de Gowad, furieux contre elle, contre Zana, contre ma présence et contre toutes les femmes de la terre !

Pour commencer, je l'avais gravement offensé en ne le prévenant pas de ma visite. Accroupi dans la petite chambre de Zana, il m'a ensuite expliqué qu'ici une femme n'était pas autorisée à sortir nu-tête et qu'elle devait suivre, si elle voulait se rendre d'une maison à l'autre, un chemin particulier, une sorte d'itinéraire bis, pour que les hommes ne se voient pas dans l'épouvantable situation d'avoir à les croiser. Il m'a rappelé qu'une femme n'était en aucun cas autorisée à prendre la moindre initiative. Conséquemment, je devais lui demander la permission pour rester dans la maison, pour aller et venir dans le village, pour parler à quelqu'un ou pour autoriser qui que ce soit à me rendre visite sous peine de recevoir une volée de coups de bâton.

Que ce musulman traditionaliste veuille régenter la vie de ma fille était un fait qui me restait en travers de la gorge, mais que je devais sans doute tolérer, mais que ce crétin immodéré, ce traceur d'itinéraire bis, ce barbu futé veuille me faire la loi à moi, la mère ! Non ! Il n'avait pas l'excuse de n'avoir jamais quitté ses montagnes et ses crottes de chèvres ! Ce vieil homme souffreteux avait vécu presque toute sa vie à Birmingham ! Il avait travaillé à Smethwick jusqu'à l'âge de la retraite. Il était rentré au Yémen avec sa pension. Chez moi, dans mon salon, je me rappelais l'avoir entendu se vanter d'avoir falsifié des documents, attestant avoir une famille nombreuse à nourrir au Yémen pour toucher des prestations de la Sécurité sociale, se vanter d'avoir réussi à obtenir un logement malgré nos listes d'attente surchargées, et de l'avoir sous-loué à d'autres Yéménites, se vanter encore d'avoir eu des rapports sexuels avec toutes les femmes anglaises qu'il avait voulu, et en quels termes ! Ce barbu coupable d'adultère et de fraude, revenu au pays, appelait ses frères à la mosquée toutes les quatre heures pour la prière ? Je ne pouvais pas respecter un homme pareil !

J'ai serré les poings et j'ai répondu calmement :

On se connaît bien, toi et moi. Tu es venu dans ma maison à Birmingham. Pourtant une chose m'échappe : pourquoi ta fille Salama, qui vit à Willows Road, Balsall Health, Birmingham, en Angleterre, n'a-t-elle aucunement l'intention de revenir au Yémen, dans ton village, au cœur de ton paradis de sagesse et de vertu ?

Je connaissais le point faible de ces hommes, hypocritement accrochés à des traditions qui les arrangeaient : leurs femmes. Ils hésitaient à les faire venir en Europe, car elles ne voulaient jamais en repartir. En raison précisément de leurs coutumes. Vexé, barbu futé est rentré directement chez lui. Les jours suivants, il ne m'a plus jamais reparlé d'autorisation pour sortir, rester, parler, fumer. Il me fuyait comme si j'étais l'incarnation du diable, et j'en étais fort aise !

Le deuxième jour, Nadia a fini par nous supplier de la laisser repartir. Elle avait trop peur des représailles. C'était une fille courageuse, mais émotive et manipulable. Elle se repliait sur elle-même, sur son enfant, et se contentait pour survivre du peu qu'on lui donnait. Respecter des règles, même absurdes, l'aidait à supporter le poids du destin. Sa sœur montait la voir le plus souvent possible pour lui parler anglais, et pour qu'elle se rappelle qu'elle était anglaise. Ici, les villageois détestaient les Anglais, Zana les défiait en parlant sa langue maternelle.

Une demi-heure de marche à travers une étendue de terres incultes, parsemées de touffes d'herbes sauvages et de cactus, séparait Hockail, le village de Zana, d'Ashube, le village de Nadia. Mo avait tenu à la raccompagner pour repérer les lieux.

Le malheureux garçon aurait voulu être plus grand, plus fort et puissant pour libérer ses sœurs. Il était totalement désemparé. À chaque fois qu'il découvrait la charge de travail qui leur était imposée, l'adrénaline lui montait à la tête. Il se sentait impuissant à résoudre leurs problèmes, et cela le rendait fou. Renfermé et triste la plupart du temps, il essayait d'être gai en jouant aux cartes avec Nadia, ou en distrayant le petit Haney. Mais il avait le cœur gros.

À cause de la loi des barbus, nous avons fait la navette entre chez Zana et chez Nadia pendant ces quinze jours. Le reste du temps, je ne sortais pas de leurs chambres. Je refusais de m'intéresser aux villageoises qui venaient de tous les coins de la montagne pour voir la « dame au chemisier rouge ». Leurs maisons se ressemblaient. Construites en pierres, avec des pièces minuscules, elles puaient la crotte de chèvres. Dans la cuisine, qui consistait en un recoin noir de graisse et de fumée, elles faisaient cuire les chapatis, plat de base des Yéménites. Elles concassaient elles-mêmes le blé qu'elles utilisaient. Pour se laver, elles disposaient d'un seau. Les femmes descendaient au pied de la montagne chercher l'eau et remontaient avec le bidon posé sur la tête. Pour toilettes, elles disposaient d'un trou creusé dans le sol pratiqué derrière la cuisine. Le résultat cheminait par une rigole et s'écoulait le long de la pente de la montagne au milieu des buissons d'épineux. L'insalubrité en vigueur dans ces villages provoquait ma colère. En plus des scorpions et des serpents, mes filles devaient supporter des conditions d'hygiène dangereuses. En approchant des maisons, une odeur forte vous prenait à la gorge. Elle venait des ordures jetées ici et là devant les habitations, que le vent réunissait en tas irréguliers. Ces dépôts sauvages attiraient les mouches. De l'espèce vorace, elles visaient les yeux pour recueillir un peu d'humidité, et, dès que vous aviez entrouvert les lèvres pour respirer, elles s'enfournaient dans la bouche. Que vous soyez immobile ou en mouvement, de toute façon, elles se posaient sur vous, et vous dévoraient tout vif. Quelle saloperie !

Le paradis écologique de Muthana !

Les femmes du village savaient que mes filles avaient été emmenées ici de force, et elles avaient honte. Toutes me le faisaient comprendre. Toutes, excepté Ward, l'épouse d'Abdul Khada, qui avait pris Zana en grippe.

La première dame du village, créature bouffie, cliquetante de verroteries, diva de Maqbana, princesse du vent et des mouches, non seulement privait Zana de nourriture, mais l'accablait de criailleries et l'accusait de sorcellerie. À mon arrivée, Ward s'était enfermée dans la chambre royale qu'elle ne quitta pas durant tout le temps de ma visite. Elle préférait se priver d'air et de soleil plutôt que d'être obligée de supporter ma présence, mon regard et mes remarques. Zana m'expliqua qu'elle passait les heures à compter ses bagues, ses bracelets, ses boucles, ses récompenses d'esclave favorite. Ward en arabe signifie « rose ». Qu'elle s'étouffe en avalant ses épines !

Zana me répétait que je devais tout tenter pour les aider. Craignaient-elles que j'en sois incapable ou que je me décourage ou bien encore que je sois trop timide ? J'avais tardé pour réagir, c'était exact. J'étais une survivante. Une femme à l'équilibre mental en sursis. Muthana m'avait mené la vie pénible pendant des années. En me privant de mes enfants, il m'avait démolie intérieurement, brisant mes ressorts les uns après les autres. Pour ne pas sombrer, je m'étais raccrochée confusément à la chimère du paradis yéménite. Comment aurais-je pu penser que mes filles habitaient des cavernes puant la crotte de biques ? Qu'elles étaient parquées en haut d'une montagne ? Qu'elles étaient séparées de la ville la plus proche par un désert et six heures de Jeep ! Qu'elles étaient prisonnières d'une tribu de paysans ! Que leur père les avait vendues comme esclaves ! Cela dépassait toute imagination !

Je n'avais pas encore rencontré les « maris » ! Soi-disant en Arabie Saoudite. La seule certitude que j'avais les concernant, c'est qu'ils se déplaçaient comme ils voulaient, dépensaient leur argent à leur gré pendant que mes filles s'occupaient des troupeaux, concassaient le blé, portaient l'eau, mettaient les enfants au monde. Ils ne venaient au village que pour les mettre enceintes sous la menace.

Je voulais les sortir de cette prison.

Un enfer qui durait depuis six ans. Mais, à part

relancer sans cesse les ambassades, le ministère des Affaires étrangères, je ne voyais pas quoi faire d'autre ! Ann Sufi avait même écrit à la reine d'Angleterre ! Le Palais m'avait répondu que ma requête avait été transmise au Foreign Office.

— Alerte la presse, maman ! me disait inlassablement Zana.

Les journalistes ? Ils avaient la réputation de se servir des gens pour faire des titres à la une, mais ils ne les aidaient pas. Allaient-ils s'intéresser au sort de trois malheureuses ? Je n'étais pas bien forte, pas très instruite. Je bredouillais. Je perdais vite mon sang-froid. J'allais les ennuyer, les exaspérer !

Après deux semaines, le même chauffeur au volant de la Jeep nous attendait au pied de la montagne, pour nous ramener à Taez. Il est toujours pénible pour une mère de quitter ses enfants, mais là... quelle cruauté ! Je ne souhaite à personne de connaître ce que j'ai supporté.

Zana, les yeux rougis par les larmes, me remit une cassette audio :

— Maman, tu caches ça. C'est pour M. Cantwell, de la Fondation pour la défense de l'enfance. Il pourra la faire écouter aux journalistes. Mais toi, tu ne l'écoutes pas. Tu me jures ?

Nadia était remontée dans sa maison pour ne pas assister aux adieux. Elle me bouleversait. Il n'y avait plus d'attente sur son visage.

Zana nous a embrassés, Mo et moi, tous deux à la hâte, de peur de s'effondrer.

— Maman, je t'aime. Dis bonjour à tout le monde. Dis-leur que je les aime et qu'ils me manquent !

À l'intérieur de la Jeep, un nœud énorme m'entravait la gorge qui m'empêchait de respirer. Une pensée folle me traversa l'esprit. Si je prenais Zana avec moi, peut-être arriverions-nous à passer la frontière ? Au bout de cet acte suicidaire, il y avait de toute façon le refus de la soumission : la liberté ! Zana a dû deviner cette folie.

— *Ruher !* (Démarre !) a-t-elle crié au chauffeur, voyant mes yeux ivres de désespoir.

Elle a filé comme un lièvre en se faufilant entre les rochers. Elle ne s'est pas retournée. Je savais qu'elle était en larmes, le cœur en mille morceaux, la tête bousculée de mille pensées.

Je partais. Je laissais mes filles à leurs tourments, à leurs terreurs, à leurs doutes. J'avais surtout peur pour Nadia que je sentais tiraillée, torturée. Zana se révoltait, résistait à la tyrannie de Ward, au despotisme d'Abdul Khada, elle survivait en attisant les conflits. C'était sa nature. Mais Nadia était beaucoup plus fragile que sa sœur.

Quelle défaite ! J'avais espéré de tout mon cœur les ramener en Angleterre avec l'aide de l'ambassade de Grande-Bretagne. J'avais dépensé tout l'argent des indemnités. Et je laissais mes filles dans ce trou infâme ! Le désert défilait sous mes yeux. La colère, l'émotion me submergeaient. Je me suis ressaisie. On peut perdre du temps et de l'énergie à s'apitoyer sur ses malheurs, mais ce n'est plus possible lorsqu'il s'agit du sort de ses enfants. Toute manifestation émotionnelle anéantirait ma volonté, et me rendrait faible et impuissante. Je devais rester animée tout entière du désir de réussir. Dans leur intérêt, je devais être forte. Dans leur intérêt, elles devaient rester courageuses.

Mais j'ai éclaté en sanglots. Dieu que Zana était triste, seule, debout dans ses vêtements noirs, le visage couvert de son *yashmak !* Elle a rejoint sa maison perchée dans les montagnes sans me lancer un dernier geste de la main. Elle m'avait envoyé plus de cent lettres, plus de cent appels au secours ! Elle m'en voulait. Je le savais bien. Pendant six ans, Zana et Nadia avaient cru que j'avais voulu me débarrasser d'elles, comme Leilah et Ahmed, par égoïsme, parce qu'elles coûtaient de l'argent. Ce n'était pas vrai ! Ce n'était pas moi qui l'avais voulu, c'était leur père ! Maintenant elles savaient que je les aimais et que je ne les avais pas trahies. J'étais venue pour le leur dire, le leur prouver, avec Mo pour en témoigner. Mais que pouvaient-elles penser d'une mère comme moi, si faible, si démunie ? Elles ne devaient pas imaginer que je les avais abandonnées au mauvais sort par lâcheté, bêtise, ou par je ne sais quelle folie morbide, c'était trop horrible et ce n'était pas la vérité ! Je ne voulais pas mourir sans avoir réussi à leur ôter ces idées de la tête ! J'allais me battre pour les libérer. Me battre et gagner pour la première fois de ma vie !

7

Dès mon arrivée sur le sol anglais, le 2 mai 1986, j'ai expédié la cassette enregistrée par Zana à M. Cantwell, de la Fondation pour la défense internationale de l'enfance.

Après avoir écouté le témoignage de Zana, M. Cantwell a demandé audience auprès du ministre de l'Intérieur de Grande-Bretagne, en soulignant que mes filles avaient la double nationalité.

Le ministre des Affaires étrangères, prévenu par son collègue de l'Intérieur, a bien voulu s'engager à examiner le cas de Zana et de Nadia Muhsen. Il a confié le dossier à Mlle Clay, fonctionnaire au ministère des Affaires étrangères. De son côté, M. Cantwell a chargé Geraldine Van Buren, avocate, d'instruire mon affaire.

En août 1986, maître Geraldine Van Buren a fait part des conclusions de son enquête à Mlle Clay : Zana et Nadia n'avaient pas la double nationalité, et leur mère en avait la garde sans partage ; puisque Muthana et moi n'étions pas mariés, j'aurais dû donner mon accord pour que nos filles, mineures, puissent se marier.

En septembre 1986, un mois plus tard, Mlle Clay nous a fait connaître sa réponse, brève et définitive : aucune assistance ne serait accordée à mes filles, citoyennes yéménites ayant épousé des Yéménites. Et, pour tuer en nous le plus minuscule embryon d'espoir, elle refusait catégoriquement de rencontrer Miriam Ali, maître Van Buren ou M. Cantwell. Enfin, en guise de post-scriptum, elle nous déconseillait fermement de rendre public l'enregistrement de la cassette.

Affaire réglée. Affaire classée. Après Muthana, Mlle Clay condamnait à son tour Zana et Nadia à l'esclavage.

Les mots de Zana me harcelaient : « Alerte la presse, maman ! » Devais-je suivre les conseils d'une fille de vingt ans, arrachée à son pays à l'âge de quatorze ans, ou me plier à la raison d'éminents hauts fonctionnaires, surdiplômés, surinformés du monde et de ses voies ? Tous me disaient que la diffusion de la cassette risquait de mettre la vie de mes filles en danger. Les Shamiri les emmèneraient plus haut encore dans les montagnes, dans des lieux inaccessibles où leurs conditions de vie seraient encore plus dures, au point d'abréger leurs jours.

Nous étions déjà en décembre. J'avais quitté mes filles en avril. « Maman, ne nous abandonne pas », m'avait dit Zana. Les jours passaient. Je restais prostrée chez moi. Je n'osais pas désobéir aux injonctions des membres des corps constitués, les ministres, les diplomates, les grands commis de l'État. Je ne pouvais pas imaginer que les gentlemen des ministères se souciaient davantage des conséquences qu'une campagne de presse pourrait avoir sur leur carrière que des risques réels qu'elle ferait encourir à mes filles.

Janvier 1987. Je ne disposais d'aucune ressource financière, sinon de l'aide sociale. Malgré tout, je voulais marquer ma détermination, même symboliquement. J'ai écrit à M. Andrew Page, vice-consul britannique en poste au Yémen, pour lui demander comment faire pour renouveler les passeports de Zana et de Nadia dans l'hypothèse où elles auraient l'opportunité de partir en voyage.

Le 8 février 1987, je recevais les formulaires. Dissimulés dans des cartes d'anniversaire, je les ai transmis à Zana et à Nadia. Je craignais moins la censure depuis que j'avais démasqué Nasser Saleh, l'employé de la poste.

Avril 1987, je recevais la réponse de Zana :

Maman, tu sais que nous sommes en prison et pourtant tu nous demandes d'aller à Taez pour faire des photos d'identité. Si tu me demandais d'escalader le mont Everest nu-pieds, je trouverais ça beaucoup plus facile. Comment veux-tu qu'on aille à Taez ? À chaque fois que je relis le passage où tu dis : « Il faut que tu fasses des photos d'identité », je reçois un coup de poignard en plein cœur parce qu'on ne peut pas en faire ! On est coincées dans ce village perdu. Et maintenant, on va pourrir ici. Geraldine Van Buren et Cantwell ne peuvent rien faire ? Téléphone-leur et explique-leur que je n'ai pas de petites photos récentes. J'ai pris deux photos normales avec un petit appareil Kodak, mais je suis sûre qu'elles ne feront pas l'affaire.

Elle m'avait envoyé deux photos Polaroïd d'elle-même et de Nadia, découpées à la grandeur requise. J'étais époustouflée par leur ingéniosité et leur ténacité. Hélas, ces photos n'étant pas réglementaires, j'ai été contrainte d'utiliser celles de leur passeport de 1980. Puis, j'ai envoyé les documents à l'ambassade à Sanaa en recommandé.

Des semaines ont passé. Savaient-ils à l'ambassade que leur lenteur, leur fausse indifférence me tuaient davantage peut-être que tout le reste ? Quelle question ! Ils agissaient sûrement de manière délibérée.

Six mois plus tard, en août 1987, j'ai déposé une plainte au Foreign Office pour retard anormal dans la transmission du courrier. Interrogés, les gens à l'ambassade au Yémen ont déclaré n'avoir jamais rien reçu ! J'ai produit aussitôt le récépissé de la lettre recommandée. Miracle ! M. Page a retrouvé mon envoi dans le désordre de ses affaires. Mais il ne pouvait satisfaire à ma demande, car il manquait les extraits de naissance, qu'il avait, bien sûr, omis de mentionner lors de notre première correspondance. J'ai envoyé ce qu'il réclamait immédiatement.

Devant tant de mauvaise volonté, Ashia se demandait quel but poursuivaient les ministres et les diplomates. J'étais bien incapable de répondre à ma fille de vingt ans. « Tu crois à la légalité, maman, je crois plutôt qu'on est seules. » Ashia réfléchissait à la situation. Elle comptait sur sa jugeote pour sauver ses sœurs. Elle est allée prendre l'avis d'un conseiller municipal de Birmingham, Alf Dickens. Ce dernier a contacté un journaliste du quotidien local. Une heure plus tard, le téléphone sonnait chez moi. Une voix d'homme sûr de lui m'a demandé si j'étais Miriam Ali. Dix minutes après, un grand gaillard, vêtu d'un jean et d'un pull, portant en bandoulière un sac de photographe, frappait à ma porte : « Tom Quirke du *Birmingham Post* ! »

La démarche d'Ashia avait forcé le destin : en novembre 1987, la presse était alertée.

Seulement, le grand gaillard à l'allure dégourdie, Tom Quirke, n'arrivait pas à me croire. Il m'a harcelée de questions auxquelles j'avais bien du mal à répondre. J'étais désemparée. La bande enregistrée par Zana fournirait toutes les preuves qu'il me réclamait, mais c'était M. Cantwell qui l'avait en sa possession. Bien entendu, je n'avais pas songé à en faire une copie ! Le journaliste allait se décourager. J'ai appelé M. Cantwell pour qu'il me renvoie la cassette.

Pendant ce temps, le journaliste du *Birmingham Post* est allé interviewer Muthana. Sur un ton paternel, celui-ci a déclaré que les filles pouvaient rentrer quand elles le voulaient. Il les avait envoyées au

Yémen pour qu'elles s'imprègnent de la culture musulmane traditionnelle de son pays. Foutaises ! dirait Mo.

La cassette de Zana est arrivée en express, avec les souhaits de bonne chance de M. Cantwell.

Après qu'il l'eut écoutée, l'attitude de Tom a changé du tout au tout. Il m'a regardée en déclarant : « C'est l'histoire la plus brûlante que le *Birmingham Post* ait jamais couverte ! » Il m'a rappelé dans la soirée pour me demander de préciser une information. Il était excité, convaincu, passionné. Je l'imaginais aisément installé devant son bureau fignolant son grand papier, suant dessus, corrigeant un mot, une tournure, et malgré la fatigue relisant une dernière fois avant de remettre la copie au rédacteur en chef.

Le 27 novembre 1987, l'article de Tom a paru dans le *Birmingham Post*. L'impact a été formidable. Plusieurs dizaines de journalistes de la presse écrite nationale, des radios et de la télé, intrigués par cette histoire, ont appelé la rédaction du quotidien local. Ils voulaient en savoir plus.

Le conseiller municipal Alf Dickens et Tom Quirke ont décidé d'organiser une grande conférence de presse. Impossible de reculer, mais une peur immense me paralysait. J'avais passé toute ma vie à l'écart du monde dans l'ombre de Muthana et de la communauté yéménite. Je redoutais de ne pas savoir répondre aux questions, de me montrer trop bouleversée ou trop imprudente, de me laisser désarçonner par des réflexions insidieuses, ou d'avoir à fournir des explications d'ordre intime. Dans mon esprit, la presse, c'était un peu comme la police. Un peu aussi comme se montrer nue devant des inconnus. La salle était remplie d'hommes et de femmes tapageurs, fumant, parlant, blaguant, s'impatientant. Certains journalistes se reconnaissaient, ils criaient, par-dessus le brouhaha, le sujet du dernier reportage où ils s'étaient rencontrés. J'étais terrorisée. Alf m'a tirée d'embarras. Le plus simple était de leur faire écouter le témoignage de Zana. Il valait toutes les explications.

Je suis entrée timidement dans la salle en tenant dans les mains le magnétophone de Mo, que j'ai disposé sur la table. Les journalistes, étonnés, ont cessé de parler, de s'agiter. Des flashes ont crépité. J'ai appuyé sur le bouton *start*. La petite voix de Zana, avec son accent typique de Birmingham, a retenti, captant aussitôt leur attention. J'ai quitté la pièce, secouée par l'émotion.

Zana s'était cachée dans les rochers pour chuchoter son appel au secours. De temps en temps, le vent des montagnes de Maqbana couvrait ses mots.

(Ceci est la transcription du message de Zana :)

« Bonjour, monsieur Cantwell. C'est moi, Zana, qui vous parle. Je joins à mon envoi une lettre et je pense que vous la publierez. Je vous ai également écrit une lettre, à vous personnellement, et j'ai aussi décidé d'enregistrer cette cassette.

« Ma mère est venue, et le pays ne lui a pas plu. Elle n'aime pas la vie ici, et de toute façon, ma sœur Nadia et moi, nous étions tellement impatientes de la voir s'en aller, nous voulions qu'elle retourne en Angleterre parce qu'elle ne peut rien faire ici. Elle ne peut pas nous faire sortir. Quand elle est arrivée à l'aéroport de Sanaa au Yémen, elle est allée à l'ambassade de Grande-Bretagne et elle nous a dit que M. Page, l'homme qui travaille là-bas, a été hostile envers elle. Il n'a pas paru intéressé par son histoire et il a également essayé de lui faire peur. Il ne veut pas qu'elle vienne ici et je ne sais pas pourquoi. De toute façon, elle vous expliquera tout ça dès son retour.

« Quand elle est venue nous voir, elle nous a dit qu'elle ne pouvait rien faire sur place, mais elle nous a promis que, dès son retour, elle vous demanderait de rendre cette cassette publique. Monsieur Cantwell, si vous saviez comment on vit ici, c'est terrible. Ça fait six ans que j'endure ça et je ne peux rien y faire parce que je suis coincée dans ce village et je n'ai personne vers qui me tourner. Mais quand ma mère m'a dit que vous alliez essayer de nous aider, ça m'a fait plaisir de savoir que quelqu'un pensait à nous. Je... je... je ne savais pas que ça pouvait exister. Je ne sais pas. C'est terrible. Ils nous forcent à rester ici contre notre gré et je ne sais pas pourquoi... Moi, tout ce que je désire, c'est rentrer chez ma maman. Abdul Khada, l'homme qui m'a amenée ici, m'a dit que c'était pour de courtes vacances et qu'il me ramènerait bientôt. Mais quand je suis arrivée ici, ils m'ont amenée tout en haut de la montagne parce que c'est ici qu'il a sa maison ; donc, quand je suis arrivée, ils m'ont dit que j'étais mariée ! J'ai fait une crise d'hystérie, ils n'arrivaient plus à me tenir. J'ai même essayé de me tuer, monsieur Cantwell ! J'ai pris une overdose de pilules, mais ils m'ont tout fait vomir ! J'ai écrit une lettre à ma sœur qui devait venir deux semaines plus tard, pour l'avertir, mais elle n'a jamais reçu ma lettre. Je lui ai écrit de ne pas venir, il y avait moi, c'était déjà suffisant. L'idée qu'elle vienne aussi m'était insupportable, mais comme elle n'avait pas reçu ma lettre, elle est venue et il lui est arrivé la même chose. Ils nous ont séparées. On m'a emmenée à Campais, très loin d'ici. Nous sommes restées là six mois et je vous jure que j'ai vécu l'enfer. J'étais continuellement malade et ils ont dû me ramener au village parce que je voulais être avec ma sœur, il n'y a pas de médecin, il n'y a rien. Je n'ai personne vers qui me tourner. Si je suis malade ou quoi que ce soit, je dois attendre que ça passe et je dois travailler. Franchement, monsieur Cantwell, ils nous ont amenées ici pour travailler et rien d'autre. On n'a pas arrêté de travailler depuis qu'on est ici ! Si vous aviez vu les garçons que nous étions censées épouser, vous ne l'auriez pas cru. L'un d'eux est plus petit et plus jeune que moi ! D'ailleurs sur nos passeports il y a bien marqué « Mlle », alors comment on pourrait être mariées ? Et Mohammed Abdul Khada, le fils aîné d'Abdul Khada, m'a dit que mon passeport était entre ses mains, ainsi que mon extrait de naissance, mon acte de mariage, enfin, le faux acte ! Il m'a dit qu'il avait été fait en Angleterre. Si c'était le cas, comment ça se fait que mon passeport porte toujours la mention « Mlle » ? L'acte est forcément faux. Pourquoi ne pas avoir fait de cérémonie de mariage, pourquoi d'ailleurs ne pas nous avoir demandé si on voulait être mariées ? Moi, je n'avais que quinze ans et ma sœur Nadia n'avait que quatorze ans lorsqu'elle était arrivée ! On a dû supporter ça ! On a vécu l'enfer et, j'espère, je prie Dieu aujourd'hui pour que, dès son retour, ma mère vous mette au courant de tout ça. J'espère qu'on viendra nous chercher pour nous emmener loin d'ici. Je ne veux pas rester ici, je vous assure qu'il y a de quoi devenir folle. Je me tuerai s'il le faut ! Plutôt mourir que vivre ici. Oui, monsieur Cantwell, c'est si épouvantable que ça ! Bien pire que ce qu'on imagine. Je crois qu'aucune fille n'a jamais vécu ce qu'on a vécu... ils m'ont forcée à coucher avec lui ! Moi, j'ai dit non ! Ils ont dit : « Tu as intérêt à le faire, sinon on te maintiendra pendant que... » Et donc... donc, j'ai été obligée de... Qu'est-ce que vous dites de ça, monsieur Cantwell ? »

[Pleurs de Zana.]

« Abdul Khada est en Arabie Saoudite en ce moment. Il est parti travailler là-bas et c'est... son fils, qui est censé être mon mari. Je le hais ! Je ne peux pas l'accepter, je ne veux pas de lui, mais c'est arrivé comme ça, alors...

[La voix de Zana faiblit, devenant plus confidentielle, timide, honteuse.]

« Vous comprenez, je vais avoir un bébé dans un mois... Et ma sœur aussi !

[La voix de Zana se remplit de colère.]

« Elle a déjà un fils de deux ans. En tout cas, eux,

ils sont à nous, on a été forcées !... Et maintenant, elle est à nouveau enceinte ! Ils travaillent en Arabie Saoudite en ce moment. C'est terrible pour ma sœur, monsieur Cantwell, vous devriez voir comment elle vit... complètement isolée. Gowad Abdul Magid, l'homme qui l'a achetée, est parti en Angleterre. Ça fait cinq ans qu'il est parti, cinq ans qu'il l'a laissée. Il n'est resté qu'un an et il est reparti en Angleterre ! Et il y a huit ou neuf mois, il a fait venir sa femme, elle est allée le rejoindre. Elle était censée ne partir que pour trois mois, car elle a une fille et un fils, mais elle les a laissés à ma sœur Nadia, qui doit s'occuper d'eux pendant qu'elle s'amuse en Angleterre. Ma sœur a fort à faire avec les enfants parce qu'ils sont affreux et elle est à nouveau enceinte et doit faire tout ce travail toute seule. Elle leur écrit lettre sur lettre dans lesquelles elle demande à Gowad Abdul Magid de renvoyer sa femme pour s'occuper de ses enfants, mais ils ne lui répondent jamais parce qu'ils s'en fichent. Elle est coincée dans cette maison, toute seule, c'est abominable. Ma mère, elle vous le dira elle-même, elle n'a pas pu le supporter ! C'est pour ça qu'elle est repartie si vite. Je voudrais que tout cela soit terminé...

[Sanglots de Zana.]

« Quand vous rendrez ma cassette publique, monsieur Cantwell, dites à vos collaborateurs que s'ils viennent me poser des questions et tout ça, il faut qu'ils nous fassent sortir du village. Ma mère vous expliquera tout ça. Je veux sortir d'ici, aller à Taez ou à Sanaa pour répondre aux questions et après je ne veux plus jamais revenir ici. Je veux rentrer chez moi, c'est tout ! Pourquoi ils me retiennent ici ? Je ne veux pas rester. Je suis britannique, née en Angleterre, éduquée en Angleterre. Ma mère s'est occupée de nous toute notre vie, et même mon père ! Lui, je ne le connais même pas, je le hais. Il a été si méchant ! Il s'en fiche pas mal ! Au début, je lui écrivais en disant : “Je t’en prie, papa, fais-moi revenir à la maison !” Mais il ne m’a jamais répondu...

[Sanglots de Zana.]

« Je ne peux pas l’accepter comme père. Plus jamais, plus jamais ! Jamais je ne lui pardonnerai, de toute ma vie ! J’irai maudire sa tombe...

[Zana tentait de se dominer.]

« Je veux juste rentrer chez maman, c’est tout !

[Un « clic » signalait que Zana avait interrompu l’enregistrement. Un deuxième « clic » annonçait la reprise de l’enregistrement. La voix de Zana était plus assurée.]

« Je suis absolument terrorisée par Abdul Khada ! Il me frappe quand il en a envie, quand ça lui prend ! Même quand il est de mauvaise humeur pour toute autre chose, c’est sur moi qu’il se défoule et il me frappe pour rien ! Je ne leur ai rien fait ! J’ai été patiente, c’est tout ! Je suis toute seule ! Je ne leur ai pas causé d’ennuis ! Au début, il me forçait à écrire des lettres gaies à mes parents en leur disant que j’étais heureuse ici... J’étais obligée de le faire !

« Quand vos reporters arriveront pour m’interroger, enfin je l’espère, nos maris vont trouver des tas d’excuses pour justifier ce qu’ils ont fait. Ils diront : “Écoutez donc ! Zana a fait une cassette pour ses parents, elle dit qu’elle est heureuse ici !” Et ils la leur donneront pour leur faire croire que j’ai dit ces choses-là. Mais on m’y a forcée, monsieur Cantwell ! Il faut que vous me croyiez ! J’ai lu quelques-unes de vos lettres à ma mère, et je sais que vous êtes encore plus impatient qu’elle. Lorsqu’elle est arrivée ici et qu’elle a vu comment nous vivions, elle a carrément disjoncté ! Je lui ai dit : “Maman, rentre chez nous sans t’énerver. Envoie les lettres et la cassette à M. Cantwell et il fera ce qu’il doit faire, calmement. Prends ton temps, maman, ne t’en fais pas pour nous et nous sortirons d’ici un jour !” Elle a dit d’accord, mais elle s’inquiète pour nous, monsieur Cantwell !

Ça me rend malade qu'elle se fasse autant de mauvais sang ! C'est pour ça que je les hais autant, c'est parce qu'ils ont fait souffrir ma mère.

« Quand il est là, il me frappe quelquefois. Et je n'ai personne vers qui me tourner. Il va trouver des excuses auprès de son gouvernement. Il leur dira : "Je lui achète des bijoux, de l'or et des habits et tout ça." Mais, monsieur Cantwell, mon or à moi, c'est ma mère ! C'est elle que je veux et rien d'autre. Je n'en veux pas. Je ne veux rien du tout ! Le travail ici est très dur et tout ce qu'on fait ici, c'est travailler au village ! J'ai des ampoules aux mains et aux pieds d'avoir travaillé sous ce soleil brûlant. Je ne sais pas comment l'expliquer. Simplement, quand j'y pense, ça me donne mal à la tête. Et maintenant ma mère doit repartir... Ça me fend le cœur qu'elle s'en aille, parce que j'étais persuadée qu'on allait repartir avec elle. Mais elle nous a dit qu'elle n'avait pas réussi à nous faire sortir...

[Zana éclatait en sanglots.]

« J'ai confiance en vous, monsieur Cantwell ! Et j'ai foi en Dieu ! Je saurai être patiente...

« Mon père devrait être expulsé d'Angleterre pour avoir fait ces faux actes de mariage. Ma mère n'est pas mariée avec lui et, de toute façon, on aurait dû lui demander son consentement, mais ils ne l'ont pas fait ! Dieu seul sait ce qu'ils ont fait !

« Je crois qu'Abdul Khada a eu peur quand il a appris que ma mère était ici. Il a même osé dire aux gens du village de venir écouter ce qu'on allait dire, de voir ce que ma mère allait faire, et maintenant il paraît qu'il va revenir dans la maison qu'il a ici, tellement il a peur que ma mère m'emmène. Ils ont tous peur ! Même mon père, avec lequel nous n'avons eu aucun contact depuis que nous sommes ici. Il nous a vendues, monsieur Cantwell, pour de l'argent... En Angleterre, on lui a donné de l'argent pour nous avoir, deux fois mille trois cents livres à ce qu'on dit. Et ma mère ? Elle n'en a jamais vu la couleur, elle n'était même pas au courant. [...] On m'a dit qu'ils ont manigancé cette histoire de mariage derrière notre dos quand on était encore en Angleterre. Il y a un homme qui s'appelle Mohammed [...] et ma mère essaye de le localiser. C'est lui qui a tout organisé et il sait tout sur les actes de mariage, la façon de les rédiger et tout ça. Même moi, j'ai vu mon acte de mariage, car Abdul Khada me l'a montré en arrivant ici. C'est une... feuille de papier de l'épaisseur d'une carte et il y a plein d'inscriptions en arabe dessus écrites à l'encre ! Je ne comprends pas ce que dit l'arabe mais il y a un tampon. Où ont-ils obtenu ce tampon ? Je crois que c'est l'œuvre de ce Mohammed [...] C'est un faux, bien sûr ! Il n'avait pas le droit de faire ça, sans compter qu'il y a deux témoins en plus de mon père. On m'a dit que l'un d'eux était mort et je ne sais rien sur l'autre. Mon père et Abdul Khada étaient les seuls impliqués dans cette affaire. Je n'arrive pas à imaginer comment ils ont pu faire ça sans être punis. Je crois que l'argent a suffi. Sans ça, la police aurait fait quelque chose. D'ailleurs la police est déjà intervenue une fois. L'agent de Taez, Nasser Saleh, celui qui cachait les lettres de ma mère, a été mis en prison après un coup de téléphone ou une lettre de ma mère, où elle se plaignait que ses filles ne recevaient pas ses lettres. Mais il a payé sa caution et il a été libéré. C'est donc lui, l'agent de Taez, qui ne nous a jamais donné notre courrier. Avant son arrivée au Yémen, ma mère nous a écrit deux lettres. Nous les avons reçues, mais, quand nous lui avons répondu, elle n'a jamais reçu les nôtres. C'est l'agent qui les avait et qui les a gardées ; ensuite, elles ont atterri entre les mains d'Abdul Khada, j'ignore comment ! Je crois que l'homme de Taez a pris ma lettre, l'a envoyée à Abdul Khada et que celui-ci l'a lue. Quel culot ! Il n'a pas fait suivre la lettre pour ma mère et c'est pour ça qu'elle se faisait tant de soucis. Voilà ce qu'on a enduré, monsieur Cantwell ! Nous ne pouvons plus faire confiance à qui que ce soit : même si nous voulons écrire une lettre, c'est impossible. Nous sommes condamnées à souffrir. Je ne sais pas comment ils vont s'en tirer. Je vous en prie, monsieur Cantwell, ne les laissez pas faire. Il faut qu'ils soient punis, qu'ils soient jetés en prison, non seulement pour les lettres, mais aussi pour nous avoir mariées de force, obligées à coucher avec eux, retenues ici contre notre gré, pour n'avoir pas fait parvenir nos lettres à notre mère et même pour nous avoir battues !

« Lorsque ma mère est arrivée ici, elle s'est rendue à Taez. C'est là qu'habite Mohammed, le fils aîné d'Abdul Khada. Avant de venir nous voir au village, elle est venue le trouver chez lui. Il lui a procuré une voiture et il a téléphoné à son père en Arabie Saoudite. Celui-ci voulait parler à ma mère. Elle a pris le combiné, il a dit : "Allô, j'espère que vous n'êtes pas venue ici pour faire du foin, parce que si c'est le cas, j'ai ici un papier signé du père des filles, qui m'autorise à les emmener au Marais." C'est le pays de mon père, près d'Aden. Il a dit : "J'ai son consentement par écrit, alors j'emmènerai les filles au Marais et je me laverai les mains de toute l'histoire." Il essayait de faire peur à ma mère, c'est tout. Je lui ai dit : "Ne t'en fais pas, maman, il ne peut pas nous emmener là-bas, il ne peut rien faire !" Ils veulent faire peur à ma mère. Ils ont dit que le gouvernement avait une sorte d'autorisation signée de la main du père, les autorisant à nous emmener au Marais si jamais ils avaient des ennuis. Faites bien attention, monsieur Cantwell. Ce dont j'ai peur, c'est que, lorsque vos reporters arrivent ici, Abdul Khada essaie de nous emmener au Marais. Je sais qu'il essaiera. Si seulement vous saviez comme ils sont malins ! Ils sont sournois, ils veulent faire comme bon leur semble et ils ne veulent pas perdre. Mais cette fois, ils doivent perdre, monsieur Cantwell. Je vous en prie, croyez-moi ! Il faut que vous leur fassiez honte de ce qu'ils ont fait. Il le faut ! Il faut qu'ils aient honte ! Je sais que Dieu les punira au jugement dernier, mais moi, je veux qu'on les punisse aujourd'hui ! Je veux qu'ils sachent qu'ils ont fait quelque chose de très mal. Moi, je veux rentrer à la maison, en Angleterre. Je veux rentrer chez ma mère et vivre heureuse. À dire vrai... franchement... je me tuerai s'il le faut... si on ne nous ramène pas, moi et ma sœur. Ma sœur souffre encore plus que moi.

« Je ne trouve rien d'autre à dire. Ils n'arrêtent pas de menacer ma mère. Pour elle, c'est catastrophique, elle a déjà tant souffert, vous savez ! Rien que l'idée de ce qu'elle a enduré me fait souffrir !

« Alors, monsieur Cantwell, c'est à vous d'agir maintenant. Que Dieu soit avec vous. Soyez prudent, parce que les gens d'ici sont très sournois. Zana vous dit au revoir. J'espère que tout se passera bien et que je pourrai retourner dans mon pays. Au revoir. Je vous en supplie, aidez-nous ! Je vous en prie, je vous en prie, je vous en supplie ! Nous souffrons. Il faut nous sortir d'ici ! Au revoir et bonne chance pour nous tous ! »

8

— Eileen Mac Donald, journaliste à l'*Observer* ! Excusez-nous, monsieur Muhsen, de vous déranger un samedi matin.

La moustache en bataille, les épaules voûtées, les yeux fatigués par l'alcool, Muthana Muhsen restait en travers de la porte du café, barrant l'accès à la journaliste. L'incursion de la jeune et pétulante reporter londonienne avait fait sortir en vrac les gens des maisons voisines. Muthana, mécontent, a aboyé :

— Vous voulez quoi ?

Elle tenait à la main un petit magnétophone déjà allumé.

— Je suis venue vous voir, il s'agit évidemment de toute cette histoire...

Muthana a grogné. La femme n'était pas seule. Il y avait un photographe et Tom Quirke.

— Ça me fait plaisir de vous serrer la main, monsieur Muhsen ! a dit Tom. Ces personnes viennent spécialement de Londres pour vous rencontrer.

— Nous pouvons prendre une photo ? a demandé Eileen.

La figure molle et mal rasée de Muthana s'est subitement animée :

— Venez par ici ! Pourquoi d'ailleurs une photo ?

Il les a dirigés vers l'appentis, rempli de ferrailles, de planches à l'abandon, de bouteilles vides. En le suivant, Eileen Mac Donald s'est cognée au guidon d'une bicyclette. Muthana a marmonné :

— Je ne sais pas d'où vous tenez toutes ces informations. La femme (il parlait de moi) est partie au Yémen les chercher. (Il parlait de Zana et Nadia.) Elles ne veulent pas revenir. Franchement, c'est la vérité. Elles sont là-bas. Elles veulent pas revenir.

Muthana se sentait mieux, dans le hangar, à l'abri de la curiosité des voisins. Il pouvait se débarrasser des journalistes quand il le voulait en se faufilant par la petite porte qui donnait sur l'arrière-cour, il leur échapperait en se dissimulant derrière le chemin qui longe les jardinets... Évaporé, le père Muhsen ! La journaliste de l'*Observer*, un peu décontenancée par le personnage, a toussé un coup avant d'aborder, sans autre préambule, le sujet central :

— Enfin, dites-nous, vous avez vendu vos filles, hein, n'est-ce pas ?

Muthana a violemment sifflé entre ses dents :

— Mais vous êtes une bande de salauds ! Allez vous faire voir ! Pourquoi j'aurais vendu mes filles ? Je les adore, mes filles, je les admire !

— Écoutez, on nous a dit...

— On dit n'importe quoi ! Si vous arrivez à prouver que j'ai vendu mes filles, moi, je me tranche la gorge !

Il a frotté son pouce sur la gorge. Impressionnée, la jeune femme a tenté de le calmer :

— Je crois que nous avons mal commencé.

Elle a repris son souffle, avant d'ajouter :

— Est-ce qu'on peut parler tranquillement ?

Muthana a sursauté comme de pudeur blessée :

— C'est difficile de parler tranquillement avec vous !

— Je suis désolée de ce mauvais départ, vraiment.

Muthana a désigné Tom :

— Lui, je veux bien lui parler !

Tom, jouant l'homme flatté :

— Oui, c'est vrai, vous m'avez déjà parlé, mais ces personnes viennent de Londres...

Eileen reprit avec force :

— Vous pouvez me dire comment ça s'est passé avec vos filles ?

— Mes filles sont parties en vacances.

— Vous êtes originaire du Yémen ?

— Oui, je suis du Yémen. Je vis à Birmingham depuis trente-deux ans.

— Elles sont parties en vacances en 1980, n'est-ce pas ?

— Elles ont rencontré quelqu'un là-bas, ça a marché entre eux et elles se sont mariées, voilà toute l'histoire. Elles ont des enfants. La femme, elle a donné son autorisation. Elle a rempli un formulaire quand elles étaient encore ici et elle leur a donné son autorisation d'aller là-bas. Je crois que vous pouvez vous le procurer. Elle a donné son autorisation, je vous dis !

— D'accord. Et qui a emmené les filles au Yémen ?

— Des amis. Pour les vacances. Elles les connaissaient, sans quoi elles seraient jamais parties avec des étrangers. Elles sont parties avec des amis qu'on connaît depuis trente ans.

— Une fille se marie à quel âge au Yémen ?

— À partir de treize ans. Mes filles avaient dix-sept ou dix-huit ans lorsqu'elles se sont mariées.

Tom est intervenu :

— D'après son extrait de naissance, Nadia avait quatorze ans lorsqu'elle a quitté l'Angleterre en 1980.

— Mais quand elle s'est mariée là-bas, c'était un an et demi plus tard, presque deux ans.

— D'accord. Est-ce qu'il y a eu une cérémonie ?

— Un mariage musulman, c'est différent. On est assis, il y a six à huit témoins, et la parole de Dieu est écrite en hindi. C'est comme ça qu'on se marie et c'est pour toute la vie. Si vous voulez en savoir plus sur le mariage chez les musulmans, demandez à d'autres comment ils se sont mariés !

Eileen a repris la parole :

— Il est écrit dans le *Birmingham Post* que vos filles ne se comportaient pas en Angleterre comme vous l'auriez souhaité.

Muthana a poussé un soupir de lassitude et de gêne.

— Je ne veux pas parler de ça... Ce que les gens disent...

— Vous étiez inquiet ?

— Un père s'inquiète toujours pour ses enfants, n'est-ce pas ?

— Vous étiez inquiet quant à la manière dont vos filles allaient être élevées en Angleterre ?

— Je ne m'inquiétais pas pour elles, mais pour leurs fréquentations ! Au Yémen, elles se conduisent bien, elles sont musulmanes et personne ne peut leur faire de mal. Je ne voulais pas qu'elles grandissent à Birmingham et qu'elles épousent un Noir ! Ou qu'elles se prostituent comme leur mère ! Au Yémen, elles sont heureuses. J'ai des lettres qui prouvent qu'elles sont heureuses !

Eileen, très étonnée :

— Vous dites que leur mère se prostituait ?

Muthana encore plus catégorique :

— Oui, elle se prostitue maintenant.

— Donc, vous avez envoyé vos filles en vacances au Yémen. Combien de temps devaient durer les vacances ?

— Dix jours.

— Vous leur avez payé le voyage. Saviez-vous où elles allaient séjourner ?

— Oui, avec des amis à moi.

— Des amis de la famille ?

— Je ne saurais vous le dire, c'était il y a longtemps.

— Et quand elles ne sont pas revenues, au bout de

combien de temps avez-vous su qu'elles étaient mariées ou qu'elles allaient rester là-bas ?

— Au bout de presque deux ans.

— Et vous avez attendu deux ans pour vous inquiéter de leur sort ?

Muthana a juré, puis hurlé :

— Je dirai plus rien ! Il faut payer pour un article !

— Juste une dernière question. Votre ami Gowad dit maintenant qu'il a emmené Nadia et que c'était un mariage arrangé. La jeune fille savait-elle qu'on allait la marier ?

— Je vous ai dit que ça suffit !

— Quand ont-elles su qu'on allait les marier ?

— Après qu'elles ont rencontré quelqu'un. Elles auraient bien fini par rencontrer quelqu'un ! Maintenant, ça va comme ça !

— Quand vos filles sont parties, vous pensiez qu'elles partaient en vacances ?

Muthana a soupiré :

— C'étaient des vacances, je vous l'ai déjà dit ! Et elles ont rencontré des garçons au cours de ces vacances !

— Des vacances qui dureraient le temps qu'elles voudraient ?

— Quelques jours, je vous ai dit !

— C'est quand même une sacrée coïncidence que Gowad soit un de vos amis et que Nadia ait épousé son fils ?

— C'est une coïncidence. Il s'est passé quelque chose entre eux.

— Avez-vous reçu des lettres de vos filles ?

— J'ai quelques lettres, oui.

— Dans ces lettres, vos filles sont-elles tristes ou heureuses ?

Désignant Tom :

— Je lui ai montré des lettres hier !

— Y a-t-il eu échange d'argent ?

— Jamais !

— C'est normal d'accepter de l'argent en guise de dot.

— Jamais eu d'argent ! Écoutez, je connais Gowad depuis seize ans !

— On dit que vous avez reçu mille trois cents livres pour chaque fille qui se mariait.

— Jamais. C'est pas vrai ! J'ai perdu de l'argent !

Muthana Muhsen, très énervé, frappait du pied, jurait, insultait Gowad, suggérant d'une certaine façon qu'il l'avait roulé.

— Combien lui avez-vous donné ?

— Cinquante livres.

Il a terminé brutalement l'entretien, prenant prétexte d'un accès de colère. La révolte ! L'outrage ! L'honneur d'un homme bafoué ! Il menaçait de mettre fin à ses jours. Néanmoins, il a accepté de se laisser prendre en photo. Devant l'objectif, il s'est façonné un petit sourire, comme un doux soleil qui donnait un air tendre et pitoyable à sa figure calleuse.

Eileen ne s'est pas laissé attendrir. Le dimanche 30 novembre 1987, l'*Observer* titrait en une : « Jeunes Anglaises vendues comme épouses yéménites ». Muthana, épouvanté, s'est vu littéralement harceler par « une meute de journalistes ». Plus possible de sillonner les rues, de rouler d'un pub à l'autre, ni même de profiter de sa connaissance nocturne des bas quartiers de Birmingham pour échapper aux talonneurs, surtout à leurs questions, à leurs soupçons ; aucun chemin, aucun passage, aucune cave ne le protégeait plus. Il avait beau lâcher des bordées d'injures contre les professionnels de la curiosité, les hurlements eux-mêmes proférés de sa voix basse et cassée disaient tout. Effrayé, il a appelé Tom Quirke à la rescousse, essayant à la goguenarde de l'associer à sa déroute : « Qu'est-ce qu'on peut faire pour les calmer ? » Le mercredi 3 décembre, il déclarait au journaliste du *Birmingham Post* : « J'ai montré à mes filles des photos des deux garçons. Nous espérions (lui-même, Gowad et Abdul Khada) qu'une fois au Yémen les filles s'entendraient avec eux, et qu'elles voudraient les épouser. Au Yémen, les hommes et les femmes n'ont pas le droit de marcher dans la rue côte à côte s'ils ne sont pas mariés, et encore moins de se toucher. Mais je leur ai dit que, si elles ne voulaient pas épouser les garçons, ça n'avait pas d'importance. Elles me rendraient les actes de mariage, voilà tout. »

Il admettait enfin qu'il les avait bel et bien envoyées en vacances au Yémen après s'être assuré que leurs papiers étaient fin prêts pour les mariages !

Dans le désordre frénétique de ses déraillements d'ivrogne, il avait largement abreuvé les journalistes de déclarations racistes bien salées. En conséquence, il s'était vu cité à comparaître devant une commission où il devait répondre de ses propos ignobles et déments.

J'espérais que le « tapage médiatique » allait obliger les autorités à prendre des décisions. Au téléphone, l'avocate, maître Buren, regrettait toute cette publicité faite autour de notre histoire. Il aurait mieux valu, selon elle, ne pas diffuser la cassette. « Considérez, m'a-t-elle dit, que lorsque j'ai harcelé le ministère des Affaires étrangères au sujet de deux jeunes Britanniques piégées par un mariage frauduleux, les fonctionnaires m'ont répondu : "Lesquelles ?" »

La situation de mes filles n'était pas unique. L'*Observer* révélait dans un autre article que de nombreuses « épouses-enfants » avaient disparu d'Angleterre pour se retrouver mariées au Yémen.

À la maison, nous étions effondrés en découvrant les titres des journaux à scandale, du style : « Les sœurs esclaves du sexe ». À l'école, Mo, chahuté par ses camarades, se battait pour défendre l'honneur de Zana et de Nadia. Dans les kiosques, je voyais des photos de ma famille étalées en première page. Avais-je eu raison de diffuser la cassette ? La vue de ces photos me faisait pleurer. En ouvrant l'*Observer*, je découvrais des clichés récents de Zana et de Nadia avec son bébé Tina. Eileen Mac Donald et un photographe étaient allés les rencontrer dans les montagnes. Les filles ne portaient ni le long purdhah ni le voile. Les hommes du village devaient être partis travailler ce jour-là. En étudiant les photos de mes filles, j'éprouvais une douleur profonde. L'angoisse de Zana se lisait sur son visage et Nadia avait le regard absent. Son expression rentrée, vide de tout sentiment, me hantait. Depuis que notre drame familial était devenu public, je me sentais encore plus vulnérable et anxieuse qu'avant. Était-ce le prix à payer ?

Par téléphone, le directeur d'un journal de Londres m'a proposé un aller et retour au Yémen, ainsi que des billets de retour pour mes deux filles, contre l'exclusivité du reportage. J'allais retrouver mes filles, passer les fêtes de Noël avec elles ! Ah oui, j'acceptais !

Je suis aussitôt partie à Londres avec Ann Sufi. Arrivées à la gare, nous avons filé en taxi à l'ambassade du Yémen pour poser une demande de visa. Impossible d'avancer, la rue était bloquée. « Il doit se passer quelque chose. Une manif ! » répétait le chauffeur. En effet, une armée de cameramen, photographes, rédacteurs-reporters montaient le siège devant les locaux de l'ambassade ! Prévenus de notre démarche, ils nous attendaient ! Stupéfaites, nous avons demandé au taxi de faire demi-tour, et de nous laisser plus loin. Nous sommes allées nous cacher dans l'arrière-salle d'un pub. Ann a négocié par téléphone avec l'attaché de presse de l'ambassade. Finalement, il est venu nous rejoindre au café pour nous remettre le visa. En contrepartie, nous sommes retournées en taxi à l'ambassade pour nous montrer et emporter avec nous la meute des reporters ! Quelle journée ! Et ce n'était pas fini. Ashia guettait mon retour sur le pas de la porte :

— Maman ! Maman ! Zana au téléphone !

Depuis l'explosion de notre affaire, nous recevions beaucoup d'appels, dont certains farfelus. Mais Ashia avait eu suffisamment de présence d'esprit pour poser une série de questions afin de s'assurer qu'il s'agissait bien de Zana. J'ai couru prendre l'appareil.

Il y avait du nouveau : Zana et Nadia étaient logées par le gouvernement yéménite dans un appartement luxueux en plein cœur de Taez, chez le colonel Abdul Walli, commandant en chef de la police du Maqbana.

J'ai passé la journée à méditer sur les dernières nouvelles. Donc, elles avaient quitté le village, et, à Taez, elles étaient placées sous la protection des autorités. Leur libération ne pouvait être qu'imminente ? Le gouvernement yéménite voulait peut-être faire un geste le jour de Noël ?

Le lendemain, à Londres, j'étais reçue dans le bureau du directeur du journal. Il était assis dans son fauteuil, la soixantaine élégante. Un peu ironique, il m'a tendu les billets d'avion. Dès que j'ai pris connaissance des conditions relatives à son offre, je suis tombée abasourdie. J'étais d'accord pour lui céder tous les droits exclusifs de toute nature, mais qu'il me demande de photographier avec un minuscule appareil les bâtiments officiels, les soldats en armes, c'était tout autre chose ! Je l'ai observé quelques secondes pour voir s'il se rendait bien compte de ce qu'il me demandait ! Il souriait. J'ai jeté les billets sur son bureau, et je suis partie.

Terriblement déçue, je suis passée dans les bureaux de l'*Observer* saluer Eileen, et prendre connaissance du courrier envoyé par les lecteurs. J'en ai profité pour essayer de joindre Abdul Walli par téléphone. Après une série d'appels infructueux, quelqu'un a décroché : c'était Zana !

Elle parlait à voix basse, sur un ton effrayé :

— J'ai eu papa au téléphone. C'est la première fois qu'on a eu de ses nouvelles depuis sept ans ! Il nous demande d'attendre que la presse ait fini de se déchaîner sur lui avant de rentrer à la maison ! Il dit qu'il se tuera autrement car il mourra de honte ! Tu entends, maman ? Il nous a suppliées de rester à Taez jusqu'à ce que la presse ait oublié notre histoire ! Je lui ai dit qu'il pouvait toujours espérer. Alors, il a dit qu'il se tuerait si nous revenions à la maison. Et j'ai répondu : « D'accord, fais-le ! »

— Pourquoi êtes-vous à Taez ?

— Ils nous ont emmenées ici, maman, mais...

— Allô ? Tu m'entends ?

— Oui. Je t'entends, maman... Ils nous ont obligées à laisser les enfants au village. On est sur les nerfs. Ils disent maintenant qu'on ne pourra pas rentrer sans eux !

— De qui parles-tu ?

— Ben d'eux, de nos maris ! a craché Zana. Ou alors, on devra laisser les enfants ici. Nadia refuse !

— Passe-moi Nadia !

— Je ne peux pas, maman. Elle ne veut pas.

L'angoisse s'est emparée de moi :

— Dis-moi exactement ce qui se passe, Zana ! Allô, tu m'entends ?

La ligne bourdonnait.

— Oui, maman. Je trouve que ça ne tourne pas bien. Ils nous ont fait signer des papiers qu'on est incapables de déchiffrer, parce qu'ils sont écrits en arabe.

— Ne signe rien, Zana, tu entends ! Surtout tu ne signes rien ! Passe-moi Nadia !

— Elle ne veut pas parler au téléphone. Elle est timide, elle a peur. Elle a peur de papa, peur de tout le monde. En ce moment, elle est avec le colonel.

— Tu lui diras de rien signer, et toi non plus. Tu ne signes rien ! Rien du tout. Ni l'une ni l'autre. Tu m'entends ?

Zana avait éclaté en sanglots.

— Tu m'entends, Zana ? Ma chérie ?

— Maman... c'est trop tard. On a déjà signé !

— Oh, mon Dieu, qu'avez-vous donc signé ?

— Je t'ai déjà dit que je ne pouvais pas lire ce qui était écrit !

— Mais pourquoi as-tu signé ? Allô ?

Sa voix était très faible. Je l'entendais avec peine.

— Pa... parce qu'ils ont dit que si je signais, je... je pouvais rentrer à la maison avec Marcus !

Zana pleurait à chaudes larmes. J'avais crié. Maintenant je me sentais lasse.

— Qu'est-ce qu'ils veulent en fait ces « maris », Zana ?

— Ils veulent venir aussi !

Je n'ai plus rien entendu. J'en pouvais plus. J'ai éclaté en sanglots hystériques. J'étais aussi faible que Zana. Quelle pauvre mère étais-je ! Incapable de la réconforter ! Mes nerfs avaient lâché. Je m'étais évanouie. Les journalistes de l'*Observer* m'ont trouvée telle une chiffe molle. Ils m'ont fait croquer un morceau de sucre imbibé de menthe. À peine remise, j'ai repris le train, puis je suis rentrée à Birmingham en taxi, trop affaiblie pour affronter le bus gorgé de banlieusards partis faire les soldes.

Depuis maintenant plusieurs jours, chaque fois que j'arrivais à la maison, je criais aux enfants :

— Du nouveau ? Quelqu'un a appelé ?

J'ai interdit à Mo, à Ashia, à Tina d'utiliser le téléphone sous aucun prétexte. La ligne devait rester libre pour Zana. Assise sur le canapé, j'attendais, les yeux fixés sur le téléphone. Prise d'angoisse, j'éprouvais le besoin d'appeler Mary, Ann, Alf, Tom, Muriel, tous ceux et celles qui pouvaient m'aider, mais je ne devais pas, moi non plus, occuper la ligne. J'attendais, en serrant les poings. Je les serrais tellement qu'ils finissaient par me démanger.

Je suis montée à l'étage à la recherche d'une occupation. Il fallait que je m'éloigne de cet appareil qui allait me rendre folle. Il gisait en moi une sorte de volcan qui ne demandait qu'à exploser. Par intermittence il me secouait de colère, de haine, de ressentiment. J'ai entrepris de faire une grande lessive. Je frottais, frottais sans relâche les vêtements et les draps jusqu'à ce qu'ils disparaissent sous une montagne de savon. Ah, si Gowad, Muthana ou Abdul Khada pouvaient être à ma portée, je les réduirais en bouillie ! J'imaginais que le savon se transformait en sang, le sang des salauds, le sang de la justice. Une voix s'élevait en moi pour me rappeler au calme. Il fallait lutter, résister à l'irruption de la colère.

La crise nerveuse a passé, me laissant faible, nauséeuse. Je savais que mon système nerveux était menacé, je frissonnais à l'idée de la perte du self-control qui pouvait me faire sombrer dans le tunnel obscur de la dépression. Mon pire ennemi était mes nerfs malades, si éprouvés ! Je devais lutter contre moi-même.

En descendant les marches, une bassine pleine de linge dans les mains, j'ai entendu Ashia glousser. J'ai tout de suite compris ce qu'elle faisait. Ce qu'elle osait faire ! J'ai laissé tomber la cuvette de linge et j'ai foncé sur Ashia. Elle était au téléphone !

— Depuis combien de temps es-tu en train de parler ?

Ashia me regardait, stupéfaite. J'ai hurlé :

— Depuis combien de temps ?

— Juste quelques minutes, maman.

— Menteuse ! Je sais que tu mens !

— Une demi-heure... Mais personne n'appellera à cette heure.

— Qu'en sais-tu si tu monopolises la ligne pour jacasser avec ton petit copain ? Alors que le Foreign Office a peut-être essayé d'appeler ou Zana ou l'ambassade de Sanaa ou M. Cantwell ?

— Maman, c'est Noël. Personne ne travaille, tout le monde fait la fête.

Je tremblais.

— Tu crois qu'au Yémen ils fêtent Noël, petite gourde ? Ils sont musulmans ! De toute façon, il n'y a pas de Noël pour moi ! Je déteste Noël !

J'ai levé la main sur Ashia. Elle a crié sans bouger, prête à recevoir mes coups. Je n'ai jamais frappé mes enfants. J'ai baissé la main. J'ai empoigné un balai. Ashia, Tina et Mo avaient installé dans le salon — pour la première fois depuis bien des années — un sapin de Noël et des décorations. Fouettant l'air avec le balai, j'ai arraché les cloches, les flocons de neige, les étoiles, stupidement accrochées au plafond.

— Mam', arrête ! suppliait Ashia.

J'ai lâché le balai et j'ai saisi le sapin de Noël par la base en le faisant tournoyer dans la pièce. Les guirlandes, les petites ampoules lumineuses ont volé dans toutes les directions. Mais le sapin résistait ! J'en étais furieuse. Je l'ai cogné contre un mur. Il s'est brisé en deux ! Triomphante, je me suis précipitée dans la cour pour le balancer au milieu des ordures. Bon pour la casse ! Voilà ce que j'en faisais de leur Noël d'enfants gâtés !

Ashia trottait derrière moi en essayant de me ramener à la raison.

— Maman ! Maman ! Tu ne veux pas oublier Zana et Nadia, nous aussi, on ne les oublie pas. Mais c'est aussi notre Noël. Nous sommes là et tu nous oublies. TU NOUS OUBLIES !

Elle avait le visage inondé de larmes. Mais qu'elle se taise ! J'ai attrapé un cendrier et je l'ai envoyé dans sa direction, l'objet a failli blesser sa copine. Les deux filles ont fui la maison en courant. Je les ai poursuivies. Dressée sur le pas de la porte, je les injuriais, et insultais les voisins dont les têtes sortaient des portes et des fenêtres. J'insultais le monde entier. Claquant la porte, j'ai foncé droit dans la cuisine, brisant verres, soucoupes, assiettes, tasses, pulvérisant tout : vases, objets décoratifs. J'ai projeté le fer à repasser contre le mur, et avec une telle violence qu'il est resté incrusté dans la cloison. Je n'étais toujours pas calmée. Détruire ! Détruire ! Je suis revenue dans le salon terminer ma besogne en piétinant les guirlandes, les boules qui jonchaient le sol. Je m'en suis prise au mobilier : chaises, table, buffet, que j'ai réduits en morceaux. C'est alors que mes yeux ont rencontré la jolie petite collection d'animaux en porcelaine exposée sur une étagère. Ces niaiseries que les enfants adoraient quand ils étaient petits ! Le petit cheval, le petit faon, la petite chouette, le petit panda, le petit ânon : je les ai tous mis en miettes avec une joie monstrueuse ! Arracher le papier peint maintenant, défoncer les cloisons, réduire cette maison en un amas de pierres, de blocs d'agglomérés et de verres brisés !

Épuisée, à genoux, j'ai imploré l'aide de Dieu : « Seigneur, rendez-moi mes filles, châtiez Muthana, Gowad, Abdul Khada ! » Mon visage, mes doigts saignaient. Après m'être essuyée, j'ai jeté rageusement le torchon dans la poubelle de la cuisine. En faisant ce geste, dérisoire à côté de tout ce que je venais de détruire, j'ai pris subitement conscience de mes actes. Les visages de Zana et de Nadia ont défilé dans ma tête avec les visages d'Ashia, de Tina, de Mo. Je suis tombée inerte au milieu du désastre.

Ashia avait raison, je les avais repoussés. Depuis toutes ces années, ils ne s'étaient jamais plaints. Ils m'avaient regardée agir en silence. Ils m'avaient soutenue de leur patience et de toute leur gentillesse. Ils me comprenaient, ils essayaient de m'aider, mais moi je refusais de les comprendre. Je ne voulais pas qu'ils prennent du plaisir à vivre tant que Zana et Nadia ne seraient pas de retour ! Mais j'étais insensée ! Qu'avais-je fait ?

Je ne devais pas me tromper. Cet accès de violence

n'était pas dirigé contre Ashia et les jeunes. Il fallait chercher ailleurs l'explication. Je savais que quelque chose de grave se produisait au Yémen et au lieu de faire face, je m'asseyais sur le canapé et j'attendais. Mes filles étaient en danger, et j'attendais que le téléphone sonne pour être rassurée, pour avaler un mensonge, pour passer de bonnes fêtes de Noël, que sais-je encore ? C'était cette femme, celle qui persistait à me gouverner que j'avais voulu anéantir en détruisant les décorations et le mobilier. Je m'étais révoltée contre moi-même. Je voulais devenir une femme différente !

J'ai respiré plusieurs fois profondément, puis j'ai pris l'appareil et j'ai composé le numéro de l'ambassade de Grande-Bretagne à Sanaa.

L'employé qui assurait le service d'urgence de l'ambassade a écouté calmement mes explications.

— Ne quittez pas ! Je vais chercher votre dossier !

Quelques dizaines de secondes plus tard :

— Allô ? Vous êtes là ?

— Oui.

— Il semblerait que vos filles aient maintenant regagné leur village.

J'ai poussé un cri.

— Attendez ! a dit l'employé. Apparemment, elles auront droit à une belle maison à Taez pour elles, leurs maris et leurs enfants.

Je lui ai fait part de ma dernière conversation avec Zana.

— Oui, bien sûr, les maris devront passer un entretien à l'ambassade britannique pour obtenir des visas. Je pense que la procédure va prendre environ quatre semaines.

J'ai raccroché après l'avoir remercié. Il ne me restait plus qu'à réparer les dommages de mon propre cataclysme. À quatre heures du matin, je n'avais pas encore fini de tout balayer, nettoyer.

Le lendemain midi, j'ai réuni mes enfants autour de moi, je les ai embrassés et j'ai tenté de leur expliquer les raisons de ma colère. Une mère ne peut pas demander pardon à ses enfants, elle doit patiemment regagner leur confiance.

Le soir, j'obtenais Zana au téléphone ! Je la croyais partie !

Zana savait qu'il était question qu'elles soient ramenées au village. Pour l'instant, elles restaient sous la protection du colonel.

— Nous avons fait tout ce qu'on nous a dit de faire, maman. Nous avons « accepté » nos maris. C'est tellement bien d'être dans une vraie maison, dans une ville et de voir des gens.

Zana semblait rassurée, soulagée. La logique de leur comportement m'échappait totalement. J'ai raccroché avec le sentiment que mes filles en acceptant toutes leurs conditions avaient commis une très grave erreur.

9

Au Yémen pour la deuxième fois. Et seule.

Le directeur de l'*Observer* avait bien voulu me payer le billet, sans que je sois tenue de céder une quelconque exclusivité, ni, surtout, d'emporter un appareil photo. J'ignorais comment il justifierait les frais. En pige ? Miriam Ali, envoyée spéciale de l'*Observer ?*

Vive la nouvelle année ! Vive 1988 ! Les passagers s'embrassaient, chantaient. Les hôtesses débouchaient les bouteilles de champagne. Tassée sur mon siège, je portai un toast silencieux en l'espoir d'une nouvelle vie pour mes filles. Pourvu qu'elles n'aient pas signé leur condamnation.

À l'aéroport de Sanaa, un grand homme d'une quarantaine d'années avec un beau visage lisse et des cheveux roux flamboyants guettait mon arrivée dans le flot des passagers. J'avais eu tort de redouter la solitude.

— James Halley, des services consulaires de l'ambassade britannique ! Nous avons été prévenus de votre arrivée. Nous nous soucions beaucoup de votre affaire, Miriam.

Il avait un fort accent écossais et portait un costume d'excellente coupe.

J'ai préféré ne pas répondre, j'avais tellement l'habitude qu'on se paye ma tête ! Il m'avait réservé une chambre dans le meilleur hôtel de la ville. Nous avons pris le thé sur la terrasse. J'étais mal à l'aise.

— Nous devons attendre l'autorisation du ministère des Affaires étrangères pour nous rendre à Taez, m'a dit James Halley.

Comment ? Je n'étais plus libre de faire ce que je voulais ! J'ai protesté. Je ne tenais pas à rester dans cet hôtel. Je m'y sentais prisonnière et pas à ma place. Tout ce luxe, toutes ces richesses faisaient offense au martyre de mes filles qui vivaient au milieu des excréments et de la saleté.

— Miriam ! Appelez-moi Jim ! Vos filles sont à Taez chez le gouverneur Al-Usifi. Il est en train de tout mettre au point pour qu'elles puissent quitter le Yémen en même temps que vous ! Vous n'étiez pas au courant ?

Comment aurais-je pu l'être ? Une vague profonde d'optimisme a coulé dans mes veines, submergeant mes défenses. J'aurais embrassé James Halley, pardon : Jim.

Je n'ai pas dormi de la nuit. Les phrases du consul tournaient dans ma tête : le gouverneur faisait tout pour que mes filles quittent le Yémen avec moi. Jim semblait confiant. Cette fois, c'était gagné ?

Il m'avait donné rendez-vous pour le lendemain, à dix heures. Nerveuse, impatiente, je l'attendais dans le hall bien avant l'heure.

Première anicroche. Arrivés au ministère des Affaires étrangères, Jim m'a demandé de bien vouloir l'attendre dans la Jeep. Il partait aux nouvelles. Trois heures plus tard, l'anicroche était devenue obstacle. J'entamais un second paquet de cigarettes, quand j'ai vu Jim sortir du ministère et marcher vers la Jeep à grands pas. Il semblait frustré et furieux. Et pour cause : il avait dû faire antichambre tout ce temps pour s'entendre dire de revenir demain ! Les tracasseries yéménites commençaient. J'avais les paumes en sang à force de serrer les poings. À l'hôtel, j'ai passé mes mains sous l'eau pour les apaiser. Je faisais de l'« eczéma nerveux ». Pour essayer de rire un peu, j'appelais cela de la « yéménitis ». J'étais atteinte de « yéménitis aiguë ».

Le lendemain, Jim est revenu me chercher pour une deuxième tentative auprès des autorités. J'avais passé la nuit à compter les fleurs de la tapisserie, à fumer, à boire du thé. J'étais énervée, épuisée au plus haut point. Je ne pouvais trouver le sommeil. Je balançais entre l'espoir et la résignation. Cette fois, les fonctionnaires du ministère, pleins de mauvaise grâce, ont daigné nous recevoir. Ils nous ont fait perdre une heure en balivernes, avant de tamponner l'autorisation écrite pour aller à Taez.

Jim avait réquisitionné un avion. Je le croyais plus aguerri au *way of life* yéménite, car il est devenu blême en découvrant la machine volante spécialement affrétée pour nous. « On dirait le premier aéroplane construit par les frères Wright ! » s'est-il exclamé. Tandis que nous volions, j'observais à la dérobée l'élégant visage du consul se décomposer. Une demi-heure plus tard, après l'atterrissage sur la piste de l'aérodrome de Taez, j'ai cru qu'il allait se liquéfier dans mes bras :

— Vous avez vu ça, Miriam ? Nous étions en l'air, tout à coup, le pilote a repéré la piste, il a plongé en coupant le moteur ! C'est incroyable ! jamais plus je ne remonterai dans ce cercueil volant !

Un bâtiment en verre et en béton, protégé par quelques gardes armés, formait l'essentiel de l'aéroport de Taez. Il a fallu une heure pour convaincre les soldats que nous étions en règle. Une heure encore pour atteindre, dressé au sommet d'une colline, un autre bloc de béton, nommé hôtel Mareb, où d'autres militaires nous attendaient.

Le colonel Abdul Walli avait tout juste trente ans. Petit et gros, cheveux frisés et moustaches noires, il portait une djellaba blanche et un poignard incurvé de trente centimètres de long fixé à la ceinture. Sa présence semblait figer dans le respect le personnel de l'hôtel. « Le colonel Abdul Walli est un homme très riche et très attentif aux problèmes des autres », m'avait expliqué Jim dans l'avion. L'officier m'a saluée avec politesse, et m'a demandé de bien vouloir le suivre et de prendre place à bord de sa Land Rover. Jim n'a pas bougé. Je passais de la protection du consul à celle d'Abdul Walli.

Le colonel a piloté le long d'une route difficile qui serpentait sur les versants abrupts de la montagne Mogilia. Pendant le trajet, dans un anglais élémentaire, il m'a raconté qu'il croyait en l'islam, qu'il pratiquait ses enseignements et qu'il se soumettait à la volonté d'Allah. J'ai acquiescé. Et j'ai répondu que je connaissais à Birmingham un homme de bien qui était croyant et bon musulman, le mari d'Ann Sufi. Il me respectait, je le respectais. Ma réponse a paru plaire au colonel.

La Jeep s'est arrêtée devant un portail en métal bleuté gardé par des hommes en armes, qui s'est ouvert sur le jardin d'un palace. Je n'avais jamais vu autant de richesses au Yémen ! La villa était digne de celle d'une vedette de cinéma. Le colonel m'a fait entrer dans un hall gigantesque, et s'est effacé après m'avoir désigné une grande porte en bois d'un blanc immaculé.

J'ai pénétré dans une pièce richement meublée de sofas, de commodes, de tables de toute dimension. J'ai tout de suite repéré, installées devant un poste de télévision grand écran, deux petites formes noires repliées sur des fauteuils. Zana et Nadia.

Elles ne se sont pas jetées dans mes bras en poussant des cris de joie ou de douleur. Non, elles m'ont embrassée avec calme. Nadia, plus émue que sa sœur, ne parvenait pas à dissimuler l'émotion qui étouffait sa voix. J'ai compris ce qui provoquait leur retenue, mais j'ai fait semblant de ne pas les voir.

Zana m'a présenté mes petits-enfants agglutinés devant la télé. Noël était encore proche. En parfaite grand-mère, j'ai rassemblé les petits autour de moi et j'ai fait la distribution des jouets que j'avais ramenés d'Angleterre à leur intention. Une poupée pour Tina qu'elle n'a pas osé toucher, et pour cause, elle n'avait jamais eu de jouets. Elle a attendu que Nadia la lui donne pour s'amuser avec. Haney s'est emparé du camion semi-remorque qui lui était réservé, sans faire de façon, on se connaissait maintenant, pas de problèmes entre nous ! Et, pour Marcus, j'avais apporté un joli petit manège. Zana lui a montré le fonctionnement. Dès que les petits trains se sont mis à tourner en sifflant, il a couru se cacher derrière une chaise. Zana est allée le ramener. Une minute après, Marcus disparaissait dans un coin de la pièce pour étudier à son aise les étranges phénomènes que produisait cet extraordinaire objet.

Le colonel Abdul Walli ne perdait pas une miette de notre rencontre. Je me suis tournée vers lui, et je l'ai fixé comme lui nous fixait. Il a tressailli, ses yeux se sont mouillés, il a murmuré de vagues excuses, et s'en est allé pour nous laisser tranquilles. Que Dieu bénisse cet homme pour ce simple geste de respect ! Mais nous n'étions toujours pas en famille.

À la seconde où j'ai pénétré dans le salon, leur présence ne m'avait pas échappé. Parce qu'ils étaient incapables de trouver des femmes par leur propre volonté, il avait fallu que leurs pères achètent mes filles à cet ivrogne de Muthana ! Il avait fallu que leurs pères frappent et attachent mes filles sur le lit pour que ces « maris » puissent accomplir le « devoir conjugal ». Honte sur eux ! Ils avaient battu mes filles, ils les avaient obligées à vivre dans la crasse et l'isolement, ils leur avaient fait des enfants dans le viol, et ils affirmaient qu'ils avaient des « droits » dans cette union forcée ! Que Dieu les maudisse !

Le gros Samir, avachi sur un divan, regardait ailleurs. Le maigre et gris Abdullah fixait ses sandalettes. Ils ont reçu mon mépris en pleine face. Je les aurais tués de mes mains.

Mais le bon sens m'a retenue. Ils étaient aussi victimes que mes filles. Muthana, Abdul Khada, Gowad étaient les seuls coupables.

Devant mon hostilité, les « maris » ont quitté la pièce, le visage renfrogné.

— Où vont-ils ? ai-je demandé à Zana. Se plaindre à leurs pères ?

— Ils les appellent tous les jours ! Ils sont terrifiés.

J'étais épuisée. Mais la haine contre ces fantoches m'avait stimulée.

— Parlons de choses importantes. Qu'avez-vous signé ?

— Une déclaration où nous reconnaissons ces deux garçons comme étant bien nos maris. Abdul Walli a reçu l'ordre de rédiger cette déclaration. Des soldats sont venus au village nous chercher. Le gouverneur voulait nous voir, nous devions partir immédiatement sans les enfants. Les soldats nous ont conduites à Taez chez le colonel Abdul Walli. Le colonel nous a dit que nos « maris » avaient reçu l'ordre du colonel Al-Usifi de rentrer immédiatement d'Arabie Saoudite. Abdul Walli nous a dit que si nous signions le document, il pourrait s'arranger pour que les enfants viennent nous rejoindre à Taez. Il a d'abord écrit la déclaration en arabe, puis nous l'avons traduite et recopiée en anglais. Il nous a affirmé qu'ensuite on pourrait rentrer à la maison. J'ai pu récupérer la première version qu'il a jetée dans la poubelle. J'ai écrit en bas du papier que je devais faire cette déclaration « parce que, sinon, ils ne nous auraient pas rendu les enfants ». Mais le colonel m'a surprise en train d'écrire et m'a empêchée de terminer la phrase. Comme je refusais d'écrire quoi que ce soit d'autre, il a finalement accepté celle-ci.

Zana m'a tendu un morceau de papier froissé :

23/12/1987

À QUI DE DROIT

Je suis Zana Muhsen, et voici ce qui m'est arrivé. J'écris cette lettre en pleine possession de mes moyens. Tous les problèmes dont je me plaignais étaient dus essentiellement au fait que j'habitais dans le village. Je vis actuellement en ville avec mon mari. Suivant les règles du mariage.

Le nom de mon mari est Abdullah Abdul Khada. Je suis heureuse depuis que j'ai quitté le village pour la ville. Et je n'ai à me plaindre de rien aujourd'hui.

Cordialement, Zana Muhsen.

P. S : J'ai écrit ça parce que si je

Cette déclaration traduite de l'arabe, écrite sur un papier ordinaire, avait-elle de la valeur ? La confiance que je voulais porter au colonel Abdul Walli s'est brouillée considérablement. Ce papier prouvait que mes filles acceptaient un mariage dont nous dénoncions l'illégalité depuis des années. J'étais consternée. Une telle déclaration d'aspect spontané dans un pays comme le Yémen, où le seul fait qu'une fille accepte d'être présentée à un homme signifiait qu'elle consentait à l'épouser, pouvait parfaitement avoir une valeur légale. Mais pourquoi Abdul Walli avait-il déchiré le document écrit en arabe ? Pourquoi cette déclaration était-elle datée du 23 décembre 1987, le lendemain du jour où j'avais obtenu mon visa à l'ambassade du Yémen à Londres ?

— Ils ont aussi un acte de mariage, a dit Nadia. Abdul Walli en a fait une photocopie !

Nous nous sommes tues. Une jeune femme de seize ans, petite, timide venait d'entrer.

— Hello !

Elle nous apportait du thé et des sucreries. Elle était très jolie et répétait « hello ! », le seul mot d'anglais qu'elle connaissait. Cette poupée animée était la deuxième épouse du colonel Abdul Walli. En bon musulman, le colonel laissait sa première femme vivre au village pour élever leurs huit enfants, et partageait cette villa de grande luxe avec la plus jeune. Question de culture, question de coutume, dirait-il. Question surtout d'interprétation desdites coutumes ! Les hommes ici abêtissaient les femmes. Pas d'école, pas de responsabilités, mais le ménage, les corvées, les enfants, et l'amour comme un cadeau du ciel !

À la tombée du soir, le colonel s'est proposé de nous conduire en personne dans l'appartement que le gouverneur de Taez avait spécialement réquisitionné pour mes filles. J'étais curieuse de le visiter.

La rue donnait sur une des artères principales de Taez, la rue Jamal. L'appartement devait passer pour luxueux aux yeux d'un villageois d'Ashube, mais pour moi, c'était une véritable pouillerie ! Trois pièces minuscules, une cuisine réduite à un réchaud à gaz, et pour toilettes : un trou dans le sol. Véritable sanctuaire à bestioles !

— T'inquiète pas, maman, dit Zana, t'as loupé la saison des cafards !

Les cafards peut-être, mais pas les « maris », toujours fourrés dans nos jupes ! Tendus, bientôt scandalisés, ils nous ont regardées traîner deux matelas dans la plus grande chambre. Comprenant enfin que nous avions l'intention de dormir ensemble, Samir a protesté avec véhémence auprès de Nadia.

— Dis-lui d'aller se faire voir ! ai-je lancé à ma fille.

Nadia, inquiète, a répliqué en arabe. Les deux potiches ont quitté l'appartement en me fustigeant du regard.

— Ils vont encore appeler leurs pères au secours ?

Je n'avais pas remarqué l'existence, sur le palier, d'une autre chambre, annexe de l'appartement. Ils sont allés d'eux-mêmes s'engouffrer dans ce débarras. Maris potiches, mais hommes lucides !

J'ai fait des frites pour le dîner, comme à Birmingham. Ensuite, j'ai peigné les cheveux emmêlés de Zana. Puis ceux de Nadia. Ils étaient tellement longs qu'ils lui tombaient presque aux genoux.

J'ai poussé un cri en m'écartant : des poux couraient sur sa tête !

— Je sais maman, dit Nadia. Les enfants en ont aussi. Tous les habitants du village en ont. Nous n'avons rien pour tuer les poux, alors on est bien obligés de les supporter.

Zana n'avait pas de poux, car elle ne laissait personne s'approcher d'elle. Même pas Abdullah, qui devait appeler « papa » à la rescousse au moment d'engrosser ma fille de force.

Les enfants dormaient, serrés contre nous. Zana, Nadia et moi chuchotions dans le noir. Demain, au palais du gouverneur, aurait lieu la rencontre décisive.

Le costume croisé de Jim Halley tranchait avec les uniformes et les djellabas du représentant du ministère des Affaires étrangères et de ses trois secrétaires. Le consul nous attendait dans les locaux du colonel Al-Usifi, gouverneur de Taez, nichés au dernier étage d'un immeuble moderne. J'avais espéré obtenir une rencontre identique à l'occasion de mon premier voyage, mais M. Page en avait décidé autrement, et j'avais dû alerter la presse pour avoir gain de cause. La dernière fois, je ne cessais d'y penser depuis, j'aurais dû emmener Nadia et Zana avec moi, nous aurions tenté d'atteindre Sanaa et nous serions allées nous réfugier à l'ambassade de Grande-Bretagne. Page aurait été obligé de négocier ! Maintenant, les gens de l'ambassade se méfiaient, et ne me quittaient plus. Enfin, c'était du passé, dans quelques minutes j'allais savoir si oui ou non mes filles pouvaient rentrer à la maison.

Un secrétaire nous a demandé de prendre place dans le bureau privé du gouverneur. Jim s'est installé sur un canapé, jambes allongées dans une attitude flegmatique. Mes filles, visages voilés, vêtues de leur robe noire de paysanne, attendaient debout près de la porte, en essayant de calmer les enfants. Tout le matin, j'avais essayé de les convaincre de porter les jeans et les chemisiers que j'avais emportés exprès d'Angleterre. Impossible. Elles préféraient leurs vêtements noirs qui les couvraient des pieds à la tête et leurs voiles qui les protégeaient des regards des hommes. Un secrétaire m'a désigné un fauteuil. Je m'y suis assise. Dans mon dos, j'ai entendu des soupirs. Ils provenaient des poitrines des « maris fantoches » : les pauvres biquets étaient terrifiés.

Tous ces hommes se sont raidis à l'arrivée d'un homme chauve en costume gris. C'était l'instant solennel qu'attendait le petit Haney pour faire découvrir à tous l'étonnante puissance de ses jeunes cordes vocales. Le gamin ne comprenait rien aux singeries des adultes, et il en avait assez. Nadia a dû le faire taire, sèchement.

Le silence revenu, l'homme en gris m'a tendu la main :

— Miriam Ali ? Je suis le colonel Al-Usifi.

J'ai aperçu au même moment le colonel Abdul Walli en grand uniforme et au garde-à-vous. Je lui ai adressé un petit signe amical. Ses yeux fixaient le plafond.

Aimablement, le gouverneur m'a demandé de lui raconter les raisons de ma visite. Après m'avoir écoutée sans m'interrompre et écouté Zana, il nous a donné sa propre interprétation des faits, et les conclusions qu'il en tirait :

— Étant mariées à des Yéménites, vous comprendrez certainement que vos filles ne pourront quitter le Yémen qu'avec la permission de leurs maris ou avec leurs maris.

Des murmures d'approbation ont accueilli les propos du gouverneur.

— Colonel, ai-je répondu, vous savez très bien que mes filles ont été mariées illégalement. Par contre, vous ignorez que, moi, je ne suis pas mariée, je n'ai jamais été mariée à Muthana Muhsen. C'est moi qui ai la garde de mes filles. Enfin, je suis citoyenne britannique et mes filles le sont aussi !

Le silence est revenu au fur et à mesure que l'interprète traduisait mes paroles. Pour un musulman, c'est *Haram* (contre la loi de Dieu) d'avoir des enfants hors mariage, ou de vivre comme un couple marié sans l'être réellement. J'ai ajouté, pour marquer mon avantage :

— Si vous ne me croyez pas, demandez à Muthana Muhsen de vous fournir un acte de mariage. Il ne pourra pas, ou s'il en produit un, il sera tout aussi faux que ceux de mes filles. Je n'ai jamais été mariée, colonel, jamais, et à aucun homme !

En réponse, le gouverneur a aboyé sur Zana en arabe. Les enfants faisaient trop de bruit. Puis il m'a fait savoir que mes filles pourraient partir si leurs « maris » les accompagnaient en Angleterre. À M. James Halley de bien vouloir intervenir auprès de l'ambassade britannique pour que les « maris » obtiennent rapidement des visas.

Et le colonel Al-Usifi a levé la séance. Quoi ? C'était tout ?

J'étais scandalisée. La triste farce ne s'arrêterait donc jamais ! Dans un petit bureau avoisinant, nous avons pressé Jim de questions.

— Qu'en pensez-vous ?

— Le gouverneur a renvoyé la balle dans le camp du British Home Office ! Il accorde ou pas les visas aux garçons.

— Mais nous ne voulons pas de ces fantoches !

— Personne ne l'ignore, Miriam.

Nous nous sommes concertées, les filles et moi pendant que Jim aidait les « maris » à remplir les formulaires de demandes de visas. Ils devaient apporter la preuve qu'ils pouvaient subvenir à leurs besoins en Angleterre. Nadia a sursauté en entendant Samir se vanter d'avoir économisé douze mille livres pendant les sept années qu'il avait passées à travailler comme serveur en Arabie Saoudite. Le pauvre visage de Nadia s'est assombri. Depuis sept ans, il l'obligeait à vivre dans la crasse et la misère !

Jim Halley m'a prise à part. Il avait de mauvaises nouvelles. Avant de venir à la réunion, il avait découvert à l'ambassade deux demandes de visas faites par Gowad et Abdul Khada pour leurs fils, Abdullah et Samir. Les pères avaient affirmé qu'Abdullah et Samir étaient mariés avec Zana et Nadia Muhsen, citoyennes britanniques. Cette demande était datée de 1980 ! Les filles venaient d'arriver au Yémen à peine trois mois avant ! L'ambassade avait alors demandé que les épouses viennent en personne pour appuyer leur démarche. Évidemment, Gowad et Abdul Khada ne les avaient pas présentées, puisqu'elles étaient mariées illégalement.

J'ai dû m'asseoir car je venais de toucher la vérité de toute cette histoire. Muthana avait vendu ses filles à Gowad et à Abdul Khada pour faire obtenir des visas à leurs fils. Ils les avaient forcés à engrosser Nadia et Zana pour qu'au titre de pères d'enfants de femmes britanniques, ils aient le droit de vivre et travailler en Angleterre. C'était un trafic, une magouille à la carte de séjour. Muthana avait vendu la nationalité de ses filles. Les événements ne s'étaient pas déroulés comme prévu. Possible même que Muthana n'ait pas touché de Gowad tout l'argent escompté. De toute façon, par cupidité, ressentiment contre moi, haine de lui-même, Muthana Muhsen avait précipité ses filles dans un malheur irréversible.

— Maintenant, il va falloir attendre six mois avant d'obtenir une réponse du British Home Office, a conclu Jim.

Devant mon air désespéré, il a promis de tout faire pour accélérer les choses. Mais il avait encore de mauvaises nouvelles à me transmettre. Le député travailliste de Sparkbrook, Roy Hattersley, avait fait en janvier 1988, à propos de notre histoire, la déclaration suivante :

« La campagne qui a été lancée, il y a déjà plusieurs semaines, était basée sur une déclaration suivant laquelle les deux filles avaient été mariées contre leur volonté. Je crois à l'authenticité de cette déclaration.

« Par conséquent, ces mariages ne sont pas légaux, que ce soit du point de vue de la loi britannique ou de la religion musulmane. M'étant personnellement battu pour l'admission en ce pays de beaucoup de vrais maris, je ne suis pas prêt à accepter un arrangement qui apparaît clairement comme un stratagème mis au point conjointement par le Foreign Office et le gouvernement yéménite pour tirer le rideau sur cette affaire. »

Hattersley avait déclaré à Geoffrey Howe, ministre des Affaires étrangères du gouvernement de Mme Thatcher, que le Foreign Office devrait cesser de conclure de tels arrangements et se contenter de ramener les filles en Angleterre.

Je n'ai pas bien saisi pourquoi Jim craignait que le gouvernement yéménite prenne connaissance de cette déclaration. Il savait bien que ces mariages étaient illégaux, sinon pourquoi obliger Zana et Nadia à signer une déclaration reconnaissant la validité de leur mariage ? Jim m'a souri gentiment, il n'allait pas entreprendre de m'expliquer les arcanes de la diplomatie, il risquait de s'y perdre lui-même ! Il est allé rejoindre les fantoches.

Profitant de ce que j'étais sans surveillance, je me suis faufilée dans le bureau d'Abdul Walli. La photocopie du soi-disant acte de mariage, dont m'avait parlé Zana, se trouvait encore sur la photocopieuse, et la déclaration déchirée qu'Abdul Walli avait demandé aux filles de recopier, toujours dans la poubelle. Je m'en suis emparée. Je ne sais pas pourquoi, mais jouer les espionnes m'a fait du bien. C'était comme un petit acte de vengeance.

Après la réunion, nous avons regagné l'appartement de la rue Jamal. Puisque j'étais au Yémen pour un bon moment, autant commencer tout de suite la reprise en main de mes filles et de leurs enfants. Armée de peignes et de six bouteilles de lotion, j'ai entraîné Nadia, Haney, Tina, Marcus sur les toits de l'immeuble et j'ai aspergé toutes les têtes avec le produit anti-poux. Après une semaine de traitement, les cheveux de Nadia étaient redevenus épais et brillants, d'un beau noir de jais, teinté de reflets bleus. C'était une petite victoire dans la grande guerre que je menais contre un pays voleur de filles. Deuxième victoire, mes filles ont délaissé les robes noires pour passer jean et chemise. Avec un œillet rouge foncé glissé derrière l'oreille, je retrouvais « ma » Nadia, belle et rayonnante.

Malgré tout, elle avait le teint blafard, les yeux creusés de cernes. Elle était souffrante depuis la naissance de Tina. Les femmes du village lui avaient fait une incision de quinze centimètres de long, profonde et régulière, avec une lame de rasoir sale et rouillée, qui avait déjà servi à circoncire et exciser d'innombrables bébés — garçons et filles — au village, et qui, aujourd'hui, continue certainement à être utilisée. Cette lame n'avait jamais été stérilisée, pas plus que ses victimes n'avaient été désinfectées, que ce soit avant, pendant ou après son utilisation. Les femmes la rangeaient dans un bocal en attendant le prochain usage.

J'ai emmené les filles dans une clinique, conseillée par les Anglais du consulat. Après examen, les médecins ont trouvé Zana trop maigre, mais grosso modo en bonne santé physique. Moralement, c'était une tout autre histoire. Sa figure révélait des changements bien trop profonds chez une femme de vingt-quatre ans. Des éclats de dureté avaient creusé les orbites de ses yeux et marqué les lignes fines qui descendent des narines aux commissures des lèvres. Son doux visage aux traits un peu flous était devenu coupant, aiguisé par des pressions inhabituelles ; il s'était vidé non seulement de l'enfance mais aussi de tous les rêves qui donnent foi en l'avenir et confiance en l'être humain.

Quant à Nadia, la blessure s'était infectée. N'ayant pas été recousue par des points de suture, la plaie s'ouvrait à chaque pas, le mouvement des jambes tirant la peau à chaque fois. Le médecin lui a donné des crèmes, des lotions et des antibiotiques pour combattre l'infection ; mais Nadia ne devait plus avoir d'enfants : il lui a remis un stock de pilules contraceptives.

Un matin, une semaine après mon arrivée, des coups violents ont ébranlé la porte. Des soldats. Convocation immédiate chez le colonel Abdul Walli. J'ai aussitôt regretté de m'être conduite comme une espionne.

Abdul Walli nous a reçues en souriant. Il ne me soupçonnait pas ou bien il n'était pas rancunier. Il nous a précédées jusqu'au bureau du gouverneur. Al-Usifi parlait avec Jim Halley, tendu, préoccupé. Le petit chauve m'a fait signe de m'asseoir. Il était froid et calme.

— J'ai réfléchi à votre affaire. Le problème, c'est

la presse anglaise. Les journalistes surveillent tous vos faits et gestes. J'insiste donc pour que vous quittiez le pays avant vos filles, pour éviter de plonger notre gouvernement dans l'embarras.

Je me suis redressée du fauteuil.

— Comment ?

Pour le colonel je n'existais plus, j'étais déjà partie, il s'adressait à Jim.

— La femme devra partir vingt-quatre heures avant ses filles.

J'ai hurlé :

— Je refuse de partir sans mes filles !

Jim essayait de couvrir mes cris, mais c'était impossible :

— Ces mariages sont illégaux ! Vous devez laisser partir mes filles !

Jim a voulu me tirer par le bras pour me faire sortir du bureau. Je l'ai agressé :

— Vous aussi, vous faites partie du complot ?

Jim a prié le colonel de bien vouloir le laisser me parler quelques minutes en tête à tête. Le gouverneur semblait prendre du plaisir à nous voir nous déchirer. Il nous a accordé la permission, d'un geste négligent.

Jim m'a poussée dans une petite pièce confinée, adjacente au bureau du gouverneur. J'étais hors de moi. Il s'est efforcé d'être flegmatique.

— Miriam, vous ne pouvez pas continuer à contester la légalité de ces mariages. Autant vous cogner la tête contre un mur, surtout après que vos filles ont dit ce qu'on leur ordonnait de déclarer pour pouvoir garder leurs enfants près d'elles.

— Foutaises ! Vous étiez d'accord pour leur ordonner de faire cette déclaration bidon ! Sale hypocrite !

Zana est entrée dans la pièce en me suppliant de recouvrer mon calme :

— Maman, tu ne comprends pas la mentalité yéménite.

— Je comprends très bien ce qu'ils sont en train de faire !

— Ils sont en train de nous libérer, maman ! Ça ne nous dérange pas de voyager séparément !

Jim avait de toute évidence trouvé une alliée en la personne de Zana. La mentalité yéménite ! Qu'est-ce que ça voulait dire ? Que je devais me taire et écouter les mensonges sans réagir ? Très bien. J'ai accepté de retourner dans le bureau du colonel, et de faire comme si je n'existais pas.

Je n'ai plus prononcé un mot de la journée, ni à Jim qui a essayé de nous distraire en nous faisant visiter la région, ni à Zana, contre qui j'étais réellement fâchée.

J'entendais bien leurs arguments, je ne suis pas bornée : tant que nous étions au Yémen, nous devions agir comme les Yéménites, jouer prudemment nos cartes et attendre leur réaction avant de décider de la prochaine manœuvre. Saisir la chance, aussi mince soit-elle et quelles qu'en fussent les conditions. Je comprenais, mais je n'étais pas d'accord : je rejetais tout compromis. J'avais transgressé l'ordre établi, les règles, les coutumes, leur morale en me rendant la première fois au Yémen, jusqu'aux villages de mes filles. J'avais transgressé les consignes en diffusant la cassette de Zana devant les journalistes. Il était évident que seuls la désobéissance, l'obstination, le soutien de l'opinion anglaise et ma présence têtue à Taez forçaient le destin. Se taire, c'était accepter. Et je m'étais tue depuis trop longtemps !

Maintenant, Zana savait peut-être mieux que moi, quand il fallait plier, quand il fallait résister. Elle vivait avec eux. Mais elle pouvait aussi se laisser impressionner par les belles manières d'Abdul Walli, le luxe de sa villa ou par le beau costume croisé de Jim. C'était encore une gosse ! Je ne savais plus. Mon Dieu, qu'on en finisse !

— J'ai une mauvaise nouvelle à vous annoncer, Miriam, m'a dit Jim au téléphone, quelques jours plus tard. La demande de visas des garçons risque d'être rejetée. Abdullah a dépassé de trois mois les six mois de séjour autorisés par son visa, pour raisons médicales en 1983 et a failli être expulsé. Quant à Samir, il a menti sur ses ressources financières. Le Foreign Office n'apprécie pas ce genre de choses. Le Foreign Office a déclaré que, si les mariages étaient illégaux, les garçons ne pourraient pas obtenir de visas. Il a ouvert une enquête. Pouvez-vous venir à Sanaa ? Je n'ai pu faire prolonger votre visa que d'un mois au lieu de deux, mais j'ai de l'argent pour vous. C'est d'ailleurs la seule bonne nouvelle... De toute façon, vous devez venir chercher votre extension de visa !

Nous étions débarrassées des maris ! Mais quel prix allions-nous le payer ? J'ai décidé de prendre l'avion pour Sanaa le lendemain matin. Sur le chemin de l'aéroport, Zana s'est moquée de moi, tristement :

— Tu ne vois pas qu'on perd notre temps, maman ? Ils ne nous laisseront jamais quitter Taez. Tu vas comprendre comment ils fonctionnent !

— Ils ne « fonctionnent » pas ! C'est bien leur drame et le nôtre, ai-je répliqué.

Mais Zana avait raison. Notre arrivée à l'aéroport de Taez a provoqué un esclandre. Nos photographies étaient placardées sur les murs. Nous étions de dangereuses criminelles. Les officiers de l'aéroport nous ont hurlé dessus. Les soldats ont pointé le canon de leurs fusils sur nous. Persuadés que nous cherchions à fuir le pays, ils n'ont pas voulu croire que nous n'avions l'intention d'aller qu'à Sanaa.

De retour à l'appartement, Zana ne disait rien, mais son regard était lourd de signification et de sous-entendus.

Après un bref repas, nous sommes descendues dans la rue à la recherche d'un téléphone pour prévenir Jim.

Nadia a avisé un boutiquier, assis sur le pas de porte, et lui a demandé la permission d'utiliser son téléphone. L'homme lisait le journal. Dès qu'il a levé les yeux sur nous, son expression benoîte a changé instantanément.

— Qu'est-ce que tu as à nous dévisager comme ça ? lui a demandé Nadia, en arabe.

Le boutiquier nous a montré les pages de son journal : nos photos étaient imprimées en page centrale.

Il nous a tout de même laissées téléphoner. On ne refuse rien à des vedettes !

Jim était au courant des incidents à l'aéroport de Taez, mais il y avait pire encore :

— Les gens du ministère des Affaires étrangères m'accusent de vouloir vous faire sortir illégalement du pays avec vos filles. Ils m'ont incendié pendant une demi-heure et m'ont dit qu'ils allaient envoyer à Londres un rapport sur moi.

Il était effondré. Peut-être même vaincu.

10

J'étais à Taez depuis trois semaines. Pour tromper l'attente, et la crainte du pire, je faisais des frites, je jouais avec mes petits-enfants, je parlais avec mes filles. Quelques heures de vie normale, arrachées à la cruauté des autorités britanniques et yéménites. Pour combien de temps encore ? Le gouverneur manœuvrait pour me faire sortir du pays au plus tôt. Il avait peur de moi. Je n'étais pourtant pas bien méchante. Qu'est-ce que j'avais fait de mal ? Pourquoi voulait-on me briser ?

Cette vie cassée, meurtrie, me réservait tout de même des moments très émouvants. Un matin, Zana est entrée dans la cuisine en compagnie d'un jeune homme très timide qu'elle tenait chaleureusement par le bras. Un ami ? Je ne savais pas qu'elle pouvait en avoir dans ce pays ! J'ai regardé distraitement le garçon. Je pensais à Jim et à sa peur bleue d'être rappelé à Londres. Notre affaire était un dossier « sensible », difficile à traiter, explosif même pour la carrière des diplomates. Ce qui expliquait rétrospectivement l'attitude effarouchée d'Andrew Page et sa dureté envers moi. Décidément, je faisais peur à tout le monde. Mais pourquoi ? Tout le monde me répétait qu'il s'agissait d'une simple affaire de famille !

— Maman ? a dit Zana, tout sourire, poussant le garçon timide vers moi, ce qui avait l'air de l'effaroucher encore plus. Maman, tu ne reconnais pas ton fils ?

Je me suis levée lentement. Mon cœur battait la chamade. Non, ce n'était pas vrai. Son visage. J'ai dévoré son beau visage doux. Sa peau. J'ai caressé ses joues au teint très mat. Ses traits. Mes doigts ont suivi le dessin de ses sourcils. Ses yeux. J'ai plongé dans ses surprenants yeux verts. Il avait le même sourire un peu triste que Nadia.

— Ahmed ? C'est vraiment toi ?

Il n'y avait plus à hésiter. C'était Ahmed. C'était bien mon fils ! Je lui ai ouvert mes bras pour le serrer contre ma poitrine. Vingt-deux ans plus tôt, son père me l'avait enlevé ! J'avais perdu un garçonnet, je retrouvais un homme. J'ai dit la chose la plus idiote de ma vie :

— Mon Dieu, comme tu as grandi !

Ahmed a repoussé mon étreinte pour mieux me contempler. Ses yeux clairs exploraient mon visage à la recherche d'un signe mystérieux, d'une reconnaissance secrète. J'avais vingt ans quand je l'avais mis au monde. J'étais vieille maintenant, non ? Trop pleuré ? Trop pris de médicaments ? J'étais une étrangère. Comment aurait-il pu reconnaître sa mère ? Il n'avait que trois ans quand je l'avais perdu ! Ahmed m'a examinée encore avec une extrême douceur. La situation me semblait étrange et merveilleuse. J'ai senti mes pieds quitter le sol : il me soulevait de terre et me faisait tourner dans la pièce. Emportée dans sa danse, je ne pleurais plus : je riais.

Ahmed, parmi nous, dans cet appartement minable ! Je ne tenais pas en place. Il fallait que je bouge, le regarde, le contemple de face, de profil, de loin, de près, de haut, de bas, je tournais autour de lui pour l'admirer sous tous les angles. Sa présence était un tel choc pour moi ! Je ne savais comment lui exprimer ma joie. J'avais le tournis. Les filles se moquaient de moi.

— Assieds-toi, maman. Tu nous donnes le vertige !

Ahmed m'expliquait que Muthana avait manipulé son propre père, et l'avait mis devant le fait accompli exactement comme moi : quand il était reparti pour l'Angleterre, il lui avait promis de lui envoyer de l'argent afin de pourvoir à leur éducation. Il ne lui avait jamais envoyé le moindre penny ! Et moi pendant des années, à Birmingham, bercée par les paroles sucrées de Gowad, d'Abdul Khada et les autres, j'avais accepté de croire que Leilah et Ahmed étaient mieux chez leurs grands-parents qu'avec moi, pauvre Anglaise démunie incapable de les élever dignement. Pendant ce temps, au Yémen, le père de Muthana, furieux, avait coupé toute relation avec lui. En effet, il avait cessé de nous écrire ; pis encore, il avait vendu les terres et la propriété qu'il devait lui céder. Il l'avait déshérité. Ce qui m'expliquait pourquoi Muthana s'était mis à boire, à jouer aux cartes. Son père le haïssait au point, racontait Ahmed, qu'il gardait un fusil à portée de main pour lui tirer dessus s'il osait revenir le voir. De 1966 à 1977, Leilah et Ahmed avaient été élevés par une belle-mère, qui les considérait comme des « pièces rapportées », des « bouches en trop ». En 1978, le grand-père s'était débarrassé d'Ahmed en lui faisant incorporer de force l'armée ; mon fils avait vécu une jeunesse d'enfant de troupe faite de corvées, de brimades, de sévices corporels comme tous les jeunes soldats. L'année précédente, en 1977, il avait marié Leilah avec un cousin paysan du Marais. Elle avait quatorze ans. Son mari ayant perdu la vie au cours d'une fusillade entre gens du Sud et du Nord, Leilah avait été obligée de se remarier avec un autre cousin habitant plus au sud.

Zana, près de moi, me parlait, mais je ne l'entendais pas, j'étais plongée dans mon passé fait de mirages, de chimères, de fantasmes, d'utopies, de duperies. J'avais été une femme trompée, abusée, roulée, manipulée. J'avais vécu et souffert pour du vent.

— Maman, maman ! On est là ! disait Zana.

Elle était en train de m'expliquer qu'Ahmed insistait pour me faire connaître les membres de la famille qui vivaient à Taez. Comment ? Connaître ces gougnafiers ? Je ne voulais pas ! Jamais de la vie ! Je n'avais rien à voir avec ces gens-là ! Un océan, un monde, un univers, des années-lumière nous séparaient !

Ahmed et Zana m'ont tellement soûlée de reproches qu'ils ont réussi à me traîner chez la cousine Hagira qui tenait un petit commerce dans le souk. Elle allait m'entendre, la cousine Hagira ! Elle allait payer pour les autres ! Dans son échoppe, elle vendait des bijoux, de la bimbeloterie, un peu de tout, confondant boutique avec caverne d'Ali Baba. Je me suis retrouvée face à une créature parée d'étoffes multicolores avec une énorme boule de tissus entremêlés sur sa tête, une beauté de cinéma ! J'ai été tellement subjuguée par cette grande femme à la peau d'ébène, avec son port de tête princier, son regard de lumière, son sourire chaleureux, que je me suis retrouvée assise dans son arrière-boutique, le cœur dompté, à discuter avec elle en buvant du thé parfumé. Née au Yémen, mais originaire du Kenya, cousine Hagira avait une cinquantaine d'années, et le Kenya lui manquait comme à moi l'Angleterre. Je n'avais plus envie de me fâcher. Hagira ne trouvait pas assez de mots pour me plaindre. Quel grand malheur que le destin ait voulu que je croise Muthana sur ma route ! J'étais tombée amoureuse d'un mauvais fils, doublé d'un mauvais père et d'un ivrogne, mais j'ignorais qu'il était aussi voleur et fugitif. Hagira m'a raconté qu'en 1956, voulant échapper à un mariage arrangé, Muthana avait volé l'or de sa belle-mère, et s'était enfui à Aden, territoire administré par les Anglais. En possession d'un passeport du protectorat anglais, il avait pu débarquer en Angleterre et s'y installer. Cinq ans plus tard, il me rencontrait à la pension de la rue Anderton, il m'emmenait au cinéma voir *Les Dix Commandements*, et moi, vraie petite dinde, je le suivais, énamourée ! Ce jour-là, le Moïse de Cecil B. De Mille m'avait mal inspirée ! J'ai serré Hagira dans mes bras : les ennemies de Muthana étaient mes meilleures amies.

Zana m'a fait signe qu'Ahmed voulait me confier quelque chose d'important. Récemment, Muthana l'avait appelé au téléphone pour lui donner l'ordre de m'assommer à coups de gourdin et d'empêcher Zana et Nadia de retourner en Angleterre. À cette injonction paternelle, Ahmed devait obéir comme un homme. Mais au lieu de le soumettre, cet appel avait poussé Ahmed à vouloir me rencontrer.

— Maman, m'a dit Zana, Ahmed vient de quitter l'armée. Est-ce que tu peux l'aider à rejoindre l'Angleterre par le biais de l'ambassade ?

Je voulais bien essayer. Un peu plus tard, j'ai appelé Jim Halley. Ce dernier m'a répondu qu'étant sujet britannique par sa mère, Ahmed ne devrait pas avoir trop de mal à obtenir un visa. Il n'était pas marié, ni à charge de famille. Surtout, ce n'était pas une fille ! J'étais heureuse de pouvoir sortir mon fils de l'enfer du « paradis de son père ».

Coup de théâtre, le lendemain, Ahmed était arrêté et jeté en prison ! Nous nous sommes aussitôt précipitées dans le bureau du colonel Abdul Walli, qui nous a confirmé que mon fils avait été convoqué chez le gouverneur et placé au dépôt. Pourquoi ? Qu'avait-il fait ? Le colonel est parti se renseigner auprès des services administratifs. Une demi-heure plus tard, il était de retour. Selon le chef de la police, Ahmed était accusé d'avoir tenté de nous enlever !

— Mais il n'a rien fait ! C'est un coup monté !

Le colonel a souri :

— Je m'en occupe. Si Ahmed n'a rien fait, il sortira. Vous savez, je reçois beaucoup d'appels d'Angleterre à votre sujet.

Devant mon allure décontenancée, le colonel n'a pas résisté au plaisir machiste de me révéler que Gowad, depuis Birmingham, téléguidait le comportement de son fils, Samir : en aucun cas, Samir ne devait autoriser Nadia à quitter le Yémen avec ses enfants. Ce n'était pas tout, il pensait à moi et suggérait au colonel de me conduire hors de la ville, de me lâcher dans la nature où un certain D... m'attendait pour m'abattre d'un coup de fusil.

Pour Gowad, Abdul Khada, Muthana, il fallait m'éliminer avant qu'il ne soit trop tard.

À notre retour à l'appartement, nous avons fait une fouille en règle des affaires des « maris ». Zana a trouvé dans les poches d'Abdullah une lettre envoyée par son père, Abdul Khada, bourrée d'instructions pour convaincre le gouverneur de Taez de ne pas laisser partir mes filles. En voici un extrait :

« La mère vient au Yémen pour ramener ses filles en Angleterre, avec l'aide de l'ambassade britannique. On sait que c'est déjà arrivé avec d'autres jeunes filles. Le père a dit que ses filles devaient rester au Yémen avec leurs maris. Elles n'ont pas le droit de revenir en Angleterre. La mère essaie de faire rentrer les filles sans l'autorisation du père. Tu dois empêcher l'ambassade britannique de les faire sortir. Elles sont yéménites, elles ont quitté l'Angleterre, elles sont mariées de leur propre gré selon la loi. La loi de Dieu... »

La lettre était datée du 15 janvier 1988. Le gouverneur avait clairement tenu compte de ces recommandations.

Abdul Walli a tenu parole. Ahmed a été relâché, mais avec l'interdiction absolue de chercher à reprendre contact avec nous. Que Dieu maudisse les hommes de ce pays qui prétendent tenir les femmes à leur merci, et priver les mères de leurs enfants !

Le lendemain, la pire des nouvelles nous tombait dessus : le British Home Office refusait d'accorder les visas des « maris » !

En conséquence, Abdullah acceptait de divorcer d'avec Zana, sous réserve de garder l'enfant, et Samir, le mari de Nadia, exigeait un authentique *nekhar* (divorce musulman) et la garde des enfants.

Autrement dit, pour le gouverneur de Taez, Zana et Nadia pouvaient rentrer en Angleterre, mais seules.

Que Dieu maudisse les responsables britanniques ! Pourquoi n'avaient-ils voulu donner leurs visas à ces deux imbéciles ? Après m'avoir écrit, réécrit, dit et redit que mes filles étaient yéménites puisque mariées à des Yéménites, ils déclaraient maintenant que leur mariage n'avait aucune légalité et refusaient les « maris ». S'ils avaient dit cela six ans plus tôt, tout aurait été différent ! Zana et Nadia auraient été des otages, qu'il fallait délivrer de leurs geôliers !

Oui, le pire nous tombait dessus. Mes filles se voyaient obligées de choisir entre la liberté et l'abandon de leurs enfants.

Les ombres du crépuscule envahissaient la petite chambre. Ni moi ni les filles ne voulions allumer la lampe au kérosène. L'obscurité nous consolait et nous aidait à affronter ce dilemme cruel, digne d'une tragédie. Je ne pouvais choisir à la place de Zana et de Nadia, mais je pouvais peut-être les aider à prendre la meilleure décision.

Zana parlait, parlait, parlait, et toutes ses phrases avaient un poids terrible :

— Nous avons été prisonnières si longtemps et maintenant le gouverneur nous dit que nous sommes libres. Déjà, j'étais contente de quitter le village pour me retrouver dans une vraie ville avec de vrais gens. Je ne peux pas retourner au village. Je ne peux pas.

Maintenant que tu es là, maman, je veux rentrer chez nous. Quand je ferme les yeux, je vois Birmingham. Il faut que je laisse Marcus ? Il faut que je laisse mon fils ? Dieu merci, c'est un garçon, il s'en sortira, mais je ne peux pas laisser Nadia. Elle a besoin de moi. Gowad et Samir font tellement pression sur elle qu'elle va craquer, j'en suis sûre. Je lui ai promis de ne jamais la quitter. Si elle reste ici toute seule, j'en mourrai car je ne crois pas qu'elle pourra se battre très longtemps.

Nadia gardait le silence. Se révolter comme Zana ? Elle ne pouvait pas. Mais si se battre signifiait aussi survivre, elle s'en sentait capable. Sa petite voix a retenti dans la pièce :

— Après toutes ces années de souffrance dans le village, j'ai enfin une occasion de rentrer à la maison. J'ai la chance d'être libre, avec ma famille. J'avais dit que je pourrais laisser mes enfants, maintenant je ne crois pas que je le pourrai. Je nourris encore Tina au sein. Quand je pense à eux... Mon Dieu, pourquoi ça me fait si mal ?

— Tu peux vivre avec Samir tout en sachant que tu dois en plus t'occuper des enfants de Gowad ?

— Je hais Samir, et il le sait, a répondu Nadia à sa sœur. Quand je pense à mes huit années d'esclavage au village, quand je pense que Samir ne peut ni ne veut s'occuper de nos enfants, j'éprouve un immense chagrin. Une autre femme pourra les nourrir, comme je l'ai fait avec les enfants de Gowad, mais elle ne pourra jamais leur donner ni amour ni tendresse. Chaque jour qui passe, j'ai l'impression de trahir mes enfants. Quand Tina boit mon lait et que je pense qu'on va me la prendre, que je vais partir, je sens que mon cœur se brise. C'est un cauchemar. Je voudrais rentrer à la maison, mais Gowad dit sans arrêt à Samir que je ne dois rentrer chez nous sous aucun prétexte, qu'il n'a pas le droit de me laisser partir. Gowad m'a même suppliée au téléphone de rester au Yémen. Il dit que papa lui a téléphoné. Ils ont peur d'avoir des tas d'ennuis si nous rentrons. Ils jurent qu'ils feront le maximum pour nous empêcher de partir.

J'étais déchirée d'entendre Nadia parler ainsi. Je pensais, comme elle, que le retour de mes filles en Angleterre risquait de mettre en lumière le commerce des fiancées que ces bandits avaient mis en place pour obtenir des visas. Voilà pourquoi on voulait m'assassiner. Tout cela était une affaire d'argent. Ces salauds avaient réinventé le trafic d'esclaves. Du moins était-ce ma théorie.

J'ai pris la parole :

— Nous devons révéler ce que ces hommes vous ont fait. C'est l'affaire des gouvernements, vous savez. Le Yéménite de la rue éprouve de la pitié pour vous, il a honte des agissements de Gowad, d'Abdul Khada et des autres. Les Yéménites doivent vivre avec cette honte, surtout ceux qui vivent en Angleterre, et ça ne leur plaît pas du tout. Je veux que vous reveniez toutes les deux. Je ne souhaite pas qu'une de vous reste au Yémen à cause des enfants, bien que je comprenne profondément pourquoi elle le ferait. Dites-vous qu'une fois en Angleterre l'histoire éclatera au grand jour, et que vous pourrez faire sortir vos enfants. Je veux ajouter autre chose : je me suis battue pour vous pendant des années, et il est normal que vous vous battiez pour vos enfants. Mais je ne désire pas que vous soyez confrontées aux problèmes qui ont été les miens pendant si longtemps. C'est trop dur. Regardez-moi, voyez dans quel état je suis à quarante ans. J'éprouve le besoin de vous protéger comme vous avez besoin de protéger vos enfants. Alors je vous dis : partez, quittez le Yémen, choisissez la liberté.

Le sang a jailli de mes mains tellement je les serrais fort. En le voyant couler, j'ai prié Dieu qu'Il éclaire mes filles.

Après m'avoir écoutée, Zana a brisé l'indécision,

ce tabou qui comme la nuit nous dissimulait tout en nous rapprochant :

— Je vais laisser Marcus au Yémen. Ça me rend malade ! Je ne sens plus rien quand je dis ça ! C'est une torture ! Personne ne peut savoir le mal que j'ai ! Je vais partir, mais, maman, jamais je ne serai libre. Si Nadia reste, je l'attendrai toute ma vie. Je ne pourrai jamais admettre de l'avoir laissée seule ici, et ces salauds le savent très bien !

Le sacrifice que l'on exigeait de mes filles était si violent que la perspective de cette souffrance inouïe pouvait les faire renoncer à la liberté. Je ressentais leur douleur et leur angoisse dans ma chair.

— Dans ce cas, j'attendrai avec vous, et nous repartirons tous ensemble !

Je voulais à tout prix obtenir une extension de mon visa, je ne voulais pas laisser mes filles face à ce choix terrible. À plusieurs reprises, dans le passé, je m'étais retrouvée seule, dans l'épreuve, avec Zana et Nadia. Mais jamais je ne m'étais sentie aussi isolée, aussi désemparée, et perdue que ce soir-là. Jamais, de toute ma vie, je n'avais eu aussi peur de l'avenir.

Au fur et à mesure que l'heure de mon départ approchait, Zana et Nadia devenaient irritables et émotives. Zana passait de l'abattement au courage. Son fils Marcus pleurait dès qu'elle quittait la pièce, devinant peut-être dans son cerveau d'enfant qu'il était un enjeu. Nadia répétait qu'elle ne pourrait jamais abandonner les siens, elle en était certaine. Zana lui proposait de rester à sa place : elle s'occuperait d'eux et, le moment venu, les ramènerait tous en Angleterre.

Nadia refusait :

— J'ai deux fois plus d'enfants que toi et j'ai ceux de Gowad. Au village, je suis plus aimée que toi, Zana. Je m'occuperai d'eux bien mieux que tu ne pourrais le faire. Si une de nous doit rentrer, il est préférable que ce soit toi.

Je les écoutais, le cœur gonflé d'amour. J'admirais la combativité de Zana. J'admirais le courage de Nadia.

L'heure du départ arrivait. Impossible de faire prolonger mon visa. Et Zana voulait que je retourne en Angleterre pour mener le combat et faire éclater le scandale. En restant à Taez, je ne pouvais plus rien, je devenais otage à mon tour.

À l'heure dite, Zana et Nadia m'ont accompagnée au petit aéroport de Taez, sous la surveillance des hommes armés du colonel Abdul Walli. Nadia tremblait de la tête aux pieds, comme secouée par la fièvre, serrant Haney dans ses bras. Le regard de feu de Zana m'insufflait tout le courage et la volonté nécessaires.

Avant de monter sur la passerelle de l'avion, je me suis retournée une dernière fois vers mes filles. J'ai vu Abdullah et Samir, les « maris », hilares, invitant les petits à me faire des signes de la main... Adieu, mamy, et bon voyage ! Ces hypocrites triomphaient, persuadés qu'ils avaient récupéré leurs esclaves, pardon, je voulais dire leurs épouses, selon « la loi de Dieu ».

À Birmingham, j'ai payé les efforts accomplis durant le séjour. J'étais épuisée, comme rongée par la fatigue. J'ai retrouvé sans plaisir ma maison. J'ai ouvert en grand les fenêtres, il fallait que j'entende le bruit de la rue, les klaxons, les cris, les interjections comme au Yémen. Le calme relatif du quartier m'angoissait.

Le lendemain, je me suis réveillée l'esprit lucide. Nous étions en mars 1988. Pour la deuxième fois, j'étais rentrée seule. Selon Abdul Walli, elles devaient me rejoindre vingt-quatre heures plus tard, toutes les deux sans leurs enfants, ou l'une des deux seulement, l'autre restant pour les petits. En interceptant les regards malicieux des « maris » venus me dire adieu à l'aéroport, j'avais compris que tout était mensonge — jusqu'aux discours sur la religion musulmane, les mœurs, les coutumes tenus par le colonel Abdul Walli. Il me disait que les paysans des montagnes voulaient garder leurs traditions, leurs identités, leurs caractères. En kidnappant les enfants ? Dans notre drame, les différences culturelles servaient à masquer une tout autre vérité. L'homme-orchestre était Abdul Khada. Il était à la tête d'une sorte de mafia anglo-yéménite, à laquelle appartenait Muthana. Cette mafia faisait ce qu'elle voulait au Yémen. Je voulais chasser cette vérité de mon esprit comme on se débarrasse d'un moustique. Et croire à la loi et au droit. Avais-je raison ?

Deux jours ont passé depuis mon arrivée. Aucune nouvelle. Le troisième jour, j'ai réussi à joindre Jim à l'ambassade de Sanaa.

— Quelque chose se prépare, Miriam. Abdullah, le mari de Zana, a été arrêté. Ça peut être intéressant.

Sa voix était maintenant surexcitée comme celle d'un journaliste avide de sensationnel. Mais, en profondeur, les événements tournaient mal. Les autorités yéménites, débarrassées de moi, tiraient les ficelles à l'ambassade britannique. Jim me recommandait de garder le silence devant les journalistes pour ne pas perturber les deux gouvernements.

Me taire ! La colère me gagnait. Quand j'étais enfant, ma grand-mère me disait de me taire ; les professeurs me demandaient de me taire ; à Coventry, il fallait se taire ; à la maison, mon beau-père me hurlait : « Tais-toi ! » Quand j'étais jeune femme, Muthana me disait encore que je ne comprenais rien à rien et que je devais me taire. Mais qu'avais-je donc de si extraordinaire à dire qu'il fallait que je le taise ? Si je m'étais tue, il ne se serait jamais rien passé !

Peut-être même me serais-je fait tuer d'un coup de fusil par un homme de Gowad. Sans les journalistes, je serais morte de toute façon, que ce soit tuée à coups de gourdin, d'une balle ou par le désespoir.

Tom Quirke, la BBC, ITN me pressaient de questions. J'avais ordre de ne pas leur répondre pour ne pas « perturber ».

Ne pas perturber ? Tout était illégal dans cette affaire : les mariages, l'âge des personnes concernées, l'argent versé ! Je devenais folle de rage, de frustration, de ressentiment. Il fallait se taire ! Pendant ce temps, des hommes comme Gowad pouvaient continuer leur commerce de fiancées, leur trafic d'esclaves, en toute impunité et en arrosant qui il fallait !

Me taire !

Le 19 avril 1988, vers midi, le téléphone a sonné. Heureusement pour moi, Mo, Ashia et Tina étaient revenus à la maison. Pendant mon absence, ils avaient été placés sous la surveillance d'une amie, Muriel. Leur présence, leur voix, leur chaleur, leur affection me protégeaient de la cruauté et de l'absurdité du monde. Ils me sauvaient du vertige. J'ai décroché machinalement. C'était sûrement un journaliste à l'affût d'un scoop, d'une confession arrachée à une femme désespérée qu'il monterait en épingle pour faire un titre accrocheur, du style : « Affaire Ali-Muhsen : les terribles remords de Miriam ! »

— Oui ! Allô ?

La voix était lointaine, mais son fort accent écossais me la faisait reconnaître entre toutes :

— Miriam ? C'est Jim. Jim Halley, de l'ambassade du Yémen. J'ai le plaisir de vous annoncer que Zana est libre !

J'ai respiré un grand coup, avant d'ajouter :

— Et Nadia ?

— Je n'ai pas vu Nadia.

J'ai pensé aussitôt : Zana va revenir, nous allons

nous battre et libérer Nadia. À l'autre bout du fil, Jim me racontait qu'il se trouvait ce matin à l'aéroport, chargé de raccompagner un fonctionnaire en visite, lorsqu'il avait vu Zana, débarquée d'une Jeep pilotée par le colonel Abdul Walli. Il y avait une escorte d'une quinzaine d'hommes en armes. Zana avait le visage défait, les yeux rouges et gonflés. Un officier avait jeté par terre les papiers qu'elle devait signer pour l'obliger à se courber devant eux. Ensuite, ils l'avaient laissée tranquille. Zana était restée assise dans un coin, le regard fixé au sol. Elle tremblait de tous ses membres. Au moment de franchir la porte d'embarquement, des soldats l'avaient insultée, puis retenue. Il y avait eu une altercation violente entre eux et les douaniers. Finalement, Jim avait vu la frêle silhouette de Zana, courbée, pliée, meurtrie, monter dans l'avion.

Merci, mon Dieu !

Quelques heures plus tard, j'étais à l'aéroport de Gatwick. J'avais tenu à ce qu'Eileen Mac Donald et Ben Gibson de l'*Observer* soient autorisés à m'accompagner. Le retentissement de leur article de décembre 1986 auprès des lecteurs avait pour une très grande part contribué à décider les deux gouvernements à intervenir. Je leur devais bien cette exclusivité.

Les policiers de l'aéroport nous ont emmenés en voiture jusqu'en bout de piste. Les autorités voulaient nous tenir à l'écart des autres passagers et surtout des journalistes de la télévision. Mon excitation est tombée. Je n'étais pas responsable de ce mauvais cinéma. La logique, la simple raison aurait voulu que je sois revenue avec mes deux filles à l'occasion de mon premier voyage au Yémen, et dans le plus total anonymat. Le vent qui soufflait sur la piste nous fouettait le visage. Derrière nous, le moteur d'un hélicoptère s'est mis à vrombir. Eileen m'a expliqué que nous allions être héliportés. Évacués comme des chanteurs pop' ! Quelle dérision ! Les pales en tournoyant faisaient gonfler nos vêtements en hurlant dans nos oreilles. Ben Gibson a saisi sa caméra. Dans le lointain, un minibus longeait les pistes et se dirigeait vers nous. L'émotion m'est revenue, avec un immense sursaut de joie. Le véhicule s'est arrêté. Une hôtesse est descendue et a tendu la main pour aider une petite femme recroquevillée dans un imperméable à prendre pied sur le sol.

Zana !

Elle pleurait dans mes bras. Son corps tremblait de soulagement et de fatigue. Ses doigts saignaient tant elle avait rongé ses ongles. Elle venait de vivre les moments les plus éprouvants de son existence. Elle était enfin de retour dans son pays, libre mais déchirée.

Ben mitraillait comme un fou en tournant autour de nous. Mais on s'en fichait. L'hôtesse est venue nous demander de monter dans l'hélicoptère. Zana a refusé. Elle était terrorisée. Surtout à bout de forces, à bout de résistance. Nous avons presque dû la porter dans l'appareil. Heureusement, le voyage dans les airs a été très court. L'hélicoptère s'est posé sur un chemin de campagne où une voiture nous attendait.

Zana voulait rentrer à la maison. C'était impossible. Trop de monde, trop de journalistes. Nous serions harcelés. Eileen avait retenu des chambres dans un grand hôtel à Brighton, une station balnéaire. Zana ne l'admettait pas. Elle voulait rentrer à la maison, ou bien elle retournait au Yémen avec Nadia et son fils. Elle était agitée, l'esprit confus. Je l'ai empoignée par le bras pour la secouer :

— Tu tiens tant que ça à retrouver le colonel Abdul Walli ?

— Tu es méchante, maman !

Elle s'en est prise à Ben Gibson, toujours mitraillant, puis à Eileen et à ses questions incessantes. J'ai tenté de la raisonner.

— Sois un peu reconnaissante, Zana. Ils t'ont aidée !

— Je pense à Marcus ! Tu ne comprends pas ça !

Si je comprenais ! J'ai serré Zana contre mon cœur. J'étais moi-même sous pression. La mise en scène nous dépassait, mais ce n'était pas grave. Ma fille était libre, c'était l'essentiel. Zana souffrait, il fallait qu'elle retourne son agressivité sur quelqu'un, mais je n'oubliais pas que son caractère dur et entier lui avait permis de résister à l'oppression. Je la savais torturée par l'idée de son fils et de Nadia. Marcus avait été gravement malade quelques jours avant son départ. Rester là-bas n'aurait servi à rien. Elle le savait, ça ne l'empêchait pas d'avoir très mal. Elle nous agressait pour calmer sa douleur. Le lendemain soir, elle m'a dit :

— Maman, si tu ne me ramènes pas à la maison, j'y vais toute seule.

Une fille qui a résisté pendant huit ans au clan d'Abdul Khada et aux autorités yéménites n'allait pas se laisser intimider et manipuler par quelques journalistes ou par un quelconque contrat d'exclusivité ! Une fois encore, mais cette fois sans le lui dire, j'admirais Zana.

Et, le lendemain, la voiture roulait vers Birmingham. En jean et en pull, le corps serré dans un imperméable, une écharpe nouée autour du cou, Zana regardait défiler le paysage. Je respectais son silence. Il lui faudrait du temps pour sortir de son monde intérieur. Au fur et à mesure que la voiture se rapprochait de Birmingham, Zana reprenait vie. Elle retrouvait les rues, le quartier, les magasins. C'était d'abord de l'excitation avant d'être de la joie. Les yeux collés à la vitre, elle reconnaissait surtout l'atmosphère de la ville puisque beaucoup de choses avaient changé depuis son départ. À sa demande, nous avons sillonné les rues pour lui montrer les nouveaux immeubles de bureaux et les grands centres commerciaux qui avaient surgi de terre. En passant devant l'immeuble Rotunda, Zana n'a pu retenir ses larmes.

— Tu te souviens de tout ça ? lui ai-je dit.

Son visage reflétait le bonheur, les souvenirs affluaient en cascade, mais elle avait encore du mal à parler. Elle ne s'est totalement détendue que lorsque je lui ai annoncé que nous allions chez Muriel Wellington.

— Nous allons chez Lynnie ?

Lynnie, la fille aînée de Muriel, avait été sa meilleure amie, il y avait si longtemps.

Devant la petite maison de Muriel, le plus joyeux des comités d'accueil l'attendait : Ashia, Tina, Mo, et aussi Gaynor, Tina et Lynnie, les trois filles de Muriel.

Des mots simples ont fusé :

— Comme tu as changé ! Qu'est-ce que tu es bronzée !

Je n'avais jamais vu autant de gens pleurer en même temps. Tous se serraient contre elle. Une boule de pleureurs entremêlés qui roulaient vers la porte d'entrée sans parvenir à la franchir, car personne ne voulait lâcher Zana et elle ne voulait lâcher personne !

Dans le salon, Zana dévorait des yeux chaque membre de sa famille et chacun de ses amis. Devant elle, on plaçait du thé, des gâteaux. Puis quelqu'un a demandé des nouvelles de Nadia. Un poids énorme est tombé dans ma poitrine. Jamais la situation n'avait été aussi dangereuse pour Nadia. Zana le savait. Elle s'est mise à trembler. Sa confusion devenait extrême. Lynnie lui a pris la main pour l'emmener au premier étage, loin des oreilles d'Eileen et de la caméra de Ben.

Je comprenais d'autant plus ce qu'elle éprouvait que je l'éprouvais, moi aussi. Des hommes sans pitié, sans respect pour l'être humain, m'avaient séparée de mes filles, et voulaient maintenant séparer mes filles de leurs enfants, et moi de mes petits-enfants. Et pourquoi ? Par cupidité mafieuse et sordide pour Muthana, Gowad, Abdul Khada. Par orgueil national pour les dirigeants yéménites. Mais la conduite de tous était guidée par le sexisme le plus implacable.

Les jours qui ont suivi, Zana a refusé de sortir. Elle redoutait d'affronter la rue, les gens et les journalistes qui faisaient les cent pas devant la maison. Quand je m'approchais d'elle pour la réconforter, elle détournait la tête. La nuit, elle faisait semblant de dormir. Mais, dès que je m'éloignais, je l'entendais qui recommençait à sangloter. Elle pensait à Marcus. Jusqu'à ce jour, le centre de son petit univers était Zana. Il avait perdu sa maman. Qu'avait-il fait pour mériter ça ? Et elle ? Et moi ? Et nous ?

Au téléphone, Jim nous assurait que Nadia était toujours à Taez chez le colonel Abdul Walli. Le gouverneur Al-Usifi continuait à promettre que Nadia sortirait du Yémen un jour proche avec son « mari » et les enfants. Dans l'hypothèse où il se verrait refuser son visa, Samir avait juré qu'il autoriserait Nadia à rentrer, seule, en Angleterre, mais après le ramadan.

Le lendemain matin, Zana est sortie de sa chambre, habillée en costume yéménite, pantalons, robe longue, foulard sur la tête. Je l'ai regardée, stupéfaite.

— Je vais voir le père, a-t-elle dit, la voix calme.

J'étais choquée, bouleversée. Zana a ajouté :

— Il n'y a que lui qui puisse aider Nadia.

Muthana avait toujours affirmé que, s'il avait la conviction que ses filles étaient malheureuses, il demanderait leur rapatriement. Zana voulait s'appuyer sur cette promesse pour demander la libération de sa sœur.

En larmes, Muthana lui a juré, la main sur le cœur, en gémissant, qu'il avait failli mourir de honte et qu'il donnerait des consignes à Gowad pour Nadia.

De retour chez Muriel, Zana s'est débarrassée de son costume. Elle m'a juste dit, en jetant le voile au placard :

— Il a promis, mais il mentait. N'importe ! Je devais accomplir cette démarche.

Nous avons attendu, rien n'est venu. Zana a perdu définitivement le peu de respect qu'elle pouvait encore garder pour son père. Je faisais tout pour veiller sur elle. Elle voulait évacuer les huit années de terreur passées au Yémen. Elle avait repris la vie là où elle l'avait laissée à Birmingham, renouant même avec son petit ami d'autrefois, Mackie. Mais ses doigts abîmés, les cicatrices qui marquaient son corps lui rappelaient le Yémen, Marcus, Nadia, et d'autres images que j'ignorais et qui s'étaient incrustées dans sa tête. Elle avait pris un travail en usine par nécessité, pour se réintégrer à la vie du quartier, mais aussi pour s'étourdir. Chaque soir, elle rentrait en larmes. Son état déclinait de jour en jour. Elle refusait de consulter un psychologue. Mais pourquoi ne réagissait-elle pas ? J'étais inquiète de son manque de combativité. Très alarmée.

Les dernières nouvelles qui nous sont parvenues du Yémen ont achevé de nous mettre hors de combat. Le colonel Abdul Walli avait été chassé de Taez et Nadia était retournée au village. Elle ne reviendrait pas. Nous ne voulions pas le croire. Zana et moi étions beaucoup trop choquées pour réagir.

L'arrivée inattendue d'Ahmed nous a redonné de la vie. Avant de quitter le Yémen, mon fils avait tout tenté pour secourir Nadia, bravant l'interdiction du gouvernement mais, sans la protection du colonel Abdul Walli, il avait choisi de s'enfuir.

En quelques semaines, Ahmed a trouvé un emploi et un logement. Sous son impulsion, j'ai accompli les démarches pour obtenir un passeport à Leilah, ma fille aînée, si douloureusement lointaine dans mon cœur. Elle était très malade. Il fallait la rapatrier d'urgence. Une dizaine de jours plus tard, Leilah et ses quatre enfants étaient assis devant moi dans le salon de Muriel. J'avais récupéré trois de mes quatre enfants perdus. J'avais au moins réussi cela ! Mais je ne parvenais pas à donner, comme je l'aurais voulu, tout mon amour à Leilah. Nous ne parlions pas la même langue, nous étions totalement différentes. Si j'avais eu tous mes enfants et mes petits-enfants près de moi, j'aurais pu ouvrir mon cœur à tous sans distinction. Mais je n'y parvenais pas. Pas encore. Devant Leilah, l'absence de Nadia m'était encore plus douloureuse.

11

L'émission s'appelait « Sacrée soirée ». Elle était diffusée en direct sur la première chaîne de la télévision française, après le journal de 20 heures. Au centre d'un grand studio, les invités principaux prenaient place à tour de rôle sur un canapé design et répondaient aux questions de l'animateur. Les participants appartenaient au monde du spectacle. Ils étaient rodés au jeu des questions, et leurs réponses déclenchaient les rires ou l'émotion du public. Il y avait aussi des danseurs, des belles filles, et un jeu par téléphone qui maintenait l'écoute des téléspectateurs. L'ambiance était à la fête, la musique éclatait comme au carnaval.

Le moins que l'on puisse dire était que ma fille et moi n'étions pas très à l'aise. Nous n'apportions que du malheur, des larmes, de l'abattement. Et, en plus, nous n'étions même pas françaises !

Depuis quatre ans, à Birmingham, Zana survivait, agressive, anxieuse, tourmentée. « Quatre ans ! Quatre ans déjà ! Et Marcus s'éloigne de plus en plus de moi. J'ai mal, maman ! Je suis malade ! »

L'année précédente, en 1991, Eileen Mac Donald, la journaliste de l'*Observer,* avait publié, sans notre autorisation, un document sur notre histoire. Truffé d'erreurs, ce livre m'avait profondément choquée.

Eileen s'appuyait sur des informations réelles et les observations qu'elle avait pu faire, mais elle nous avait prêté des sentiments, des émotions, des réflexions qui n'étaient pas les nôtres. Comment aurait-elle pu se mettre à la place de Zana et de Nadia ?

Dans les coulisses de « Sacrée soirée », le régisseur donnait l'ordre à une hôtesse d'installer Zana sur le fameux canapé étincelant de lumière. Sur un autre plateau, un artiste interprétait une chanson d'amour au rythme enlevé.

À Birmingham, Zana n'avait cessé de tempêter contre Eileen et son bouquin. Ann Sufi, qui n'avait rien perdu de son punch, lui avait suggéré d'écrire elle-même un livre sur son enlèvement. Elle avait un ami, Andrew Crofts, qui pouvait l'aider.

Zana avait relevé le défi. Mais écrire aggravait sa douleur. Elle ressortait de la chambre les yeux gonflés de larmes. Elle avait encore maigri, ses joues se creusaient de plus en plus. J'avais peur pour sa santé, mais je croyais à ce projet. Il fallait que Zana sorte de sa tête ce qu'elle avait enduré, qu'elle se délivre du sentiment de culpabilité d'avoir laissé son fils et sa sœur au Yémen. Sa sœur qui, selon les rumeurs en vogue dans la communauté anglo-yéménite, aurait eu un autre enfant en 1990. Zana remontait dans sa chambre, bien décidée à faire entendre sa voix. Mais, dès qu'elle se retrouvait devant la feuille blanche, sa main, au lieu d'écrire, dessinait le visage de Marcus.

Elle avait appelé Ann Sufi : l'écrivain Andrew Crofts voulait-il toujours l'aider ?

Dès sa parution en France, le livre de Zana, publié sous le titre *Vendues !*, avait connu un succès énorme. Mais sa rédaction avait été pour Zana une épreuve dure et cruelle, très proche de celle qu'elle avait vécue en quittant Marcus et Nadia.

Le visage livide, le corps rigide, la nuque douloureuse à force de crispation, Zana se tenait recroquevillée à un bout du canapé. Son attitude renfermée n'était pas due au seul trac.

L'animateur présentait le livre au public en expliquant clairement pourquoi Zana était sur ce plateau. Pendant ce temps, l'attaché de presse de l'ambassade du Yémen à Paris, M. Chawki, prenait place sur le divan. Zana tremblait de colère et d'appréhension. Elle savait qu'il allait réitérer l'ensemble des mensonges proférés par le gouvernement yéménite. Sans doute ferait-il tout pour l'intimider, en lui rappelant, à mots couverts, qu'il tenait Marcus et Nadia en otage. Sans compter que nous ne connaissions pas Jean-Pierre Foucault et que nous ignorions ses intentions profondes. L'animateur nous avait demandé de lui faire confiance. Nous étions anglaises. Nous n'avions jamais vu l'émission.

Les présentations achevées, Jean-Pierre Foucault a interrogé le représentant du gouvernement du Yémen :

— Monsieur Chawki Abdul Amin, pouvez-vous répondre à ma question : le retour du fils de Zana, de la sœur de Zana et de ses enfants est-il possible ? Quelles sont votre position à vous et celle de votre pays à ce sujet ?

— Je vais vous répondre. Cette situation est terrible et dramatique, et je compatis à la terrible épreuve que traverse Zana. Cette tragédie est l'œuvre de son père. On a perdu beaucoup de temps pendant qu'elles étaient cachées dans ce village au Yémen.

Un ventilateur, judicieusement placé, faisait voleter les cheveux noirs et légers de l'animateur, et l'empêchait de suer à grosses gouttes sous les projecteurs.

— Puisque vous trouvez cette situation inacceptable, vous pouvez sans doute faire quelque chose pour aider Zana et sa sœur ?

Chawki avait la main sur le cœur.

— Je suis totalement bouleversé par cette histoire. Après tout, je suis un être humain. Mon ambassade et mon pays ont déjà grandement œuvré pour résoudre ce problème.

Désolé, bouleversé, compatissant, Chawki se contentait de dresser le constat, prêt à pleurer avec Zana du mal que son gouvernement lui faisait ! À ce moment précis, la petite voix tremblante de Zana s'est élevée, attirant immédiatement les gros plans sur elle. Assise au premier rang de l'estrade réservée au public, je serrais les poings. Pourvu qu'elle parvienne à se maîtriser ! Je l'écoutais, la respiration bloquée.

— Ils auraient pu s'en préoccuper il y a douze ans ! Ils étaient parfaitement au courant de ce qui se passait !

Sa voix vibrait, trop agressive. Chawki s'est tourné vers Zana et lui a souri gentiment. Il s'est fait le plus enveloppant possible :

— Notre gouvernement a découvert cette situation lorsque la presse s'en est fait l'écho. Nous avons essayé de résoudre ce problème et nous avons immédiatement placé Zana et sa sœur sous notre protection, afin de les soustraire à l'emprise de leur famille.

En prononçant ces paroles, Chawki avait allongé son bras sur le dossier du canapé, afin d'entourer les épaules de Zana.

L'animateur ne se départissait pas de son sourire.

— Est-ce que Zana est libre d'aller au Yémen voir sa sœur ?

En vérité, le sourire de l'animateur s'intensifiait en fonction de la montée de son inquiétude : Zana, tassée sur elle-même, se sentait mal. C'était visible. Si elle perdait pied, elle risquait de laisser exploser son agressivité pour tenter de reprendre le dessus. Il fallait que Zana puisse percevoir la sincérité de Jean-Pierre Foucault. Chawki, pendant ce temps, mentait, tranquillement.

— Zana a toujours été libre d'aller et venir au Yémen, comme sa mère.

— Si demain, a répondu l'animateur, après-demain ou même vendredi, j'allais au Yémen avec Zana, pour « Sacrée soirée » évidemment, nous garantissez-vous que nous pourrions rencontrer sa sœur et ses enfants, de manière que le problème soit résolu au plus vite et le plus humainement possible ?

Ce n'était pas prévu. Chawki a retiré son bras de l'épaule de Zana. Il a répondu vivement. Sa voix avait perdu son doux ronron harmonieux.

— Officiellement, il n'y a aucun problème de notre côté !

Jean-Pierre Foucault s'est tourné vers la caméra :

— Nadia est au Yémen et ça fait quatre ans qu'elle n'a pas parlé à sa sœur !

L'animateur a regardé Zana. Ma fille a réagi avec maladresse et sincérité :

— Il y a quatre ans, monsieur, Nadia m'a dit de la faire sortir du Yémen le plus vite possible.

Les sanglots l'ont empêchée de finir sa phrase. La nature timide et réservée de Zana l'emportait sur sa volonté de témoigner.

C'était le moment que guettait l'animateur pour abattre la carte maîtresse de son show :

— Zana, vous m'écoutez ? Nadia est à Taez, et elle veut vous parler au téléphone.

Le public, comme moi, a tendu l'oreille. Des parasites désagréables crépitaient dans les haut-parleurs, la ligne était brouillée, mais j'ai reconnu la voix de Nadia qui grésillait dans le lointain. Zana s'est redressée en ouvrant des yeux gigantesques. Jean-Pierre Foucault a annoncé une pause pour permettre à Zana de parler à sa sœur plus tranquillement. Immédiatement la musique a éclaté ; sur l'autre plateau, des artistes se tortillaient en chantant à tue-tête des paroles de désir.

Quand je suis arrivée dans le bureau du producteur,

Zana au téléphone échangeait des propos assez gais avec Nadia. Soudain, elle a poussé des hurlements, incapable de prononcer des paroles cohérentes. J'ai voulu prendre le combiné pour interroger Nadia sur ce qui se passait. Zana m'a repoussée d'un geste brusque et s'est mise à parler à sa sœur, très vite, dans un incompréhensible sabir, mélange d'arabe et d'anglais.

Le régisseur est arrivé pour prévenir Jean-Pierre Foucault qu'il était temps de réintégrer le plateau. Zana a raccroché brutalement, et m'a dit :

— Elle a maintenant quatre enfants.

Je n'ai pu retenir un cri. Chaque enfant que Samir lui faisait était une chaîne supplémentaire fixée à ses chevilles, et qui la retenait prisonnière des montagnes de Maqbana.

Il fallait revenir sur le plateau et rejoindre les participants de l'émission pour le final. Avant d'envoyer le générique, l'animateur a demandé à Zana de leur parler de ce coup de téléphone. Zana a respiré profondément, et a dit :

— Nadia est de retour dans le village. Elle y est retournée peu après mon départ du Yémen. Elle a eu un quatrième enfant.

— Et votre fils, Marcus ?

— On le lui a enlevé juste après mon départ du Yémen et elle ne l'a pas revu depuis. Il est parti ! Il a disparu !

— Qu'allez-vous faire, Zana ? Abandonner ?

— Non. Jamais je n'abandonnerai. Je veux que Nadia rentre en Angleterre avec les enfants pour prouver qu'elle est libre. Si elle veut retourner au Yémen par la suite, libre à elle de choisir. Je suis plus déterminée que jamais. Je n'abandonnerai pas la lutte, jusqu'à ce qu'elle revienne. Jusqu'à ce qu'elle soit libre.

— Merci, Zana. Nous vous souhaitons tout le succès du monde pour votre livre et nous espérons que Nadia sera libérée bientôt !

La musique du générique a éclaté. L'animateur a rejoint les autres invités. Tout le monde battait des mains. Le visage accablé de Zana emplissait l'écran.

J'ai éclaté en larmes. Zana m'a murmuré à l'oreille :

— Ne leur montre pas que tu pleures, maman. Ne leur montre pas tes pleurs !

Les caméras étaient braquées sur moi.

J'ai regardé Zana, droite, fière, résistant à sa douleur. Puis, à quelques mètres, j'ai vu Chawki, qui battait des mains en rythme avec les autres. Je lui ai lancé du regard toute ma haine, tout mon mépris, toute ma colère. En réaction, il m'a adressé un petit sourire narquois, qui disait : « Toi, je t'aurai ! » Je connaissais très bien ce petit rictus. Il fleurissait sur les lèvres de Muthana ou de Gowad lorsqu'ils se croyaient plus forts, plus malins que moi, et qu'ils me préparaient un sale coup. J'ai traversé la petite foule des invités et j'ai attrapé Chawki par le col de la chemise :

— *Aib !* (honte) *Anta kazzab !* (Tu es un menteur !) *Anta ibn kelb* ! (Tu es un fils de chien !)

J'ai hurlé les mots d'arabe que je connaissais. Sous la pression de mes doigts, Chawki avait les yeux qui lui sortaient de la tête. Le public applaudissait à tout rompre. Encouragée, j'ai ajouté :

— Je veux que vous arrêtiez de détruire mes enfants. Ça vous coûtera votre poste. Vous avez compris ? Vous vous souvenez de Page à l'ambassade de Sanaa ? Lui aussi avait menti.

L'éditeur français de Zana a été le premier à me faire lâcher prise en m'enjoignant de recouvrer mon calme. J'ai desserré l'étreinte. Je tremblais de rage devant Chawki qui, lui, maintenant, tremblait de peur. Les gens de la Sécurité l'ont invité à sortir. Le public applaudissait Zana aux cris de : « Nadia libre ! », et conspuait le menteur assermenté.

Soutien, compassion, indignation. À la suite de cette émission, le public français s'est mobilisé spontanément et d'une façon incroyable : lettres, pétitions adressées à l'ambassade du Yémen, à l'attention de Chawki. L'histoire de Nadia a secoué les consciences.

Quelques semaines plus tard, Zana était de nouveau invitée sur le plateau de TF1, assise sur le divan au côté d'un Chawki plus ronronnant que jamais. Cette fois l'animateur avait décidé de le pousser dans ses retranchements. Au cours de la dernière émission, Chawki avait affirmé que Zana pouvait se rendre comme elle le voulait au Yémen pour voir sa sœur et son fils. Ce soir-là Chawki renouvelait son offre.

Jean-Pierre Foucault s'est alors adressé à Zana :

— Accepteriez-vous de venir au Yémen avec nous, dès demain, pour tenter de trouver une solution ?

Zana m'a lancé un regard terrible. Retourner dans ce pays qui avait failli la détruire ? Elle ne savait pas si elle en serait capable.

— Oui, j'accepte, a dit Zana.

Jean-Pierre Foucault s'est engagé totalement :

— Si nous ne faisons pas connaître votre histoire, le problème restera sans solution ! Zana, auteur de *Vendues !*, ira au Yémen avec « Sacrée soirée » !

Le dimanche 11 février 1992, un jet privé décollait de l'aéroport du Bourget, avec à son bord Zana, son éditeur, l'animateur Jean-Pierre Foucault, un ingénieur du son, un cameraman, un technicien et moi.

Zana fumait cigarette sur cigarette.

— Vous verrez, disait-elle, rien ne se passera comme prévu. L'aéroport grouillera de fonctionnaires du gouvernement. Ils enverront l'armée et la police ! Ce serait trop leur demander que d'amener tous ses enfants, elle dira qu'elle veut revenir avec nous. Et ça leur fait trop peur ! Je le sais ! Attendez voir !

Chawki avait promis à Jean-Pierre Foucault que Zana aurait le droit de rendre visite à Marcus et de passer du temps avec lui, ainsi qu'avec Nadia et ses enfants. De son côté, l'animateur s'était engagé à ne pas essayer de ramener Nadia et les enfants de force. Enfin, Chawki avait promis que si Nadia et son « mari » voulaient quitter le Yémen avec les enfants, ils seraient libres de le faire. En revanche, si le « mari » refusait, Nadia devrait rentrer seule. Tout paraissait clair.

— Attendez, vous allez voir ! répétait Zana.

Nous avons atterri à Taez dans le crépuscule. Des fonctionnaires nous attendaient en bas de la passerelle. Zana jetait des regards partout, dans un état d'extrême inquiétude. Elle se rongeait les ongles avec anxiété. On nous a immédiatement emmenés en Land Rover à l'hôtel Sheraton. Nous avons passé la nuit à fumer des cigarettes en buvant du thé, sans quitter la chambre.

Au matin, des hommes ont frappé à notre porte. Des officiels, employés par le gouvernement, nous ont conduits au rez-de-chaussée de l'hôtel dans un petit jardin, protégé par trois hauts murs blancs. Les techniciens de « Sacrée soirée » déballaient leur matériel. Trois chaises étaient installées autour d'une table. Devant le portail qui donnait sur la rue, des gardes armés faisaient les cent pas.

Cette rencontre en famille prenait la tournure d'une affaire d'État !

Au bout de quelques minutes, une Land Rover escortée par cinq voitures officielles s'est arrêtée devant le portail. Une dizaine d'hommes, parmi lesquels j'ai reconnu Chawki, ont jailli des véhicules. Ils encadraient une petite silhouette de femme entièrement couverte de tissu noir, à l'exception d'une fente à la hauteur des yeux. Ce ne pouvait être que Nadia. Derrière elle, un homme portait un petit enfant dans ses bras. Zana espérait que l'enfant soit Marcus, elle a fait quelques pas en leur direction. Nadia lui a fait signe de ne plus avancer. Zana s'est immobilisée. Elle a dit :

— Qu'est-ce qui se passe, Nadia ?

La voix de Nadia a résonné derrière le voile noir :

— Ça veut dire quoi tout ça ? Pourquoi ils sont tous là ?

Elle désignait les officiels et les gens de la télévision.

— Ils nous ont promis qu'on pourrait te rendre visite, ainsi qu'aux enfants et à Marcus !

Nadia s'est retournée vers les hommes de Chawki, pour qu'ils lui confirment les propos de Zana. Ils n'ont pas bougé, adoptant une attitude d'indifférence feinte.

Zana a ajouté :

— Où est Marcus, Nadia ? Où sont les enfants ?

Nadia, très angoissée :

— Ils sont tous à l'école !

Zana s'est avancée vers Samir. Il portait dans ses bras le dernier-né de sa sœur. Où était Marcus ? Elle a interrogé Chawki du regard. Il ne lui a pas répondu. Les officiels ont demandé à ce que tout le monde entre dans le petit jardin. Aussitôt après, les gardes bloquaient l'entrée.

J'ai tout de suite dit à Samir que je l'acceptais comme gendre et qu'en retour il devait m'accepter comme belle-mère. Il a haussé les épaules.

Nadia et Zana, assises sur les chaises, se parlaient en arabe pour que Samir puisse suivre leur conservation. Les hommes en position devant le portail étaient maintenant au nombre de trente. Jean-Pierre Foucault s'est approché pour demander à Nadia la permission de l'interviewer. Elle a accepté tout de suite, sans solliciter l'autorisation de Samir ou de Chawki. Ce qui m'a semblé suspect. D'où je me trouvais, je ne pouvais entendre les réponses de Nadia, mais je la voyais s'exprimer avec application, en prenant sa respiration avant chaque phrase. Elle récitait une leçon bien répétée.

L'interview terminée, les gardes nous ont emmenés dans un salon à l'intérieur de l'hôtel. Les Français et les officiels étaient invités à rester dans le jardin. Enfin, un peu d'intimité ! Mais j'avais parlé trop vite ! À peine avions-nous pénétré dans le salon que quatre femmes voilées et vêtues de noir sont entrées sur nos traces. Avec une discrétion encore plus choquante que si elles s'étaient mises à jacasser, elles ont pris position à chaque angle de la pièce avec la mission de nous écouter. Voilà pour l'intimité promise !

— Nadia, ai-je dit, un jet t'attend et tu peux rentrer seule avec nous si tu le désires. Tu entends ma chérie ?

Nadia répétait : « Ce n'est pas possible ! », tout en se tournant sans arrêt vers Samir. Elle semblait terrifiée à l'idée de commettre un impair. Elle protégeait ses enfants, c'était évident. Je devais me débrouiller pour lui parler seule à seule. Mais comment ? Il y avait les quatre duègnes et le gros abruti. J'ai demandé à Nadia de venir avec moi dans les toilettes des dames. Samir nous a suivies, mais c'était *haram* (contre Dieu) d'aller plus loin. Il est resté, nigaud, devant la porte. En revanche, les quatre momies nous ont rejointes. Impossible de chasser ces espèces de Belphégor, ces femmes-radars, même dans les W-C ! Elles traînaient leurs oreilles partout ! De retour dans le salon, nous avons trouvé un Samir très vexé :

— *Haya bina.* (On s'en va !)

En un éclair, Nadia s'est glissée derrière lui, prête à placer ses pas dans les siens, à la distance réglementaire.

— Nadia ! Arrête ! ai-je hurlé.

— Je dois partir, maman.

Elle ne prenait même pas la peine de se retourner. Un automate !

— Nadia, tu dois écouter ta mère ! Tu n'es pas obligée de partir maintenant ! Reste au moins dîner avec nous.

Zana l'a rattrapée avant qu'elle ne quitte la pièce.

— Nadia, ne pars pas ! Nous parlerons à Chawki. Il donnera l'ordre à Samir de te laisser avec nous !

Nadia jetait des regards de panique autour d'elle.

— Oh non !

— Nadia, dis-lui de te laisser rentrer à la maison !

— Je reviendrai à la maison... bientôt. Mais pas aujourd'hui ! À cause de lui ! (Elle désignait Samir.) Il a peur de la presse ! Vous n'auriez pas dû amener tous ces gens !

Samir s'impatientait. Nadia a couru rejoindre son maître. En la suivant, je suis tombée nez à nez sur Chawki :

— Tu avais dis que je pourrais voir mes petits-enfants et je ne les ai pas vus, où sont-ils ?

Ma nervosité, ma fébrilité, ma question même l'étonnaient.

— Mais venez les voir au village ! a-t-il dit.

— Jamais ! a répliqué Zana.

— Pourquoi ? Vous connaissez le chemin, il me semble, non ?

Il souriait en insistant auprès de Zana. « Venez au village ! » Du plus profond de son âme, Zana a fait resurgir toutes les malédictions arabes qu'elle connaissait et les a crachées au visage de Chawki. Elle a rattrapé sa sœur. Elles ont pu se parler quelques instants avant que j'arrive près d'elles. Puis il a fallu se séparer.

— Je t'aime, Nadia !

Nadia s'est jetée dans ses bras :

— Moi aussi, je t'aime ! Je vous aime tous !

Elles se sont embrassées sous les yeux méprisants des soldats. Nadia en a profité pour murmurer à l'oreille de Zana :

— S'il te plaît, Zana, ne m'oublie pas. Tu m'as

promis de ne jamais m'oublier. Ne me laisse pas ici. Pas trop longtemps.

Elle a saisi le bras de Zana de toutes ses forces comme si elle voulait donner par cette pression plus d'emphase encore à sa supplique. Samir a craché un ordre. Nadia s'est détachée de Zana et s'est installée à côté de lui, à l'arrière du véhicule. La Jeep a pris la route du village.

Zana a baissé la tête, comme brisée : « Elle attend un cinquième enfant. »

— Quoi !

Elle avait déjà tant souffert pour donner naissance à Tina. J'étais avec elle à la clinique de Taez quand le médecin lui avait dit de ne plus avoir d'enfants. Au troisième, au quatrième, j'avais été folle d'inquiétude. Maintenant elle en attendait un cinquième ! Ils la détruisaient ! La nausée m'a prise. Je suis tombée sur les genoux, vomissant avec violence. Je pleurais ce qu'il est convenu d'appeler des « larmes de sang ». Des cris hystériques ont surgi de ma gorge, évaporant les larmes.

Le lendemain, à l'aube, nous volions vers Paris. J'avais l'esprit submergé par un sentiment d'incrédulité en considérant ce que nous venions de vivre. Nous avions échoué. Pis, nous avions mis Nadia dans une situation périlleuse. Son apparente soumission n'était que l'expression de sa terreur. Les Yéménites avaient pris ses enfants en otages pour s'assurer de son obéissance. Zana ne réagissait pas comme moi. Elle se portait beaucoup mieux qu'à l'aller. Elle avait vu sa sœur vivante. Elle lui avait parlé. Elle se sentait encore plus forte, plus déterminée.

Le reportage de notre visite au Yémen a été diffusé le 12 avril dans le cadre de « Sacrée soirée ». À la fin du film, l'animateur a demandé à Zana quelles étaient ses réactions. Sur le plateau, se tenait l'inévitable Chawki.

— Quand Nadia s'est avancée vers moi, a répondu Zana, elle regardait autour d'elle et ça l'a surprise de voir des gens avec une caméra. Elle a dû se demander ce que c'était. Je lui ai dit que le gouvernement yéménite avait tout organisé. Bien sûr, elle avait du mal à comprendre. On s'est assises pour discuter. On lui a dit qu'elle était libre de s'en aller avec nous et avec ses enfants, mais elle n'en avait qu'un avec elle. Le reste des enfants n'étaient pas là, sous prétexte qu'ils étaient à l'école. Quant à moi, je n'ai pas revu mon fils Marcus. Le gouvernement yéménite n'a pas respecté sa parole. Nadia a un fils de sept ans, une fille de six ans, un fils de deux ans, un bébé de treize mois. Au Yémen, les enfants ne vont à l'école qu'à partir de sept ans. Je suis outrée de tous ces mensonges et de toutes ces manipulations.

Jean-Pierre Foucault s'est adressé à Chawki :

— D'après notre arrangement, les enfants devaient être présents. Qu'avez-vous à répondre aux graves accusations que Zana porte contre vous ?

Chawki a hoché la tête, l'air un peu las.

— Il fallait tout d'abord que Zana et Nadia se rencontrent. Ensuite, nous voulions emmener Zana et sa mère au village où habite Nadia pour qu'elles puissent voir les enfants. Zana a refusé. Zana n'a pas voulu se donner la peine de faire un voyage de deux heures !

— Je suis d'accord, a répondu l'animateur. Zana n'a pas voulu se rendre au village, mais vous comprenez pourquoi ? C'est un endroit où elle a déjà beaucoup souffert, il est donc normal qu'elle ne veuille pas y retourner. Mais pourquoi n'avons-nous pas vu toute la famille ? Vous ne croyez pas que, si la famille avait été présente au complet, Zana et sa maman auraient eu moins de soupçons ?

Chawki a déroulé une suite d'arguments où sa mauvaise foi éclatait à chaque détour de phrase. Il voulait démontrer que Nadia était une citoyenne yéménite, musulmane, qu'elle avait fait son choix. Zana était une citoyenne britannique et elle devait respecter sa sœur. Toutes les deux étaient très différentes l'une de l'autre. Preuve ? Elles ne s'étaient pas embrassées avec effusion lorsqu'elles s'étaient revues, après quatre ans de séparation !

Zana a eu le réflexe de sortir de la confusion dans laquelle Chawki cherchait à faire plonger le public, en posant la seule question valable :

— Lorsque ma sœur aura le droit de sortir du Yémen, alors je remercierai le gouvernement yéménite. J'attends donc du gouvernement qu'il me dise si Nadia est autorisée à partir ou non ?

— Nadia est une grande fille qui prend ses décisions de son plein arbitre, a répondu sèchement Chawki.

Jean-Pierre Foucault a aussitôt réagi :

— Nadia m'a dit, à moi, qu'elle aimerait passer quelques jours en Angleterre avec son mari et ses enfants. Quand elle décidera de venir, prévenez-moi, parce que je suis à l'origine de cette réunion et j'aimerais pouvoir constater que Nadia a le droit de quitter le pays.

Chawki avait le visage fermé.

— On ne peut pas forcer une situation comme celle-là. C'est un problème interne que seule la famille peut régler.

Puis Jean-Pierre Foucault a passé l'interview de Nadia, réalisée dans le petit jardin de l'hôtel. Nadia avait baissé le voile qui lui cachait le visage. Son expression angoissée en disait plus long que les mots appris qu'elle débitait avec application.

— Nadia. Comment se passe ce rendez-vous avec votre mère et votre sœur ?

— Je suis heureuse. Je suis bien. C'est ma mère, et elle, c'est ma sœur.

— Êtes-vous heureuse de vivre au Yémen avec votre mari et vos enfants ?

— Je suis très heureuse de vivre avec mon mari

et mes enfants. J'ai une grande maison. J'ai assez à manger. Tout va bien.

— Est-ce que vous en avez fini avec la vie à Birmingham, en Angleterre ?

Nadia paraissait déroutée. Question imprévue.

— Vous voulez dire quand j'étais à Birmingham ?

— Vous vous rappelez Birmingham ? Vous avez oublié Birmingham ?

— Je me souviens de certaines choses. Mais pas beaucoup. J'étais petite, j'étais jeune.

— Regrettez-vous votre vie, quand vous étiez plus jeune ?

— Non. Non. Pas de regrets. J'étais jeune. J'allais à l'école. J'avais onze, douze ans. Je jouais encore.

— Cela vous plairait de passer quelques jours avec votre maman, votre mari et vos enfants en Angleterre ?

— C'est impossible !

— Pourquoi ?

— Parce que ce n'est pas possible.

— Je vous demande pourquoi ce n'est pas possible ?

— Je ne peux pas y aller maintenant. Il y a trop de gens. Trop de soucis. Je suis musulmane. J'ai appris la loi islamique. Je n'aime pas du tout ça. Il y a trop de monde !

— Vous êtes heureuse, Nadia ?

— Je suis très heureuse. Je suis très heureuse avec mes enfants. Ce sont les seuls qui comptent dans ma vie.

Tout le monde pouvait lire l'angoisse, la profonde tristesse et la peur qui voilaient ses yeux.

— Quand vous avez rencontré votre sœur Zana, tout à l'heure, pourquoi ne l'avez-vous pas embrassée ?

— J'étais trop choquée !

Fin du film. Retour sur le plateau. L'animateur s'est adressé à Zana :

— Que dites-vous de mon interview ?

— Ils ont laissé les enfants au village, parce qu'ils représentaient une menace. Ils m'ont fait la même chose quand j'étais encore au Yémen. Je sais que Nadia adore ses enfants. Elle ne vit que pour eux. M. Chawki prétend que c'est une grande fille. Nadia n'a pas changé. C'est toujours la jeune fille de quatorze ans qui a quitté l'Angleterre. C'est toujours la même. On ne lui a pas donné le temps de grandir !

— S'est-elle sentie obligée de dire ce qu'elle a dit ? Peut-on espérer qu'elle viendra en Angleterre avec son mari et ses enfants, et qu'elle aura l'esprit libre pour prendre une décision à ce moment-là ? Monsieur Chawki, c'est à vous que je m'adresse : Nadia peut venir en Angleterre, n'est-ce pas ? Le salaire du mari n'est pas un problème ? Le mari m'a dit que le voyage était impossible, car il risquait de perdre son travail. Est-ce que les autorités, et vous-même, allez leur faciliter ce voyage en Angleterre ?

Chawki a pris une mine offensée.

— Serais-je allé au Yémen avec vous si je n'avais pas cette possibilité à l'esprit ? Mais laissez-moi vous dire que nous avons tous entendu Nadia. C'est une adulte, une mère de vingt-sept ans, et elle est arrivée très jeune au Yémen. Contrainte et forcée, là, nous sommes d'accord. Mais ensuite, elle s'est habituée à sa nouvelle vie et elle se plaît là-bas. Elle adore ses enfants. À entendre Zana parler de sa sœur, on dirait qu'elle est sa mère ou sa grand-mère ! Nadia est majeure et, à ce titre, mérite qu'on la respecte un peu !

— Zana, a conclu Jean-Pierre Foucault, nous espérons que vous pourrez bientôt voir votre sœur, votre fils et aussi les enfants de votre sœur.

L'émission s'est achevée dans un grand concert de musique et avec l'habituelle parade des invités. Mais, cette fois, Chawki ne s'est pas attardé au centre du plateau, il a filé rapidement vers la sortie sous la protection du service de sécurité.

12

Une victoire, enfin ! La justice anglaise saisissait les biens et gelait les comptes en banque de Muthana, Gowad et Abdul Khada. Deux ans plus tôt, j'avais déposé une plainte contre Muthana, Gowad et Abdul Khada pour enlèvement d'enfants, imposition de cohabitation pour ne citer que les chefs d'accusation les plus graves. L'affaire avait été transmise au procureur du tribunal de grande instance de Londres, M. Green. Six mois plus tard, le magistrat avait refusé le dossier en invoquant l'insuffisance de preuves. En 1991, ce même procureur, M. Green, avait été arrêté par la police. Il faisait « du surplace sur la voie publique » en quête de prostituées. Nous avions donc pu réactiver notre plainte.

La bataille judiciaire commençait.

Hélas ! tout cela ne faisait pas revenir Nadia à la maison, et restait insuffisant pour porter un coup fatal à ce que j'appelais le « commerce des fiancées. »

Zana avait rencontré au Yémen des jeunes filles des Midlands amenées de force comme elle. Elle n'oubliait pas le regard d'une petite fille blonde originaire de la ville de Derby. Enlevée à l'âge de neuf ans, mariée à un paysan, elle avait fait trois fausses couches successives. À la quatrième grossesse, elle avait accouché d'un enfant mort-né. Cette mère-enfant de douze ans avait sombré dans la folie. Jamais Zana ne pourrait effacer de sa mémoire le visage de cette autre enfant-épouse de douze ans qui, allaitant son bébé, lui disait avec fierté qu'elle savait compter jusqu'à dix en anglais. Les villageois la détestaient et la brutalisaient parce qu'elle avait les cheveux blonds, les yeux clairs et la peau d'un blanc presque transparent. Elle rêvait de retourner en Angleterre. Toutes ces histoires me brisaient le cœur et hantaient le sommeil de Zana. Nous voulions nous battre pour Nadia, et aussi pour toutes ces petites victimes de la barbarie.

À la suite de son passage à la télévision française, le témoignage de Zana avait reçu une audience internationale. Nous n'étions plus isolées, ni renfermées sur notre drame. Des mères d'enfants disparus au Yémen étaient entrées en contact avec moi. Elles enviaient mon courage. Quel destin singulier que le mien ! J'avais été une femme effacée, extrêmement timide, faible jusqu'à en tomber malade, et j'étais la seule maman à avoir réussi à briser le mur du silence et de l'indifférence ! Je savais personnellement combien il était difficile de lutter contre l'inconcevable. Les mots ne pouvaient restituer l'horreur, mais ils pouvaient exprimer le refus, la vie contre la mort, l'amour contre la haine, et dire : non, vous n'avez pas le droit de disposer de nos enfants ! Je répondais à ces femmes frappées par le malheur qu'il ne fallait jamais baisser les bras même quand tout paraissait perdu. J'estimais important de leur parler de ma famille. J'étais plusieurs fois grand-mère, ce qui m'accrochait à la vie. Zana avait eu un autre fils, nommé Liam. Tina et Ashia avaient chacune deux enfants, Leilah quatre, Ahmed s'était marié, et Mo, déjà très fier de sa petite amie, attendait son tour d'être papa. Mais nous n'étions pas heureux. Nous ne pouvions pas l'être sans Nadia, Marcus, Tina, Haney, et les derniers bébés que je ne connaissais pas. Nous avions choisi le camp de la vie, de l'amour, de l'entraide contre celui de la cruauté, de la tyrannie et de l'esclavage.

Des mots, il fallait passer aux actes : en avril 1992, Ann Sufi, sa fille Yasmin, Chris, Jana Wain, Zana et moi-même avions fondé l'association Lost Children International. Des hommes d'affaires de Birmingham nous ont fourni de l'équipement, de l'argent, et un peu de leur temps pour nous apprendre à nous organiser. Notre combat a pris une résonance internationale, avec une antenne à New York, dirigée par Nancy.

Zana et moi forcions notre timidité en nous obligeant à participer à de nombreuses émissions de télévision et en recevant les journalistes étrangers. Ma vie avait changé du tout au tout. Je passais mes journées dehors avec mon amie Jana pour alerter l'opinion sur le combat que menait notre association. Je n'étais plus la femme douloureuse, abattue, dépassée du début qui ruminait son malheur assise sur le canapé en répétant : « Que faire ? » Celle-là, j'avais réussi à lui tordre le cou.

Un jour, Ashia est rentrée à la maison surexcitée. Elle avait rencontré Muthana sur le marché. Vieilli, le crâne déplumé, il était resté égal à lui-même, mauvais. Il lui avait dit que Nadia était à nouveau enceinte et parfaitement heureuse. Il avait en outre prétendu que le gouvernement yéménite lui avait versé dix mille livres, sans compter de nombreux cadeaux. Selon Muthana, Nadia menait grande vie au Yémen, et n'avait aucune envie de nous rejoindre dans notre trou à Birmingham !

Cette information, vraie ou fausse, a permis à Jean-Pierre Foucault de relancer le sujet. Zana est passée de nouveau devant les caméras de « Sacrée soirée », cette fois en compagnie d'Ashia. Quant à l'incontournable Chawki, il avait décliné l'invitation. Mais en entendant Ashia révéler à l'antenne l'existence d'une transaction financière, il a aussitôt téléphoné à Jean-Pierre Foucault pour exiger un droit de réponse !

L'émission étant en direct, Chawki déboulait, quelques minutes plus tard, sur le plateau et sous les sifflets du public.

Jean-Pierre Foucault a réclamé le silence afin de pouvoir poser sa question :

— Monsieur Chawki, vous êtes venu parce que Ashia a dit que votre gouvernement avait donné à Nadia la somme de cent mille francs, ce qui représente trente ans de salaire d'un Yéménite moyen. Vous avez pris votre téléphone pour crier votre colère. Dites-nous maintenant si Nadia va pouvoir ou non passer une semaine avec sa famille ?

Il a pris un air de dévot, digne du Raminagrobis de la fable.

— Bien sûr qu'elle le peut, si elle le veut ! Mais permettez-moi de vous répondre, ce soir, d'une façon générale. Je suis indigné et j'ai toutes les raisons de l'être ! Nous avons été au Yémen ensemble, et c'est grâce à nous que Zana a pu aller voir sa sœur. C'est grâce à mon gouvernement que Zana est libre. Vous pensez bien que mon gouvernement doit faire face à d'autres problèmes, à d'autres responsabilités. Si ça plaît à Zana de jouer les éplorées sur un plateau de télévision, ça la regarde, mais ce n'est pas bien !

Zana a pris la parole :

— Si Jean-Pierre Foucault, si les Français et les médias n'étaient pas intervenus, je n'aurais pas pu aller au Yémen, et je les remercie tous pour tout ce qu'ils ont fait. Je vous remercie, vous également, monsieur Chawki, et votre gouvernement, pour m'avoir laissée voir ma sœur. Mais, excusez-moi, vous aviez rédigé un document me promettant que je verrais ma sœur, tous ses enfants et mon fils Marcus. Or, je ne les ai pas vus.

Raminagrobis s'agitait sur le divan.

— J'aimerais rappeler aux téléspectateurs que j'ai organisé une visite au village mais que Zana a refusé de s'y rendre !

— C'était trop dangereux pour moi d'y aller !

— Comment ? Vous étiez avec Jean-Pierre Foucault, vous ne risquiez rien !

L'animateur est intervenu :

— Monsieur Chawki, les autorités présentes ce jour-là nous ont dit qu'elles ne pourraient pas assurer notre sécurité. Vous êtes bien d'accord, monsieur Chawki ?

L'attaché de presse de l'ambassade du Yémen s'est calé sur le divan, boudeur.

L'animateur a poursuivi :

— Monsieur Chawki, vous disiez que ce problème est un problème mineur à l'échelle des problèmes que traverse votre pays. De plus, vous vous plaignez que cette affaire de famille gâche l'image de votre pays à l'étranger, alors... LAISSEZ-LES SORTIR, et tout sera terminé !

— Le problème, a crié Chawki, le problème qu'il ne faut pas oublier, c'est que le mari de Nadia est libre de quitter le Yémen si le gouvernement britannique lui donne un visa. Mais, jusqu'à maintenant, on le lui a refusé !

Un peu plus tard dans l'émission, Chawki m'a fait la promesse solennelle de me laisser entrer au Yémen en toute sécurité, avec une personne de mon choix, pour rencontrer Nadia et lui parler librement. Les caméras éteintes, il a renouvelé son offre.

J'étais largement payée pour savoir ce que valaient les promesses de cet homme. Mais j'ai accepté. Pour m'accompagner, je désirais la présence d'un avocat de grande réputation ou d'un membre d'une ONG, comme Amnesty International. J'avais besoin de l'appui d'une personnalité en mesure de dénoncer la mascarade qui risquait de m'attendre au Yémen.

J'ai pris plusieurs contacts. Les réponses se faisant attendre, j'ai prié mon amie Jana de prévenir le Foreign Office de l'imminence de mon départ pour le Yémen.

Michael Pauley, haut fonctionnaire au Foreign Office, lui a répondu ceci, avant de lui raccrocher au nez :

— C'est un problème entre mari et femme. Notre attitude sur ce point a toujours été claire et nette, c'est un problème de famille. Appelez Heather Taggart.

Jana n'en revenait pas.

— Maintenant tu connais les gens contre lesquels je me bats depuis douze ans. Je te jure qu'il y a de quoi s'arracher les cheveux !

Nous avons téléphoné à Heather Taggart. J'ai appris qu'un fonctionnaire du consulat s'était rendu dans la région de Maqbana pour rencontrer Nadia. Elle atteignait le huitième mois de grossesse. Nadia lui aurait dit qu'elle viendrait en Angleterre si Samir avait le droit de venir aussi.

J'ai raccroché. Je devais partir au Yémen le plus tôt possible. Je conduirais Nadia à la clinique que je connaissais à Taez. Hélas, je ne trouvais pas un seul homme pour m'accompagner, pour la simple raison que mes amis ne pouvaient pas du jour au lendemain quitter leur travail. Jana s'est offerte à venir avec moi. Non, non, dans ce pays où sévissait le patriarcat, le sexisme, en un mot la Bêtise, il fallait un homme pour leur répondre.

Mo s'est proposé, mais j'ai refusé. Quand je pense qu'en mars 1986 j'étais partie avec lui, encore tout gamin ! Quelle inconscience ! J'ai encore essayé de rallier des hommes à ma cause. Finalement, j'ai accepté la proposition de Jana.

— Je n'ai pas trouvé d'homme. Tu viens avec moi au Yémen. Demain, nous allons à Londres affronter Chawki pour obtenir nos visas.

Ancienne journaliste, Jana ne s'est pas démontée.

— À quelle heure veux-tu partir ?

— Rendez-vous à sept heures et demie devant la gare de New Street. Prends ton passeport et deux photos.

— D'accord. À demain !

J'ai pensé à la tête qu'allait faire demain Chawki en voyant deux femmes débarquer dans son bureau. Insoutenable vision !

C'était mon quatrième voyage au Yémen, jamais je n'avais ressenti autant d'appréhension avant de décoller. Jana essayait de me remonter le moral en affirmant que si une femme résolue valait deux hommes, deux femmes résolues se devaient d'être au moins aussi imperturbables qu'un régiment de Horse Guards ! Jana était amusante, intelligente, dévouée. Elle avait du punch, elle aussi, beaucoup de vivacité d'esprit, et, ce qui ne gâtait rien, une chevelure flamboyante qui donnait du caractère à sa physionomie. Son éclatante présence à mes côtés ne suffisait pas à chasser les mauvais pressentiments. En nous voyant débarquer à l'ambassade du Yémen à Londres, Chawki avait roulé de grands yeux qui semblaient dire : « Elles n'ont pas compris ! elles insistent encore ! Ce que j'ai raconté à la télé, c'était pour calmer l'opinion et ne pas inquiéter les financiers qui investissent de l'argent au Yémen, mais en vérité le pays est difficilement contrôlable, les tribus se révoltent, des séditieux prennent des Occidentaux en otage et, à Maqbana, les Shamiri n'accepteront jamais que des femmes leur imposent leur loi ! » J'avais senti que nous avions franchi un seuil. Depuis le début, je transgressais les règles de la prudence. Je devais continuer à tenter la chance, insolemment, pour Nadia. Mais j'avais très peur.

[Vendredi 31 juillet 1992.] Nous avons atterri à Sanaa trop tard pour contacter l'ambassade britannique. Nous étions en train de nous détendre devant une tasse de thé, assises dans les fauteuils du salon de l'hôtel Al-Hamad, quand un personnage typiquement yéménite, mais répondant au nom de Jimmy MacGregor, s'est présenté à nous, poliment, et en anglais. Il avait environ quarante ans ; grand, plutôt corpulent, il portait l'inévitable petite moustache noire, et une dent en or étincelait chaque fois qu'il ouvrait la bouche. Chauffeur de taxi, il connaissait la ville comme sa poche. J'ai pensé à Jana qui venait pour la première fois au Yémen et j'étais d'accord pour faire un peu de tourisme. Nous avons passé une heure et demie très éprouvante à visiter le souk. Malgré notre bonne volonté, mon humeur et celle de Jana n'étaient pas à la promenade. De retour à l'hôtel, nous nous sommes endormies épuisées, l'esprit déjà désorienté.

[Samedi 1er août 1992.] Nous nous sommes levées tôt pour nous rendre à l'ambassade. Malgré l'heure matinale, Jimmy nous attendait dans le hall de l'hôtel. Il avait décidé d'être notre chauffeur et rien ne semblait pouvoir le faire changer d'avis.

À l'ambassade, personne n'a désiré nous recevoir.

À l'hôtel, j'ai voulu téléphoner à Paris, aux Éditions Fixot. Lignes coupées.

L'après-midi, Jimmy MacGregor nous a fait visiter le vieux cimetière chinois qui offre un panorama splendide sur toute la ville de Sanaa. Pour terminer la soirée, il avait prévu de nous emmener danser au Ramada. Une boîte de nuit. Nous avons refusé. Nous sortions le plus possible, Jana et moi, pour éviter de nous retrouver trop longtemps enfermées dans une petite chambre. Mais de là à aller danser la lambada !

[Dimanche 2 août 1992.] Jana et moi voulions nous rendre en car à Taez. Jimmy s'est aussitôt proposé de nous y conduire dans son taxi. Une vieille Mercedes. Il a insisté à la façon des Arabes. Rejeter son aide, c'était le vexer, le blesser, l'humilier. Nous avons accepté dans un premier temps qu'il nous emmène à l'ambassade.

Cette fois, nous avons été reçues par Phil Whitmore, aide consulaire. Sans qu'il lui soit possible d'assurer notre protection, il a « tenu à garder le contact » avec nous. Langage diplomatique ?

Nous avons pris la route de Taez à bord de la Mercedes de Jimmy. Il a fait halte je ne sais combien de fois pour nous faire admirer le paysage du haut des falaises abruptes. Je ne désirais qu'une chose : rouler. Avancer soulageait mon angoisse et mon impatience.

Pour se ravitailler en qât, Jimmy s'est arrêté en plein centre d'un village. Une nuée d'enfants s'est aussitôt abattue autour de la voiture. Avec ma peau métissée et mes cheveux noirs, je pouvais, de loin, passer pour une femme arabe, mais pour Jana, avec sa chevelure auburn très *british,* l'incognito, c'était fichu ! Les gosses n'avaient jamais vu une femme comme elle. Quel succès !

À l'approche de Taez, la conduite de Jimmy est devenue périlleuse. Les animaux, les enfants, les autres voitures étaient des adversaires contre lesquels il menait la guerre de la route, il fonçait droit dessus ! Pour nous, à l'arrière, c'était l'épreuve ! Jana regrettait d'avoir refusé de mâcher du qât. Avec du qât trompe-la-mort, disait-elle, la peur n'existe plus. Finalement indemne, la Mercedes a grimpé les hauteurs d'une colline où nichait un immeuble en béton et en verre qui ressemblait à un chantier abandonné.

Jimmy a coupé le moteur.

Une caserne nous aurait semblé plus gaie. Mais nous étions trop éprouvées pour nous plaindre. On est sorties du taxi. Tous les chiens, suivis par les chèvres et les cabris qui zonaient autour de l'hôtel, ont galopé en reniflant Jana. Quel parfum avait-elle mis ? Ou bien était-ce son air *typically british* qui excitait les bêtes ? Toujours est-il qu'une véritable meute hurlante, cabriolante et salissante l'a escortée jusqu'à la porte. Deux succès pour Jana en une heure ! En entrant, j'ai tout de suite reconnu le hall, minable et sombre. C'était l'établissement où en 1988 j'avais attendu le colonel Abdul Walli !

Les vitres de la salle du restaurant donnaient sur un paysage de hautes montagnes vraiment extraordinaire. Après la douche, j'ai voulu montrer ce spectacle à Jana. À peine étions-nous installées que Jimmy est venu se joindre à notre table. Il a commencé par nous expliquer que demain il ne pourrait pas nous piloter, car il avait rendez-vous avec le cheik de la région. Puis, il s'est penché pour nous demander à voix basse :

— C'est vous qui avez deux filles dans le village shamiri ?

Comme s'il ne le savait pas depuis le départ !

— Oui, j'ai de la famille dans les montagnes. À Ashube.

Il s'est affalé sur sa chaise et nous a considérées longuement :

— Vous voulez les faire sortir ?

Visiblement, il ignorait que Zana était partie.

— Ce que nous voulons, Jimmy, c'est d'abord manger, ensuite louer une Land Rover, enfin changer nos livres en rials.

— D'accord. Je vais vous conduire au garage pour louer une Jeep et ensuite je vous emmène manger dans un bon restaurant. Pas bon ici !

La nuit était tombée. En quittant l'hôtel, Jimmy a dû manœuvrer la Mercedes pour éviter de heurter une Jeep qui démarrait en même temps que nous. Jana m'a fait remarquer que les passagers de la Jeep étaient tout à l'heure dans la salle du restaurant. Ils n'avaient pas cessé de nous observer, et maintenant ils nous suivaient.

Jana ne cessait de se retourner vers la lunette arrière.

— Ils viennent de refaire des appels de phare. Plusieurs. Toute une série !

Jimmy devenait nerveux. Le conducteur de la Jeep nous inondait de la lumière de ses feux. Jimmy a accéléré. Lancé à notre poursuite, le chauffeur de la Jeep slalomait pour ne pas nous perdre dans le trafic. Nous roulions à toute vitesse dans la rue Jamal. À un moment, Jimmy a braqué sur la droite, dans une ruelle du vieux quartier. La Jeep n'était plus derrière nous. On l'avait semée : ce devaient être des jeunes qui avaient besoin de se défouler. Rien de méchant. Jimmy a stoppé dans une rue sombre. Il est sorti se fondre dans la nuit. Nous nous sommes affaissées sur les sièges pour ne pas être vues des passants. Particulièrement des enfants, nombreux à jouer et à courir dans le dédale des venelles et des ratières qui forment le vieux Taez. Si on peut appeler « jouer » le sport qui consiste à traquer les chiens errants, et à essayer de leur arracher les pattes. Jana et moi étions horrifiées d'entendre les hurlements des bêtes ponctués par les cris des gosses qui se faisaient mordre.

Jimmy est revenu et a démarré sans traîner, nous soulageant de l'horrible spectacle. Le restaurant où il voulait nous emmener ne lui convenait plus pour des raisons qu'il était le seul à connaître, et il a préféré nous conduire dans le souk.

Il s'est arrêté devant une bijouterie, tout illuminée, et il est parti. Jana et moi admirions les ceintures, les bracelets et les bagues en or massif exposés en vitrine, quand Jimmy est revenu en compagnie d'un petit homme.

— Quel est le nom du village, Miriam ?

— Jimmy, je vous l'ai dit, c'est Ashube !

Il m'a montré le petit homme.

— Il ne connaît pas Ashube.

J'en étais aussi désolée que lui ! Jimmy est reparti

vers les échoppes du souk, le petit homme accroché à ses talons. Nous avons repris nos commentaires sur les bijoux exposés dans la vitrine. Quelques minutes plus tard, Jimmy revenait vers la voiture, toujours affublé de son comparse.

— Viens voir la carte, Miriam !

J'ai demandé à Jana de venir étudier le plan avec moi car je ne voyais rien sans mes lunettes.

— J'ai une bonne vue mais je ne suis quand même pas nyctalope ! a dit Jana.

Pour voir clair, nous sommes entrées dans la bijouterie. Jimmy a déplié la carte sur le comptoir. Lui, son ami, Jana, le bijoutier et moi avions tous la tête penchée dessus pour essayer de lire le nom d'Ashube. Jana m'a tirée par le bras en me demandant de regarder derrière moi. Une trentaine d'hommes, portant de longs poignards recourbés à la ceinture, étaient rassemblés devant la vitrine, et nous fixaient. J'ai replongé dans la lecture de la carte.

— C'est dans Maqbana, ai-je dit, très inquiète.

Le petit homme m'a regardée, sincèrement étonné :

— Vous voulez aller à Maqbana ?

Une voix s'est élevée dans la foule des observateurs :

— C'est bien elle ! C'est Miriam, la mère des sœurs de Maqbana !

Les hommes sont entrés dans la boutique, et ont commencé à nous interpeller en arabe, mi-fâchés, mi-curieux. D'autres ont afflué. La nouvelle de la présence de « Miriam, la mère des sœurs de Maqbana », avait fait le tour du souk à la vitesse d'un météore. Les hommes ont envahi la boutique, faisant un tel vacarme que je me bouchais les oreilles avec les mains. Jana m'a saisie par le bras, elle voulait me pousser dans le sillon que Jimmy tentait de creuser vers la sortie. La colère gagnait les hommes. Ils se sont mis à nous toucher les cheveux, à tirer sur nos habits, puis leurs mains ont commencé à se poser un peu partout sur nous. Serrées, pressées, tirées, pelotées, nous sommes enfin arrivées sur le trottoir. Jimmy est parvenu à ouvrir une portière de la Mercedes, Jana m'a littéralement culbutée à l'intérieur, et s'est engouffrée derrière moi.

— Bloque les portes ! a-t-elle hurlé.

Les hommes, ivres de rage, secouaient la voiture en proférant des insultes. Jana et moi étions projetées de part et d'autre. Jimmy, cramponné au volant, tentait désespérément de démarrer. Des visages furieux se collaient à la vitre. Certains hommes avaient sorti leurs poignards qu'ils brandissaient, d'autres faisaient le geste de se trancher la gorge. Jimmy n'arrivait toujours pas à démarrer ! Un homme a réussi à lui piquer la gorge de la pointe de son sabre. Au même moment la voiture a fait un bond en avant. Ce qui a permis à Jimmy de repousser son agresseur et de refermer la portière. Mais il y avait d'autres hommes assis sur le toit, sur le capot, sur le coffre. C'était incroyable ! Jimmy a appuyé violemment sur l'accélérateur ; l'élan a projeté les hommes à terre. Nous sommes sortis du souk en vitesse. Nos assaillants couraient derrière nous.

— Ils voulaient vous conduire au colonel de police, a dit Jimmy.

Ils étaient loin maintenant. Le danger passé, Jimmy s'est arrêté pour souffler. Il avait eu très peur, il respirait difficilement. Il lui a fallu de longues minutes pour retrouver son calme.

— Miriam ! J'espère qu'Allah te protège ! Ça, très mauvais !

Jimmy a repris la direction du centre-ville pour changer notre argent. Cette fois, il a pris la précaution de se garer dans la rue principale. Il est parti avec nos livres.

— Maintenant, tout le monde sait que tu es ici, m'a dit Jana. Et avec quelqu'un comme moi, tu ne passes pas inaperçue !

— Tu veux dire que tu as l'intention de rentrer ?

— Non ! Je dis simplement qu'on devrait investir dans leurs superbes robes ! Au moins on pourrait se fondre dans la foule.

Avec les rials que Jimmy a bien voulu nous rapporter du change, nous sommes allées dans une boutique acheter des vêtements locaux. De retour à l'hôtel, nous avons déballé nos purdhas et nos voiles, assez fières finalement de nos emplettes. Puis, nous nous sommes aperçues que nous n'avions toujours pas mangé.

Pour nous rendre à la salle du restaurant avec vue panoramique, nous devions franchir le hall, traverser une petite cour et un jardinet à la lumière des étoiles. Le serveur nous a apporté un peu de pain, du fromage et des fruits. Pendant que nous mangions, un groupe de six hommes, assis un peu plus loin, essayait d'attirer l'attention de Jana. Les gars de la Jeep ! Ils étaient revenus ! La situation devenant oppressante, nous avons pris la décision de nous replier dans notre chambre. Vite franchir le jardin, la cour, et courage pressons-nous, car les hommes nous suivaient ! Toujours plus vite : le hall, le grand couloir désert, enfin la porte ! Je farfouillais dans la serrure avec la clé quand Jana a poussé un cri. Un jeune Arabe, la main posée sur son épaule, lui glissait un document dans la main. La porte enfin a cédé.

Jana m'a de nouveau poussée en avant. Une fois à l'intérieur, elle a claqué la porte au nez du gars.

Il lui avait donné une photo d'elle prise au moment où elle regardait par la vitre arrière de la Mercedes. C'étaient bien les hommes de la Jeep.

Ils devaient être dans le couloir à nous épier.

— Tu entends ? On a frappé ! a fait Jana.

Une voix derrière la porte :

— Miriam ! Miriam ! C'est Jimmy !

Il était agité et, sans qu'on l'ait invité, il s'est effondré sur un fauteuil :

— Pourquoi tu vas à Maqbana ? Beaucoup de gens veulent savoir. Tous me disent : pourquoi cette femme va chercher des ennuis au village shamiri ?

— Je viens voir ma fille qui est sur le point d'accoucher.

— C'est Nadia ?

— Oui ! Pourquoi ?

— Nadia est heureuse ici. Tout le Yémen sait ça. Elle a parlé à la télévision. Elle a dit qu'elle avait la vie heureuse, un bon mari et de beaux enfants !

Il me regardait. Il attendait des explications. Fallait-il vraiment que je lui en fournisse ?

— Si Nadia est heureuse, il n'y a aucun problème ! Elle et son mari peuvent venir passer quelques jours en Angleterre. Gowad, le père de Samir, vit depuis très longtemps en Angleterre. Il est là-bas avec sa femme. Il a laissé ses enfants au Yémen et c'est Nadia qui s'en occupe, en plus de ses quatre enfants. Je vais te dire : Gowad a mal agi, il est *haram* (contre Dieu) et c'est lui qui interdit à son fils et à Nadia de quitter le Yémen !

Des coups donnés contre la porte m'ont interrompue. Sans que nous ayons eu le temps de réagir, Jimmy est allé ouvrir. Sur le palier, se tenait un jeune homme avec un appareil photo, prêt à mitrailler. Il avait l'air bête, car il ne s'attendait pas à voir Jimmy MacGregor, mais la femme blanche à la chevelure flamboyante ! Il a pris la fuite sous les hurlements de Jimmy.

— Il veut une photo de vous pour sa collection de touristes ! nous a dit Jimmy.

— Qu'est-ce que vous lui avez répondu ?

— Je lui ai dit de descendre à la réception remplir un formulaire de demande d'autorisation pour photographier. J'appelle le réceptionniste !

— Tout cela est ridicule ! a protesté Jana.

Jimmy n'était pas de cet avis.

— Au Yémen, il faut une autorisation pour tout ! Un de ces hommes m'a harcelé pour connaître le numéro de votre chambre.

— C'est pour ça qu'ils sont dans la pièce à côté, lui a dit Jana. Combien vous ont-ils payé pour ce petit service ?

Vexé, Jimmy a quitté la chambre sans dire un mot. Vingt minutes plus tard, il était de retour.

— Je vous dois des explications.

Selon Jimmy, les photographes en poste dans la pièce d'à côté étaient des soldats qui séjournaient à l'hôtel avec leur colonel. Jimmy était allé porter plainte à la direction. Mis au courant, le colonel avait réuni ses hommes autour de lui. « Ce que vous avez fait, leur a-t-il dit, est *haram* ! » Il avait sorti son revolver et l'avait tendu à Jimmy en lui disant : « Faites ce que vous voulez avec cette arme. Si vous leur faites sauter la cervelle, tant pis pour eux ! » Jimmy avait refusé de tirer et s'était contenté d'exiger des excuses. Chaque soldat était venu lui poser sur le front un baiser respectueux.

Nous n'avions plus qu'à le remercier ; grâce à lui, l'incident était clos. Ce qui retenait l'expression de notre reconnaissance envers Jimmy MacGregor était que cette scène, d'une rare intensité dramatique, était censée s'être déroulée dans la pièce à côté de notre chambre sans que nous ayons perçu le plus léger éclat de voix !

Jimmy s'épongeait le front, encore remué par son récit rocambolesque.

Pourquoi se donnait-il tant de mal pour nous mentir ?

[Lundi 3 août 1992.] L'hôtel n'avait pas l'équipement nécessaire pour appeler l'étranger, en revanche il pouvait recevoir des appels internationaux. Il a fallu téléphoner à notre hôtel de Sanaa pour demander au réceptionniste de joindre en Angleterre une amie, Dee, et lui dire qu'elle nous rappelle de toute urgence à Taez.

Cette démarche a été chapeautée par le diligent Jimmy. Toujours là, toujours prêt.

Dee a rappelé dans l'heure qui suivait. Elle a promis de contacter mon avocat. Ensuite, Jana a appelé l'ambassade de Grande-Bretagne à Sanaa. Une fois informé des derniers événements (l'agression dans le souk, les soldats à l'hôtel), Martin Cronin nous a demandé de ne quitter l'établissement sous aucun prétexte. En effet, quelques minutes plus tard, nous avions en ligne l'ambassadeur en personne, Son Excellence Gordon Kirby.

— Je suis d'avis, nous a dit l'ambassadeur, que vous courez un grand danger en allant au village. Ses habitants sont en ébullition. Vous devez suivre les recommandations du gouverneur de Taez, le colonel Iryani, que j'ai tenu au courant de la situation. S'il vous dit de ne pas y aller, obéissez. Sinon, demandez-lui une escorte. Mais il doit avoir votre assurance que vous n'avez pas l'intention d'emmener Nadia avec vous.

Une heure plus tard, toujours par téléphone, le premier secrétaire du gouverneur, Faisal Abdul Aziz, nous annonçait l'arrivée pour le lendemain de Nadia et de ses enfants. La visite aurait lieu dans l'après-midi ou au plus tard le surlendemain.

Nous avons attendu des heures et des heures dans la chambre la confirmation de cette grande nouvelle. Lorsque le téléphone s'est remis à sonner, il était six heures du soir. C'était Faisal qui désirait monter dans notre chambre pour « faire la connaissance ». Déception !

Nous avons dû supporter l'ennuyeuse conversation de cet homme mal élevé. Il s'exprimait d'une façon mielleuse, arpentait la chambre en touchant à nos affaires : montres, sacs, médicaments, agenda, et, ce qui révulsait Jana, nos fruits achetés au souk ! Et qu'il croquait sans nous demander la permission, le cuistre !

Après son départ, l'appétit nous est venu d'un seul coup ! Au restaurant panoramique, un Arabe très courtois a tenu à nous payer le repas. Il s'agissait du cheikh de la région. Aussitôt, nous lui avons demandé s'il connaissait Jimmy qui prétendait avoir eu affaire avec lui. Il ne le connaissait pas et n'en avait jamais entendu parler ! Jimmy était un espion, mais à la solde de qui ? De retour dans la chambre, Jana et moi avons fouillé partout à la recherche de micros dissimulés. Nous avons même démonté le combiné du téléphone.

[Mardi 4 août 1992.] Vers midi, Faisal a frappé à notre porte pour nous prévenir que Nadia et ses enfants allaient venir. Le cœur battant, j'ai rassemblé en hâte tous les cadeaux que nous avions apportés. Je n'avais pas vu Nadia depuis février.

Une heure plus tard, Nadia était là, avec deux de ses enfants, Haney et Tina. Ma fille s'est blottie dans mes bras. Nos larmes coulaient devant le regard sec des hommes qui, les uns à la suite des autres, envahissaient la chambre. À leur tête, Samir et son frère Shiab. Imitant le sans-gêne de Faisal, ils piochaient sans vergogne dans le tas de bonbons que je destinais aux enfants. La bouche pleine de chocolats, ils apostrophaient sans arrêt Nadia pour la déstabiliser et créer une tension. Résultat, comme pour me montrer qu'elle avait choisi son camp, Nadia est allée s'asseoir en face de moi au milieu des hommes.

Jana s'est déplacée vers elle pour se présenter :

— Je suis une amie de ta mère et de ta famille. Je m'appelle Jana. Comment vas-tu, Nadia ?

— Ça va, ça va bien.

Quand Nadia se détendait un peu, un ordre brutal jaillissait qui l'obligeait à se raidir. Les hommes ont fait cercle autour de Jana, qui ne s'est pas laissé démonter. Elle a continué à s'adresser à Nadia en anglais :

— Quand accouches-tu ?

— Dans quatre semaines environ !

— Quel nom donneras-tu au bébé ?

— Je ne sais pas. C'est Samir qui choisit les noms.

— Quels sont les noms de tes enfants qui ne sont pas là aujourd'hui ?

Le regard de Nadia restait fixé sur Jana. Dans ses yeux, se lisaient la peur et le soupçon.

— Nasser et Uthman, a-t-elle répondu.

— Alors eux, ce sont Haney et Tina.

— Tina est devenue Shadia... Ça fait plus arabe.

Elle répondait en anglais à Jana et rétorquait en arabe aux ordres que lançaient soit Faisal, soit Samir, soit un autre.

Voilà ce qu'ils appelaient une réunion de famille !

Profitant que Jana la flamboyante accaparait l'attention des hommes, j'ai envoyé un signe discret à Nadia pour lui dire de me retrouver dans la petite pièce jointe à la chambre principale. Nous nous sommes à nouveau embrassées. Elle a ôté son voile, révélant son expression hagarde, ses traits tirés, son petit visage buriné, sa peau marquée. Elle était à bout de forces.

Elle m'a lancé un regard perdu et apeuré.

— Qui est cette femme, maman ?

— C'est une amie à moi !

— Journaliste ?

J'ai à moitié menti.

— Non. Elle est venue avec moi parce qu'il m'est impossible de voyager seule. C'est une grande amie ! Elle a une famille, elle aussi !

Rassurée, Nadia s'est assise sur le lit pour bavarder. Évidemment, Faisal Abdul Aziz s'est manifesté. Pendant cinq bonnes minutes, il a apostrophé Nadia.

Jana est intervenue, demandant à ce que tous les hommes quittent la chambre car elle devait se changer.

— Pourquoi sont-ils armés ? Qui sont-ils ? a-t-elle demandé à Faisal, partie par curiosité, partie pour laisser Nadia tranquille avec moi.

— Ce sont des amis de Samir. Ils ont appris que Miriam était là. Ils ont voulu la connaître, lui a répondu Faisal.

Des jeunes gens sympathiques, en quelque sorte. Un peu frustes peut-être.

— Expliquez-leur qu'ils n'ont pas été invités et qu'il est incorrect de perturber une réunion de famille. Vous êtes d'accord avec moi, Faisal, ce n'est pas ainsi que les choses se passent au Yémen ?

Toute de sourire et de douceur, Jana le poussait vers la porte. Faisal a donné l'ordre aux hommes de s'en aller, avant de filer à son tour.

— Jana a dit ça pour le faire sortir, ai-je dit à Nadia que je sentais au comble de l'inquiétude.

Je lui ai montré des photos de Liam, l'enfant de Zana, d'Ashia, de tous mes petits-enfants qu'elle ne connaissait pas. Nadia a examiné chaque photo en posant une foule de questions sur les âges, sur les prénoms, les poids, les tailles. Puis, elle s'est aperçue que Zana lui avait écrit des petits messages au dos des photos.

— Je peux les garder, maman ? a-t-elle dit en larmes, pressant les clichés contre sa poitrine.

— Nous t'aimons tous et nous voulons te voir à la maison. Pourquoi ne viens-tu pas nous voir même pour une courte visite ?

— Bientôt, maman !

Je caressais son visage maladif en lui parlant.

— Tu dis toujours ça, et tu ne viens jamais.

— Tu ne comprends pas. C'est lui. Tant qu'il aura peur de la presse, je ne pourrai pas venir.

— Nadia, c'est mal ce qu'ils ont fait. Tu ne savais pas ce que tu faisais quand tu as enregistré cette cassette avec Zana.

— Oublie tout ça, maman, c'est du passé, il faut

l'enterrer. Ça n'a plus d'importance ! Je ne peux continuer à vivre comme ça. Oublie la presse et je reviendrai bientôt !

— Tu te trompes, Nadia. Ils te mentent. Ils t'ont menti depuis tout ce temps !

— Il y a des choses que je dois respecter, maman. Que je le veuille ou non !

— Nadia, je suis ta mère, tu dois le respecter, ça, non ? Je ne durerai pas éternellement, et je veux te voir libérée de mon vivant. Tu as une famille qui t'aime et à qui tu manques. Tu peux venir pour les vacances et ensuite retourner au Yémen ? Tu as l'air si pâle, si fatiguée. Peux-tu rester coucher ici ce soir ? Pour la chambre, pas de problème : je paierai !

— D'accord. Je vais demander à Samir !

À cet instant précis, sans crier, ni frapper, ni même toussoter, Faisal a surgi dans la chambre. Planté devant Nadia, il lui a assené une volée de mots durs. Nadia lui a transmis ma requête, qui a plongé Faisal dans la contrariété. Il a appelé aussitôt Samir. Nadia lui a répété, l'air méprisant, son intention de dormir à l'hôtel avec moi.

— *La, lat ! Haya bina !* (Non, non, on y va.)

Nadia a soupiré en me regardant :

— Ne t'en fais pas, maman, je reviendrai sans doute la semaine prochaine.

Nous nous sommes longuement embrassées avant de rejoindre les amis de Samir occupés à s'empiffrer des confiseries.

Faisal me souriait, mielleux comme jamais. Il m'a apostrophée :

— Gentille Miriam, contente maintenant qu'elle a eu sa petite visite ?

Je lui ai fait part de mon intention de revoir Nadia la semaine suivante. Il a paru surpris.

— Vous ne repartez pas en Angleterre ?

— Non, pourquoi ? Je suis très bien au Yémen. Et je veux revoir Nadia, la semaine prochaine.

Faisal a traduit ma revendication à Samir, qui a levé les yeux au ciel.

J'ai demandé à Faisal si Nadia allait accoucher dans une clinique à Taez. Il a éclaté de rire :

— Elle n'a pas besoin d'hôpital, ni de médecin. Elle a les femmes du village, et le plancher de la maison. Elle n'en est pas à son premier enfant ! Ah, les mamans ! Plus elles avancent en âge et plus elles s'inquiètent pour un rien !

Il allait bientôt me traiter de gâteuse ! Jana a conseillé à Faisal de s'en aller rapidement. Elle craignait que je lui saute à la gorge.

Après le départ de Nadia, Jana a ramassé les papiers de bonbons que ces guignols avaient jetés un peu partout. J'étais retournée m'asseoir sur le lit à la place de ma fille pour sentir sa présence encore chaude. Mon Dieu, ma petite fille ! Ses yeux hagards, ses dents noires qui pourrissaient dans sa bouche ! Sa frayeur devant Faisal ! Son mépris pour Samir ! Son apparente indifférence devant ses enfants. Toutes ces images de Nadia me hantaient. J'ai essayé de sourire en pensant à la jeune femme joyeuse qui regardait les photos de famille, mais je sentais, je savais que le malheur, la terreur, la misère rôdaient autour d'elle. Elle s'efforçait d'accepter la vie que lui faisait subir Samir. Je savais qu'elle ne voulait pas de cette vie, mais sa nature docile l'empêchait de se révolter. Je l'entendais encore me dire : « Oublie les journalistes et je viendrai en Angleterre ! » Elle répétait les âneries de Samir. Elle n'avait rien compris. Tous ces types lui mentaient. Elle se rassurait en se contentant d'un bientôt, d'un espoir, qu'elle savait faux. En ce moment, elle devait trotter dans la rue derrière le gros Samir, à distance réglementaire, la mort dans l'âme.

Jana est venue me rejoindre et m'a serrée contre elle. Un mot a sifflé dans sa bouche :

— Salauds !

Jana, mon amie, sais-tu ce que c'est que de vivre

toutes les minutes depuis dix ans avec une grosse boule dans la gorge ? Et qui explose soit en larmes, soit en rage. Elle ne savait pas. Elle imaginait. Le mal absolu est une douleur qu'on n'imagine pas.

Agir, ne pas subir ! Jana a pris le téléphone pour que je relate à l'ambassadeur la façon dont s'était déroulée cette visite. Le diplomate, outré, m'a promis de négocier pour obtenir une visite plus personnelle, en ajoutant que ses services porteraient plainte contre Faisal.

L'appui de l'ambassadeur m'a tirée de l'espèce d'engourdissement dans lequel cette visite m'avait plongée. Je n'ai pu retenir la colère. Comment ? J'avais fait le voyage d'Angleterre spécialement pour voir ma fille et ses enfants, et sur l'invitation de Chawki de surcroît ? De son côté, Nadia avait fait la route depuis Ashube, route que je savais très accidentée, alors qu'elle était à quelques semaines de son accouchement, et tout cela pour se faire sermonner par Faisal, devant les gens de Maqbana, pendant une demi-heure ?

Des détails me revenaient après coup. Pourquoi les vêtements de Nadia ne portaient-ils aucune trace de poussière après cinq heures de route dans le désert ? À Ashube, son purdha était toujours maculé de crasse. Et tout à l'heure, ça me revenait maintenant, ses enfants et elle avaient les pieds propres — je n'avais jamais vu les petits avec les pieds propres au village ! Donc, ils étaient arrivés hier. Faisal ne m'avait accordé qu'une petite visite d'une demi-heure sous son étroite surveillance et le chahut du fan-club de Samir. Il avait voulu humilier l'Anglaise et montrer à Nadia qu'ils étaient plus forts que nous !

Il y avait maintenant un garde armé devant la porte de notre chambre. Il assurait notre protection. Nous n'avions pas le droit de sortir en ville, non plus. Trop dangereux. Mais le vrai danger n'était-il pas que j'y rencontre Nadia ?

Dans la soirée, le téléphone a sonné. Martin Cronin, de l'ambassade, était d'accord pour alerter le gouverneur de Taez. Mais là où il m'a estomaquée, c'est quand il m'a demandé :

— Qu'est-ce qu'il faut que je lui dise ?

— Vous lui dites que nous voulons voir Nadia et tous ses enfants lundi, avec Samir, si c'est nécessaire. Nous voulons que Nadia nous rende visite en toute liberté et durant toute la journée. Nos intentions sont paisibles, nous voulons savoir si elle est en bonne santé. Nous voulons avoir l'assurance qu'elle accouchera en toute sécurité. Une fois que nous aurons obtenu tout cela, nous quitterons le Yémen.

Trois jours ont passé. Jana est tombée malade.

[Samedi 8 août 1992.] Au téléphone, l'ambassadeur Gordon Kirby m'a tenu un étrange discours, qui sentait fort la dérobade.

— Miriam, c'est à Nadia de décider si, oui ou non, elle veut sortir du village.

— Elle veut sortir du village, et je lui ai promis de l'attendre !

— Miriam, il serait fort ennuyeux pour nous que les Yéménites vous surprennent en train d'essayer d'enlever Nadia !

N'était-ce pas ce qu'il tenterait, lui, s'il s'agissait de sa fille ? Ce qu'ils tenteraient tous ?

— Monsieur ! Les mariages de mes filles sont illégaux, que ce soit au regard de nos lois ou de celles des traditions yéménites, et tout le monde l'a reconnu ! Si ceux qui sont chargés de faire respecter les lois ne le font pas, qu'ils évitent au moins de me faire la leçon ou de me menacer !

Plus tard dans la journée, j'ai reçu un appel de Faisal. Nadia arriverait à Taez le 10 août vers midi. Toujours aussi mielleux, il nous a invitées à passer la soirée chez lui pour mâcher du qât. Miséricorde ! Pressentant notre refus, il nous a annoncé son intention de « faire un saut » à l'hôtel pour nous souhaiter le bonjour !

J'aurais voulu qu'il voie la tête de Jana. J'ai cru qu'elle allait retourner vomir.

Le téléphone encore. De nouveau l'ambassadeur. Faisal venait de l'informer de l'arrivée de Nadia. Gordon Kirby m'a suggéré d'implorer Samir de nous laisser parler à Nadia entre femmes de problèmes de femmes. Il m'a rapporté une parole de Faisal : « Excellence, nous sommes au Yémen. Ici, ce que le mari veut, il l'obtient. »

C'était malheureusement exact. De notre attitude avec Samir dépendraient nos futures visites à Nadia.

Avant de raccrocher, l'ambassadeur m'a dit :

— Que Dieu vous aide à sortir cette jeune femme de ce pays ! Faites ce qui vous paraît juste en dépit de ce que pensent les autres, mais souvenez-vous d'une chose : suivant ce que vous choisirez de faire, vous pourrez ou ne pourrez pas revoir Nadia.

[Lundi 10 août 1992.] À quatorze heures trente, Nadia n'était toujours pas avec moi. Je n'avais pas dormi de la nuit, nerveuse, anxieuse au dernier degré. Pour tenter de m'apaiser, Jana a prévenu l'ambassade du retard de Nadia. Un peu plus tard, quelqu'un de l'ambassade nous a rappelées : Nadia devait débarquer dans la soirée sans doute, vers vingt et une heures.

Vingt heures. Appel de Faisal : « Ne vous inquiétez pas, Nadia et les enfants arriveront demain. »

[Mardi 11 août 1992.] Impossible de dormir. Jana et moi avons passé la nuit à faire les cent pas dans la chambre. L'heure n'avançait pas. Ma peur de ne plus jamais revoir Nadia devenait irrépressible. Je « savais ».

Dans l'après-midi, Faisal m'a annoncé que Nadia ne viendrait pas « en raison de son mauvais état de santé ».

Nadia était malade ! Sa grossesse se passait mal comme à l'époque où elle était enceinte de Tina ! J'ai alerté l'ambassade. J'ai supplié l'ambassadeur d'intervenir pour que Nadia soit transférée dans une bonne clinique à Taez. J'étais disposée à mettre le prix nécessaire, et au-delà même. Mais, à l'ambassade, les diplomates ne pouvaient rien, ils se heurtaient toujours au fameux : « Au Yémen, ce que le mari veut, il l'obtient. »

J'ai imploré Faisal.

— Miriam, pas de panique ! Le sol de la maison de Nadia est suffisant. Dans la montagne, il y a plein de femmes pour l'aider, et Nadia possède maintenant une grande expérience de l'accouchement.

[Mercredi 12 août 1992.] Nous sommes bouclées dans notre chambre. Nous n'osons pas sortir de peur de manquer un appel. La panique m'a emportée lorsque j'ai su par une indiscrétion de Jimmy que le personnel de l'hôtel ne nous transmettait pas tous les appels : « Aucune Anglaise ne séjourne à l'hôtel », disait le réceptionniste. Consigne ? Incompétence ? Laisser-aller ? L'ambassadeur, prévenu, a porté plainte.

En fin de journée, vers dix-huit heures quarante-cinq, Faisal au téléphone nous a annoncé que Nadia était en travail.

— Je vous en prie, faites-la venir à Taez !

— Ce n'est pas la peine !

— Mais, Faisal, vous savez parfaitement que ce n'est pas bien là-haut !

— C'est pareil qu'à Taez !

— Non. Même l'ambassadeur dit que ce n'est pas bien.

— Peu importe, elle a déjà eu des enfants !

— Oui. Et on l'a charcutée avec un rasoir rouillé et infecté. Le médecin lui a recommandé de ne plus avoir d'enfant !

— Je vous demande de téléphoner à votre consulat pour les informer qu'elle est en travail. C'est la raison de mon appel.

— Pouvez-vous demain appeler Maqbana pour avoir des nouvelles de Nadia ?

— Peux pas. Trop occupé !

— Alors, appelez le consulat vous-même pour leur dire que vous êtes trop occupé !

[Jeudi 13 août 1992.] Le gouverneur de Taez, le colonel Iryani, a bien voulu nous accorder une audience. En m'écoutant dresser le récit détaillé de la seule visite que nous ayons reçue de Nadia, le gouverneur a aussitôt convoqué Faisal. Devant nous, il lui a reproché de s'être comporté d'une manière intolérable. Faisal ravalait son humiliation. Le gouverneur lui a donné l'ordre absolu d'organiser dans les plus brefs délais une rencontre en privé entre moi, Nadia et les enfants. Réalité ou comédie ?

Après le départ de Faisal, le gouverneur nous a confié qu'il avait passé de nombreuses années en Angleterre comme diplomate, qu'il adorait notre pays. Il ferait tout son possible pour que Samir vienne à Taez, il lui trouverait un travail, essayerait de le persuader d'accompagner Nadia en Angleterre avec les enfants.

Mensonges ?

[Samedi 15 août 1992.] Le soir tombé, alors que nous traversions les jardins de l'hôtel pour nous rendre à la salle de restaurant, Faisal a surgi de l'obscurité.

— Bonsoir, Miriam. Bonsoir, Jana.

Pourquoi était-il tapi dans l'ombre ? Il aurait pu monter dans notre chambre ou nous attendre dans le salon de l'hôtel.

— Nadia a accouché ?

— Non, c'était une fausse alerte. Mais j'ai des nouvelles à vous transmettre. Samir viendra vous chercher demain pour vous conduire en Jeep à Ashube.

Je me suis agrippée au bras de Jana, mes genoux tremblaient. J'ai répondu :

— Faisal, c'est trop dangereux. Vous l'avez dit vous-même. Nous ne devons même pas quitter l'hôtel. C'est vous qui l'avez dit !

— Ne vous inquiétez pas et soyez prêtes à six heures.

— Le gouverneur est-il au courant ? a demandé Jana.

— Bien sûr que oui !

Le sourire de miel avait disparu de son visage. Faisal se tordait les mains de nervosité. Il s'est tourné vers moi, et m'a parlé rapidement :

— Alors, Miriam, serez-vous prête à six heures ?

— Non, Faisal. Tout le monde me répète que c'est dangereux ! Je n'irai pas.

Entraînant Jana avec moi, je suis entrée dans la salle du restaurant.

Devant la baie qui dominait Taez, Jana se mordait les lèvres. Elle était visiblement troublée par mon attitude.

— Miriam, tu viens de refuser d'aller voir Nadia. Tu es pourtant venue spécialement pour ça.

— On veut toujours me faire faire le contraire de ce que je demande ! Pourquoi ? Un tas de gens nous ont prévenues que c'était très dangereux d'aller au village. Personne ne pouvait garantir notre sécurité. Qu'il nous faut une escorte armée et je ne sais quoi encore !

— Je me demande s'ils ne se méfient pas à cause de moi. Ils sont persuadés que je suis journaliste. Même Nadia l'a cru.

— Non, Jana, tu me protèges. C'est moi qu'ils veulent. Toi, tu les gênes. Seule, ils essayeraient de me tuer. À leurs yeux, je suis la mauvaise mère anglaise qui n'accepte pas que sa fille convertie à l'islam soit heureuse au Yémen. Si je meurs, c'est que

Dieu m'aura punie. Dieu peut punir la mauvaise mère, mais Dieu ne peut pas punir Jana, la dame blanche aux beaux cheveux châtain-roux. Dieu est trop miséricordieux pour couvrir deux meurtres et rester crédible. Je plaisante, j'essaie de plaisanter, Jana, mais j'ai très peur. Le fait que Faisal ait attendu dans l'ombre pour me parler ne me plaît pas. Comme il ne me plaît pas que Samir vienne me chercher à l'aube, avant l'ouverture de l'ambassade.

— Nous allons appeler tout de suite l'ambassade pour savoir s'ils sont au courant.

Gordon Kirby a voulu nous rassurer :

— On ne peut exclure un élément de risque, mais vous êtes en contact permanent avec nous et nous contrôlons tous vos appels téléphoniques. Cela m'étonnerait qu'ils essayent de vous faire du mal ou de monter une combine.

Nos appels téléphoniques étaient contrôlés ? Pourquoi ? Ils nous imaginaient capables d'enlever Nadia avec des complicités extérieures ? C'était bien au-dessus de nos capacités ! Et ma fille était à deux doigts d'accoucher !

[Dimanche 16 août 1992.] Après avoir réfléchi toute la nuit, j'ai fait part à l'ambassadeur de ma décision de ne pas me rendre à Ashube.

— Je n'imagine pas qu'un Arabe vous inviterait dans sa demeure, vous escorterait jusqu'à chez lui, pour vous attaquer ensuite ! a répondu Kirby, sur un ton que j'ai trouvé bien désinvolte.

— Vous savez, je n'imaginais pas non plus qu'un Arabe puisse être capable de vendre ses propres filles. C'est pourtant ce qui est arrivé à Zana et à Nadia en 1980 ! J'estime votre argument bien faible.

— Je ne peux malheureusement pas vous contredire.

Vers midi, l'ambassadeur nous a rappelées. Il avait dû réfléchir entre-temps.

— Même si Samir vous jure de vous protéger, quitte à risquer sa propre vie, cela n'empêchera pas quelqu'un d'autre de vous tirer dessus. Je pense que vous devriez appeler le gouverneur de Taez et lui dire que vous avez peur pour votre vie.

Quel changement d'attitude ! Il s'était certainement renseigné. Un frisson m'a parcouru l'échine. J'avais la quasi-certitude que je ne reviendrais pas vivante de ce voyage. Kirby lui-même finissait par le penser.

Une demi-heure plus tard, nous étions convoquées dans le bureau du gouverneur, le colonel Iryani.

Samir se trouvait dans son bureau.

Le colonel Iryani s'est dressé de toute sa taille, s'est frappé la poitrine et m'a dit :

— Je suis absolument sûr que vous pouvez vous rendre à Ashube en toute sécurité.

Muthana m'avait fait ce numéro des dizaines de fois !

En réaction, je me suis frappé moi aussi la poitrine, tout en rétorquant :

— Et moi, je n'en suis pas sûre ! Il est donc inutile de prendre un tel risque.

Il était obligé de respecter ma décision et m'a proposé de faire venir Nadia à Taez demain. J'ai refusé. Cinq heures de voiture sur des routes défoncées, non, j'ai préféré attendre qu'elle ait accouché.

— Mais cela peut avoir lieu dans deux semaines !

Je me suis calée confortablement sur la chaise, et j'ai répondu en souriant :

— J'ai tout mon temps.

Amusée par le regard incrédule du colonel, je me suis tournée vers Samir pour savoir quand il avait l'intention de venir en Angleterre avec Nadia et les enfants.

— L'année prochaine, si Dieu le veut !

— Cela fait cinq ans que vous me donnez la même réponse.

— J'irai en Angleterre quand la propagande aura cessé.

— Quand vous viendrez en Angleterre, la propagande, comme vous dites, s'arrêtera d'elle-même.

Samir a haussé les épaules d'un air suffisant. Depuis mon arrivée chez le gouverneur, il semblait très sûr de lui. J'observais l'attitude du colonel. C'était bien simple, il se désintéressait de la conversation. Lui qui m'avait promis d'insister auprès de Samir !

Comédie ! Mensonges ! Je commençais à bien les connaître !

Dans l'après-midi, Faisal au téléphone : Nadia arrivait d'un instant à l'autre ! Un voyage d'une heure, affirmait-il, comme si je ne connaissais pas la route. Samir était déjà parti au village la prévenir. Soi-disant.

Je n'étais plus assez stupide pour le croire. Je savais que Nadia n'arriverait pas. Faisal s'amusait à me torturer, mais je l'avais compris.

— Si, si, Miriam, d'un instant à l'autre. Le gouverneur a donné de l'argent à Samir pour le voyage et lui a trouvé du travail à Taez.

— Formidable ! Dans ce cas j'invite Nadia et sa famille à mes frais à l'hôtel pour le mois, et même plusieurs !

Silence de Faisal.

— Allô, Faisal ?

— Très généreux de votre part et je demanderai à Samir de vous faire l'honneur d'accepter.

— Je n'en doute pas une seconde, Faisal !

[Lundi 17 août 1992.] Puisque nous allions prolonger notre séjour au Yémen, notre ambassade a jugé plus convenable de nous envoyer deux hommes d'affaires anglais vivant au Yémen pour nous épauler. Ils sont venus tambouriner à notre porte ce matin. Ils ont commencé par nous enguirlander. Que diable faisions-nous dans cet établissement ? Pourquoi diable n'avions-nous pas choisi de nous installer à l'hôtel en face, le Mareb, qui possédait une ligne téléphonique internationale et un fax et où on servait de la bière et de l'alcool ? C'est que, diable, nous l'ignorions ! a répondu Jana. Jimmy nous l'avait caché, et nous avait menti depuis le début dans le but de nous soutirer un maximum de rials. Nous sommes donc allées « squatter le bar du Mareb », comme disait Jana, accompagnées de nos « contacts », Jef et Dave. Ce dernier, la cinquantaine corpulente, ressemblait à l'idée que je me faisais du brasseur d'argent, sanguin, tonitruant, avec le téléphone portable en permanence collé à l'oreille.

— Nous autres, Britanniques, devons nous serrer les coudes, surtout dans ce trou d'enfer ! s'est-il exclamé, en vidant un verre de gin, confortablement installé dans les fauteuils du bar du Mareb.

Les deux hommes d'affaires habitaient les beaux quartiers de Taez, en haut du mont Mogillia, comme la plupart des Occidentaux expatriés. Ils étaient toujours vêtus d'un short et chaussés de tongs, ce qui leur donnait l'allure d'éternels vacanciers.

[Mardi 18 août 1992.] Nadia a accouché d'un garçon ! Peu m'importait au reste que ce fût un garçon ou une fille, j'étais heureuse et soulagée que ses souffrances soient terminées. J'aurais tellement voulu être près d'elle pour la réconforter. Toujours selon Faisal, Nadia ne serait transportable et visible que dans dix jours. À la réflexion, il valait mieux que ce soit un garçon : il n'aurait pas à reproduire le destin de sa mère.

[Semaine du 19 au 25 août.] Jef nous a invitées chez un couple de ses amis, que j'appellerai « Richard et Genny » pour ne pas leur causer de problème.

Dès que je suis entrée chez eux, Genny s'est exclamée :

— Vous êtes Miriam Ali ? *La* Miriam Ali dont tout

le monde parle ? Celle qui est célèbre dans toute l'Arabie !

Genny avait lu le livre d'Eileen qui faisait le tour de la communauté des expatriés et plus largement celui des cercles intellectuels arabes. Jef a levé les bras au ciel. Il avait reçu l'ordre de ne révéler mon identité à personne. Dave, l'autre contact, avait refusé de nous accompagner chez Richard et Genny. Armé de son portable, il avait appelé tous les expatriés de Taez pour les prévenir qu'il fallait nous éviter comme si nous portions la peste. Nous étions filées et surveillées par la police depuis Sanaa.

Voulant nous montrer son indépendance, Genny a tenu à ce que nous sortions ensemble après le dîner. Nous avons terminé notre virée au pub de l'hôtel Mareb, comme il se doit. Alors que nous savourions une bonne bière blonde, un expatrié est venu solliciter la permission de s'asseoir parmi nous.

La conversation s'est mise à tourner sur les villes du monde. Peter, le nouveau venu, était intarissable sur le printemps à Washington. Genny a surenchéri sur l'automne à Venise, et Jana sur le mois de janvier à Séville. Pour ma part, je ne disais rien, n'ayant jamais quitté Birmingham sauf pour me retrouver ici sous étroite surveillance. Le ton était badin. À plusieurs reprises, le regard de Peter s'est posé sur moi. Il se heurtait à quelque chose d'invisible qu'il ne parvenait pas à saisir. Puis, d'un coup, il m'a reconnue : MIRIAM ALI ! La pestiférée, la *outlaw* ! M'ayant identifiée, il a déplacé son siège de façon à ne pas être visible de l'extérieur. Il suait de peur !

— Oui. J'ai peur qu'on me tire dessus ! Je vous prie d'ailleurs de m'excuser, je ne peux pas rester avec vous. La police surveille vos faits et gestes. Nous avons tous été prévenus de nous écarter de vous. Mon Dieu, j'aurais dû m'en douter. Il n'y a pas tant de femmes à Taez qui correspondent à votre description.

J'ai même vu votre photo dans le livre qui circule en ville.

Jana l'a stoppé d'un geste alors qu'il se levait pour déguerpir.

— En savez-vous davantage, Peter ? Auriez-vous la conscience en paix si on nous faisait du mal, alors que vous auriez pu nous prévenir ?

L'art qu'avait Jana de rebondir devant une situation inattendue me laissait sans voix. Peter a regardé prudemment autour de lui.

— Posez la question à Martin Cronin. Voilà d'où est venu l'avertissement. C'est lui qui nous a tous avertis. Si vous voulez un conseil, oubliez ça ! Oubliez tout. Merde ! vous ne savez pas la chance que vous avez d'être assises ici ! On devait se débarrasser de vous la semaine dernière ; et, pour vous parler franchement, je suis éberlué de voir que vous êtes encore vivantes !

Peter a ramassé ses clés et ses dossiers sur la table.

— Tâchez de le rester, mesdames. Rentrez chez vous !

Il a quitté le bar à grandes enjambées en jetant des regards à droite et à gauche.

Eh bien, Martin Cronin, représentant de Sa Majesté la reine d'Angleterre, de quel droit agissez-vous ainsi ?

13

Depuis notre arrivée au Yémen, Jana et moi avions pris l'habitude de nous défendre et de nous soutenir mutuellement en toute circonstance. Nous étions soudées. Nous formions une équipe. Nous évitions les hommes en mal d'amour qui tournaient autour de nous. Mais, depuis quelques jours, Jana restait de plus en plus longuement absorbée par la lecture des livres qu'elle avait emportés d'Angleterre. Notre éloignement s'expliquait par mon changement de comportement depuis l'apparition soudaine d'Abdul dans ma vie.

Un petit restaurant, tenu par des Syriens, était devenu notre deuxième point d'ancrage après le bar du Mareb. Abdul avait accompli des efforts prodigieux pour que je le remarque. Il me semblait différent des autres. Depuis que j'avais accepté qu'Abdul nous serve d'escorte, j'avais envie de changer d'air.

Nadia devait rester se reposer. J'avais un peu de temps. Bien sûr, je n'étais pas là pour me laisser embarquer dans une histoire ridicule. Toute dissipation risquait de nuire à ma force. Mais, pour être honnête, la première fois où Abdul m'a fait des avances, j'ai rougi comme une écolière.

Il m'a avoué qu'il m'aimait, en plein milieu du bar ! Et sous les regards des autres clients, il m'a embrassée ardemment ! Je n'avais jamais éprouvé de toute ma vie une émotion aussi forte !

Il y avait du danger à me fréquenter, plus encore pour un Arabe que pour un Occidental expatrié. Abdul avait déjà perdu son travail au restaurant pour le seul fait de m'avoir adressé la parole.

J'étais bouleversée.

Je n'étais pas venue au Yémen pour tomber amoureuse. Et je m'interdisais, dans la circonstance que je traversais, d'éprouver du plaisir. Je ne savais pas quoi faire.

Pour être tout à fait juste, je ne savais pas quoi faire vis-à-vis de Jana. J'ai rassemblé tout mon courage pour lui proposer une virée à Aden, en compagnie d'Abdul. En riant, Jana m'a répondu que cette décision ne concernait que moi. Et elle a replongé dans la lecture de son livre. J'avais quarante-neuf ans et je me sentais fautive comme une adolescente. Mon comportement devait, malgré tout, avoir quelque chose d'attendrissant, puisque j'ai finalement réussi à persuader Jana de nous accompagner.

Nous avons passé quatre jours à Aden. Jana lisait, faisait des puzzles, lézardait sur la plage de Gold Mohr, pendant que j'étais serrée dans les bras d'Abdul. J'essayais de me persuader que notre aventure était un jeu, mais je lui étais tellement reconnaissante pour le soutien qu'il m'apportait ! Je pensais aussi, après toutes ces épreuves, avoir le cœur aguerri, mais, bon, voilà : j'étais tombée amoureuse. Et je me sentais affreusement coupable vis-à-vis de Nadia. Ma fille n'avait jamais eu le droit d'aimer et d'être aimée ardemment par un homme, et de ressentir du plaisir à lui rendre cet amour. Elle subissait la dictature cruelle d'une personne qu'elle n'avait pas choisie. Aimée par Abdul, je voulais avec plus de force réparer les injustices commises contre Nadia. Ce nouvel amour fortifiait ma résolution et mon énergie mentale.

[28 août 1992.] De retour à Taez, j'ai dressé le bilan. Cela faisait vingt-huit jours que nous étions arrivées au Yémen et rien ne semblait ranimer nos espoirs.

Nous sommes allées porter nos passeports à Faisal pour qu'il fasse prolonger nos visas. Dégoulinant de sous-entendus, Faisal m'a demandé si notre séjour à Aden s'était bien déroulé. Il nous a parlé de l'hôtel où nous étions descendues, de la plage, des spectacles, des plaisirs et du sens de l'hospitalité des Arabes. Nous étions bien suivies à la trace.

[29, 30 et 31 août 1992.] Trois jours à subir des tracasseries administratives. Nous avons dû faire la navette entre six bureaux différents pour obtenir la prolongation de nos visas. Procédure banale, ordinaire au Yémen, d'après Faisal.

— Vous devez vous rendre au ministère et leur expliquer pourquoi vous êtes au Yémen sans visa. Peut-être que vous ne pourrez plus quitter le pays maintenant !

Il riait bêtement, ce qui chez cet homme semblait une expression naturelle.

Un chauffeur de taxi nous a sauvé la mise en nous indiquant exactement ce qu'il fallait faire. Après avoir obtenu une lettre du ministère, nous devions nous rendre au service des passeports tout simplement. En effet, nos visas ont été prolongés de deux mois sans problème, avec en prime le sourire charmant de l'employé.

La chaleur était éprouvante à Taez. Nous vivions dans une étuve permanente. Jusqu'à présent, je me contrefichais des conditions climatiques ! Mais, depuis que j'avais fait la connaissance d'Abdul, je me sentais vivante, et donc plus sensible. Abdul nous a proposé de passer la journée à Mokha, une station balnéaire où il ferait plus frais. J'ai convaincu Jana de venir avec nous. Je ne tarissais pas d'éloges sur mon nouvel amour. Abdul était tendresse et douceur, sucre et miel. Comme il est bon d'être aimée, soutenue, respectée, confiais-je à mon amie. Cependant, chaque instant de bonheur que je vivais avec Abdul me ramenait vers Nadia et à l'incroyable et cruelle injustice que son père avait voulu lui faire subir, et qu'il s'acharnait à vouloir lui faire encore subir malgré toutes les pressions et l'opprobre public.

Le chauffeur engagé par Abdul avait pris la « route allemande » pour arriver le plus tôt possible à Mokha. (Les Yéménites l'appellent ainsi car elle a été construite et financée par les Allemands.) Je m'agitais sur mon siège, persuadée d'avoir déjà emprunté cet itinéraire. Soudain, la voiture a croisé une petite route secondaire qui se perdait dans les montagnes. Je me suis retournée en criant :

— C'est la route de Maqbana ! Celle qui mène au village de Nadia !

Une boule de douleur m'a serré la gorge. Nadia, prisonnière des montagnes, prisonnière des autorités, prisonnière de la dictature des Shamiri. Prendre cette route, partir la délivrer, filer vers la mer, un bateau, un hélicoptère, se placer sous la protection de la marine anglaise, américaine ou française ! Rêves fous !

— Tout est Maqbana ! s'est exclamé le chauffeur.

Il désignait la chaîne de montagnes qui commençait aux portes de Taez et s'étendait jusqu'à la mer.

Après cinq heures de traversée d'un désert de pierres et de poussière, nous avons atteint le village de Campais. L'agglomération se résumait à une rue bordée d'habitations. On ne voyait que des vieux pneus et des fondations de maisons jamais achevées, et partout des carcasses de voitures et de camions, qui encombraient le bord de la route. Nous avons fait halte dans un petit bar miteux pour boire un jus de citron frais. Le toit, tordu, semblait tenir en équilibre précaire sur des murs de guingois. Campais ! C'était dans ce village qu'Abdul Khada avait emmené Zana pour l'obliger à travailler dans un établissement du même genre ! C'était ici que Zana avait contracté la malaria. C'était ici que ma fille avait travaillé comme une esclave sous une extrême chaleur, tout en essayant de survivre à la malaria !

Jana a photographié le village, autant dire un néant !

Je n'ai pas profité de ce séjour à Mokha. J'avais le cœur trop lourd. Le soir de notre retour à Taez, dès l'arrivée, j'ai appelé Faisal et je lui ai réclamé de voir Nadia.

— Mais pourquoi êtes-vous si pressée d'un seul coup ? Votre visa a été prolongé de deux mois. Vous resterez ici jusqu'en octobre.

Il s'est mis à rire à sa façon — naturelle. Je lui ai raccroché au nez.

J'ai appelé aussitôt l'ambassadeur Gordon Kirby. Selon lui, Faisal n'avait sans doute reçu aucune consigne. Le gouvernement yéménite recevait le vice-Premier ministre de Corée et les représentants de la Banque de développement du Japon. Sous-entendu : les autorités n'avaient cure de Miriam Ali et des malheurs de Nadia.

C'était tout de même tordu, un pareil argument ! Si je n'avais aucune importance, pourquoi étais-je sans relâche surveillée par la police ?

Irritable, d'humeur maussade, je voulais marcher seule dans les rues, sans personne, sans Abdul.

Dans le hall de l'hôtel, le réceptionniste s'est permis de pointer le doigt vers moi, en me disant :

— Vous êtes une mauvaise femme, parce que vous essayez d'enlever Nadia !

Il le pensait sans malice. Rien d'étonnant à cela, les autorités forçaient Nadia à dire qu'elle était heureuse et que mon obstination à ne pas vouloir l'admettre la faisait souffrir. Je suis remontée dans la chambre. J'ai pleuré pendant des heures jusqu'à l'épuisement. Et j'ai fini par m'endormir.

Le lendemain, Faisal restait injoignable.

Sur un coup de tête, Jana et moi avons payé un taxi pour nous emmener à Sanaa.

Quelques heures plus tard, nous nous trouvions dans le bureau de Gordon Kirby.

Devant nous, l'ambassadeur a essayé de joindre par téléphone le gouverneur de Taez et, comme par miracle, Faisal a répondu à sa place. Nadia était en état de voyager, et se rendrait très bientôt à Taez pour rencontrer sa maman, a-t-il affirmé à l'ambassadeur.

J'en avais assez de ces singeries !

— Votre Excellence, Faisal doit vous fournir le programme détaillé du séjour, en précisant à quelles heures nous pourrons voir Nadia, combien de temps, et combien d'enfants elle pourra amener. Et il doit vous certifier que pas un garde armé ou un ami de Samir n'assisteront à nos entretiens.

Kirby a hoché la tête.

Un peu plus tard, l'ambassadeur nous a rappelées à notre hôtel à Sanaa. Faisal avait changé d'avis. Nadia n'était pas en état de se déplacer. L'ambassadeur m'a suggéré de me rendre sur place au village avec un médecin, sans Jana, car sa présence pourrait être interprétée comme un acte de provocation.

Encore !

Je n'en ai pas cru mes oreilles ! Tous me poussaient à me rendre dans les montagnes, autant dire à la mort. Ma disparition résoudrait tous les problèmes, n'est-ce pas ? Mais je ne me laisserais pas tuer comme ça ! S'ils devaient avoir ma peau, qu'au moins il leur en coûte leur carrière !

[12 septembre 1992.] Le mandat que devait nous envoyer Zana n'arrivant pas, nous étions en panne d'argent. J'ai appelé Gordon Kirby à la rescousse.

Il n'avait jamais été aussi cassant au téléphone :

— Il paraît que Zana est très en colère contre le gouvernement yéménite, le gouvernement britannique et notre ambassade. Elle menace de nous dénoncer sur une chaîne de télévision française. Alors, vous allez m'écouter : si jamais vous deviez passer à la télévision, je serais obligé de déclarer que Nadia est une citoyenne yéménite, qu'elle aime son mari, et demande à ce qu'on respecte sa vie privée. Je serai ferme sur ce point, Miriam. J'aime mon travail, j'aime mon métier, vous comprenez ? Maintenant que je vous ai clairement exposé mon point de vue, je dois vous dire que j'ai reçu des ordres et que, dorénavant, je ne veux plus avoir affaire avec vous, et avec cette histoire. Gerald Ryan va prendre le relais. À l'avenir, vous vous adresserez à lui ! Ne quittez pas, je vous le passe.

Gordon Kirby se lavait les mains de notre affaire !

J'étais désespérée.

Heureusement, Gerald Ryan a pris notre combat avec sérieux. Pour commencer, il nous a avancé deux mille rials. Surtout, il venait de rencontrer Nadia qui se trouvait à Taez et non à Ashube, avec Samir, mais sans les enfants. Il avait résulté de cette visite que Nadia, effrayée par le nombre d'officiels yéménites qui « supervisaient » cette rencontre, lui avait dit qu'elle souhaitait qu'on respecte davantage sa vie privée. Parole qui avait été interprétée par les personnes présentes dans le sens qui les arrangeait, c'est-à-dire que Nadia réclamait qu'on lui fiche la paix et, par une extension de sens, carrément acrobatique, que sa mère lui fiche la paix !

Ce n'était pas tout. Gerald Ryan m'a présenté un document incroyable, daté du 21 avril 1988, qui établissait l'annulation du divorce d'Abdullah et de Zana. Plus clairement : ce papier officiel signifiait que Zana Muhsen était à nouveau sous la garde de son mari ! Zana avait quitté le Yémen le 22 avril 1988, exactement le lendemain ! Ce document avait été fabriqué à la dernière minute pour la retenir. Elle n'avait dû sa liberté qu'à la lenteur administrative qui sévissait dans ce pays. Tout avait été goupillé pour la maintenir prisonnière à vie dans les montagnes de Maqbana. Il s'en était fallu d'un cheveu qu'elle ne puisse jamais quitter le Yémen ! Revenue quatre ans plus tard à l'occasion du voyage organisé en février 1992 avec l'équipe de « Sacrée soirée », Zana n'avait pas répondu à l'injonction de Chawhi qui tenait absolument à ce qu'elle se rende au village. Grand bien lui en avait pris ! Aussi incroyable que cela pût paraître, en raison de l'annulation du divorce, de nouveau considérée comme l'épouse d'Abdullah aux yeux de Dieu, elle ne serait jamais revenue du village !

C'était le piège terrible qu'on lui avait tendu. Il suffisait que Nadia s'éloigne des caméras de la télévision pour être de nouveau jetée dans l'enfer.

« Ils n'aiment pas perdre, disait Zana. S'ils cèdent sur un point, c'est pour mieux serrer sur un autre. Ils changent les cartes. Ils changent les règles, ils épuisent l'adversaire et, à la longue, sortent gagnants du jeu. »

[13 septembre 1992.] J'ai épousé Abdul selon la tradition musulmane, en présence de Jana et d'un chauffeur de taxi. La cérémonie n'a pris que quelques minutes.

Le supplice a continué. Faisal a essayé de me faire croire que Nadia devait observer une période de repos de quarante jours après la naissance de son fils. J'ai téléphoné à Zana pour connaître son opinion. Pendant toutes les années qu'elle a passées au Yémen, elle n'a jamais vu une femme bénéficier d'une période de repos quelconque. Il y avait trop de travail à faire au village. Du blé à piler, de l'eau à puiser, des excréments à balayer. Se reposer était un luxe impossible.

[26 septembre 1992.] La « quarantaine » de Nadia étant terminée, quelle excuse Faisal allait-il encore inventer pour m'empêcher de voir ma fille ?

Octobre a succédé à septembre, toujours rien. Mon moral, qui était remonté en flèche avec Gerald Ryan, est retombé en miettes. En désespoir de cause, nous lui avons annoncé notre intention de quitter le Yémen le 22 octobre afin de participer à l'émission télévisée « Sacrée soirée » où nous révélerions à l'antenne tout ce qu'on nous avait fait subir.

— Dans ce cas, je vais prévenir le ministère qu'à partir de maintenant je vais prendre mes distances avec toute cette histoire. J'ai fait tout ce que j'ai pu pour organiser cette rencontre. Je n'ai pas envie de me ridiculiser complètement. S'il vous faut désigner des coupables, il est inutile de les chercher du côté de notre ambassade : nous avons fait tout ce qui était en notre pouvoir. Si seulement je savais qui fait barrage ! Jana et moi lui avons répondu d'une même voix :

— FAISAL !

Nous espérions que la menace de notre retour en Europe allait provoquer quelque chose. De fait, toute la journée, Faisal nous a accablées de nouvelles contradictoires. Une vraie torture psychologique. Cette fois, je n'en pouvais plus. Faisal forçait la mise sous pression au maximum pour me détruire mentalement. Jana essayait de me soutenir, mais rien ne pouvait plus m'atteindre. Je me balançais d'avant en arrière, les bras croisés sur le ventre. La douleur qui me déchirait les entrailles était intolérable. C'était trop dur. Je priais Dieu de me venir en aide. Ma tête, comme serrée dans un étau, me faisait mal à éclater. J'avais envie de m'arracher les cheveux, de me blesser physiquement pour étourdir ma douleur intérieure. Jana ne me quittait pas d'un centimètre pour m'empêcher de me meurtrir. Lorsque, passé minuit, le téléphone a sonné, j'étais si bouleversée que j'ai laissé le soin à Jana de répondre à ma place. Je guettais ses réactions, espérant lire sur son visage un signe d'espoir.

Martin Cronin à l'appareil :

— Bonsoir, Jana. Je suis navré de vous appeler aussi tard, mais j'ai pensé que vous aimeriez savoir que je n'ai pas réussi à contacter Faisal. J'ai laissé des messages partout, mais il ne m'a pas rappelé. J'irai au ministère demain et, à l'avenir, je contacterai directement le ministère sans passer par Taez. Je vais déposer une réclamation contre Faisal et ses collaborateurs. Il change de version successivement, une fois il me fait dire qu'un parent de Samir est allé porter un message au village, mais qu'il n'est pas rentré ; une deuxième fois, c'est une voiture officielle qui est partie là-bas et n'est pas rentrée non plus ; une troisième fois, il s'agissait d'un taxi !

Ces bandits n'avaient pu m'abattre d'une balle ou en me fracassant la tête à coups de gourdin, ils cherchaient à me tuer autrement, par les nerfs. Je savais que je devais résister, être forte, être dure, mais j'avais atteint mes limites d'endurance.

Quand le téléphone sonnait, je faisais des bonds. Jana répondait.

Martin Cronin :

— Quand je pose la question à Faisal s'il a oui ou non envoyé une voiture à Ashube, il me répond « oui, en quelque sorte ». À mon avis, il n'a jamais envoyé personne.

J'étais trop lasse pour engueuler Martin en lui faisant remarquer qu'il ne pouvait pas à la fois se plaindre qu'il ne réussissait pas à joindre Faisal et nous rapporter un peu plus tard le « oui, en quelque sorte » du même Faisal !

Nous étions seules, Jana et moi, contre une meute de menteurs obscènes ou distingués qui ne craignaient qu'une chose : être dévoilés au monde entier ! Nous avons mis au point une ultime ruse. Nous allions faire croire que nous partions toutes les deux pour Paris, mais en réalité Jana serait seule à s'envoler. Sans aucun doute, Faisal, pour se couvrir, dirait que nous étions parties juste au moment où il avait amené Nadia à Taez, et là j'apparaîtrais ! Nous voulions être plus fausses, rouées, sournoises, menteuses que Faisal. Tentative herculéenne !

Comme convenu, Jana est partie pour Sanaa pour obtenir le visa de sortie. J'ai passé la journée avec Abdul, qui faisait de son mieux pour être gentil avec moi, mais Jana me manquait. À tel point que dans la soirée j'ai décidé de partir la rejoindre.

À Sanaa, j'ai trouvé le personnel de l'ambassade en pleine effervescence, Gerald Ryan en tête :

— Faisal m'a appelé ce matin pour annoncer que Nadia était à Taez et qu'elle attendait votre visite. Maintenant, Miriam, écoutez-moi : ne prêtez aucune foi à cette affirmation. Faisal et moi étions convenus que si Nadia et les enfants quittaient le village, il me préviendrait trente-six heures à l'avance, ce qu'il n'a pas fait. Malheureusement, je n'étais pas là quand il a appelé. C'est Sameera, ma secrétaire, qui lui a répondu. Elle a aussitôt téléphoné à Jana, car elle savait qu'elle était à Sanaa. Jana est venue tout de suite. Auparavant, Faisal avait appelé Martin Cronin en lui faisant croire qu'il avait déjà envoyé une voiture, alors qu'un peu plus tard il affirmait à ma secrétaire que Nadia était déjà arrivée à Taez. Trois interlocuteurs, trois versions différentes. Car Jana, très énervée, a elle aussi appelé Faisal.

Les pensées tourbillonnaient dans ma tête.

— Oui ou non, Nadia est-elle à Taez ?

— Non, Miriam. Elle est encore à Ashube.

M'accrocher. Ne pas craquer. J'ai fui l'ambassade pour rejoindre Jana à son hôtel. Je n'avais confiance qu'en elle. Je l'ai surprise arpentant la pièce en tous sens. Elle m'a donné sa version des faits. Sameera, la secrétaire de Gerald Ryan, l'avait appelée à dix heures et demie pour lui annoncer que Nadia était en chemin pour Taez. Une rencontre était organisée dans les bureaux du gouverneur, le colonel Iryani. Jana s'est précipitée à l'ambassade où elle a obtenu Faisal au téléphone. D'après lui, Nadia et Samir, sans les enfants, attendaient dans son bureau. Jana lui a demandé de lui passer Nadia. Faisal a refusé. Selon lui, c'était *Aib* (honteux). Mais je devais rentrer tout de suite à Taez si je voulais voir Nadia, qui ne pouvait rester une éternité à m'attendre car elle devait s'occuper des enfants.

— Pourquoi n'es-tu pas restée à Taez ? a éclaté Jana. C'était notre plan.

— Nadia n'est pas à Taez. Faisal a appelé Gerald pendant que j'étais à l'ambassade. Il lui a dit que Nadia était près de lui, mais, une fois encore, il n'a laissé personne lui parler. Il ment. Nous le savons très bien, nous le savons tous !

Deux heures plus tard, Jana s'envolait pour l'Angleterre. J'ai claironné tant que j'ai pu que Jana faisait escale en France où elle devait retrouver Zana et les gens de la télévision.

[Samedi 7 novembre 1992.] La crainte d'une nouvelle « offensive parlante » à la télévision française de Jana et de Zana a provoqué l'envoi par le ministère des Affaires étrangères du Yémen de deux Jeep qui ont pris la route d'Ashube, pour ramener Nadia et ses enfants. Le ministère s'est enfin décidé à se passer des services de Faisal.

Faisal évincé, Nadia était à Taez le lendemain !

La peur au ventre, j'ai grimpé les marches qui me conduisaient au bureau du gouverneur. Il était sept heures du matin. Il régnait déjà dans l'immeuble une chaleur étouffante. On m'a forcée à attendre dans une pièce sinistre, avec des rangées de chaises alignées contre le mur.

Au bout de quelques minutes, Faisal, que je croyais éjecté, est arrivé sous bonne escorte, six gardes armés ! À sa vue, j'ai serré les poings, et j'ai enfoncé mes ongles dans mes paumes. Le ton agressif, Faisal a désigné Abdul, d'un coup de menton :

— Que vient-il faire ici, celui-là ?

Devinant que j'étais hors d'état de répondre normalement à cet homme, Gerald Ryan lui a présenté Abdul, mon mari.

Tête de Faisal.

— Où est Nadia ? a demandé Gerald.

Faisal ne répondait pas, ses yeux allaient de moi à Abdul et réciproquement. Toujours muet, il s'est précipité sur un téléphone et, retrouvant l'usage de sa langue, a déversé une véritable logorrhée verbale vers son interlocuteur. Un garde armé ne le quittait pas d'un pouce. Faisal était également assisté par un petit homme très laid, dont le visage dénué de toute expression semblait aussi exsangue qu'un masque mortuaire.

Après avoir raccroché et prévenu Dieu sait qui, Faisal m'a toisée avec désinvolture, assuré de pouvoir me tourmenter en toute impunité. Mais il se trompait. Depuis que j'avais fondé l'association Lost Children International, j'avais reçu de nombreuses informations sur les jeunes enfants britanniques emmenés au Yémen. Je savais qu'un jour ou l'autre il devrait répondre de ses crimes.

Un moment plus tard, Nadia, le visage voilé, entrait, son bébé dans les bras, sur les pas de Samir. Elle m'a embrassée furtivement à travers son voile et s'est laissée tomber sur une chaise. Elle était oppressée et cherchait à respirer. Faisal, son assistant au masque de mort, tous les gardes armés n'avaient d'yeux que pour elle et la dévisageaient avec haine. Ces salauds faisaient tout pour que nos rencontres lui soient pénibles, à la limite du soutenable. Elle endurait leur haine chaque minute de sa vie.

D'un ton égrillard, Faisal a présenté à l'assemblée Abdul, mon mari, espérant jeter le trouble dans l'esprit de ma fille.

Nadia a souri des yeux. Elle recevait cette nouvelle avec douceur et semblait avoir admis tout de suite l'importance qu'elle revêtait pour moi. Elle n'ignorait pas que Muthana s'était marié à Birmingham en avril 1991 avec une femme bien plus jeune que lui, Halima Manaser Hussian. Sa nouvelle compagne était née en 1961, à Yafai, au Yémen. Pleine d'entrain et fertile, Halima était tout de suite tombée enceinte, et lui avait donné un premier fils.

— Faisal, y a-t-il une pièce où Miriam et Nadia pourraient bavarder en tête à tête entre femmes de problème de femmes ? a demandé Gerald Ryan.

Le visage de Faisal s'est assombri. Devant Ryan, il paraissait tendu à l'extrême, la haine et la rage coulaient de tous les pores de son être, il suait de colère. Il a craché un ordre. Son assistant, aussi gai qu'un croque-mort, nous a priées de le suivre dans une salle de conférences.

Comme il restait planté au milieu de la pièce à nous contempler, j'ai sifflé entre mes dents en lui montrant la porte :

— *Barrah* ! (Dehors !)

Il m'a répondu de la même façon. Mais son sifflement ressemblait à celui d'un chaton vexé.

— La femme n'est plus avec toi ? m'a demandé Nadia.

— Jana ? Cette femme est mon amie. Elle est retournée en Angleterre. Elle doit s'occuper de sa propre famille. Où sont tes enfants ?

— Au village.

Le regard de Nadia ne se posait pas sur moi, il s'envolait ailleurs. Je me suis approchée d'elle ; d'un geste réflexe, elle a serré son bébé contre sa poitrine.

Je comprenais la signification de son geste. Muthana avait vendu ses enfants et Zana avait dû partir en laissant Marcus. Nadia avait décidé qu'elle n'abandonnerait jamais ses petits quoi qu'il dût lui en coûter.

J'ai serré sa main dans les miennes.

— Viens passer des vacances à la maison avec Samir et tous les enfants. Demande à Samir de venir !

— Non ! Si je lui demande ça, il va être fou de rage, il me répudiera et gardera les enfants avec lui.

C'était donc cette menace que Faisal, Samir et les brigands ne cessaient de lui hurler aux oreilles à longueur de journée ! Elle lançait des regards de terreur autour d'elle. J'ai voulu contempler son visage. Elle a accepté d'ôter son voile, et j'ai vu ses traits tirés, ses yeux cernés, sa peau malade. Mon cœur frappait à grands coups dans ma poitrine.

— Nadia. Tu ne veux pas revenir à la maison, c'est ça ?

Elle a eu un tressaillement de toute la tête, comme un petit animal traqué et surpris.

— Si, maman, je veux. Mais lui n'acceptera jamais et il me privera de mes enfants, et se vengera sur eux.

— Quel est le vrai problème pour lui ?

— Je te l'ai déjà dit : la presse, les journalistes.

— Mais je n'ai parlé à aucun journaliste depuis trois ans. Je te jure qu'il n'y aura plus ni journalistes, ni télévision, ni radio, ni rien d'autre. Viens passer une semaine à la maison pour prouver à tout le monde que tu es libre ; et il n'y aura plus rien, plus de bruit, plus de scandale.

— Je peux venir à condition qu'il vienne avec moi, dit-elle la voix étouffée, mal assurée.

— D'accord. Si je demande à Abdul de parler à Samir dans cette pièce en notre présence, ça va ? ça te convient ?

— Abdul, c'est ton mari ?

J'ai hoché la tête en souriant. Je crois même avoir légèrement rougi.

— Il parle arabe ?

— Oui. Il est syrien.

Nadia a répondu à mon sourire. Elle était d'accord.

D'un bond, j'ai traversé la pièce, j'ai ouvert la porte de la salle et j'ai demandé à Abdul et à Samir de venir nous rejoindre. J'étais pleine d'espoir. Entre hommes, entre Arabes, Abdul saurait trouver les mots qu'il fallait pour convaincre Samir. L'assistant tête de mort a voulu leur emboîter le pas. D'un geste, je lui ai barré le passage :

— Vous : *barrah* !

J'ai retrouvé ma place à côté de Nadia. Abdul a entraîné Samir dans un angle de la pièce. Le sort de la partie était entre ses mains. Pendant qu'ils négociaient la liberté de ma fille et de ses enfants, Nadia m'a posé une foule de questions précises sur Ashia, Mo, Tina, Zana et leurs enfants. Je répondais évasivement, car toute mon attention était portée vers Abdul et Samir. Le ton montait entre eux. Le « courant » ne passait pas du tout. J'étais catastrophée.

— Nadia, tu comprends ce qu'ils se disent ?

— Oui. Samir ne veut pas aller en Angleterre.

— Mais pourquoi ? Puisque la presse sera tenue à l'écart !

Les deux hommes se sont arrêtés de parler, comprenant que Nadia me traduisait leurs propos. Abdul s'est déplacé vers moi, le visage défait :

— Il ne veut pas se rendre en Angleterre, il dit qu'il serait arrêté et emprisonné. Puis, après, d'une façon totalement contradictoire, il veut bien venir en Angleterre, mais sans Nadia. Il jure que Nadia ne viendra jamais en Angleterre !

— Tu lui as parlé d'argent ?

— Il refuse. Il a de l'argent, une maison, un père en Angleterre.

Difficile d'être plus salaud. Ou tout simplement plus

stupide. Il ne restait plus que la menace pour tenter de lui faire changer d'avis. Abdul est retourné lui parler :

— Si vous ne venez pas en Angleterre avec Nadia et les enfants, des gens haut placés en Europe s'adresseront directement au président du Yémen Ali Abdullah Saleh.

— *Doss Ali Abdullah* ! a juré l'imprudent garçon.

(*Doss* est une expression très vulgaire qui veut dire : « je l'enc... »)

Il s'est tourné vers moi en me désignant du doigt :

— *Laish Miriam hinna fe Nadia !* (Pourquoi Miriam vient-elle voir Nadia ?)

Abdul a traduit ma réponse :

— Pardonnez-moi, je ne suis que sa mère !

Samir, perdant le contrôle de ses nerfs, a crié des ordres à Nadia, avant de quitter la pièce en claquant la porte.

— Qu'est-ce qu'il t'a dit, Nadia ?

— Il m'a ordonné de dire à Gerald Ryan que je ne veux pas aller en Angleterre.

Le sang battait dans mes tempes. J'avais le tournis, la bouche sèche, et l'envie soudaine de vomir, de cracher le sang. Le précipice noir de la mort que j'avais si souvent frôlé semblait s'ouvrir sous mes pas. J'ai poussé un gémissement, et j'ai supplié ma fille :

— Nadia, ne dis jamais ça. Veux-tu me faire mourir ? Tu ne m'aimes plus ? Tu n'aimes plus ta famille ? Tout est fini entre nous ?

— Je t'aime, maman.

Nadia avait la voix lasse et le regard éteint.

La porte s'est ouverte pour laisser entrer Faisal, précédé de Gerald Ryan. J'ai eu recours à ce qui me restait d'ultimes forces pour que cette ordure ne me voie pas pleurer. Il ne devait pas assister à ma défaite. Mais je ne respirais plus. J'allais mourir. Dieu, aidez-moi !

— Eh bien, Nadia, a dit Faisal, on t'écoute ! Samir

vient de me prévenir que tu avais quelque chose d'important à nous confier.

Le silence. Le terrible et beau silence de Nadia a fait crier Faisal de rage :

— Nadia ! Tu dois dire ce que tu as à dire à Gerald Ryan !

Un mot. Un seul mot de Nadia, et Faisal triomphait. Mon Dieu, il est injuste que cet homme détruise Nadia et me tue, moi, sa mère.

— Je ne veux plus venir ici, a murmuré Nadia

Ryan s'est approché pour n'être plus qu'à quelques centimètres de la bouche de Nadia.

— Pardon, Nadia, mais je ne vous ai pas bien entendue.

— Je ne veux plus venir ici !

Elle a parlé de toutes ses forces. Elle n'a pas dit ce que Samir lui avait ordonné de dire. Elle résistait encore. Rien n'était perdu. Samir s'est mis à hurler sur Nadia, comme on crie sur un cheval fourbu qui refuse d'avancer. Alors, lentement, ma fille s'est levée, tremblante, ruisselante de sueur, son bébé serré dans les bras. Elle est sortie de la pièce, deux pas derrière son maître, avec toute la dignité de l'univers.

C'était fini.

Faisal m'a regardée droit dans les yeux. Après trois mois d'affrontement, il n'avait pas tout à fait gagné. Il le savait. Et il la voulait, sa victoire ! Il m'a ordonné de le suivre. Je lui ai obéi sans protester.

Nous sommes sortis de l'immeuble. Dehors, devant le perron, des gardes armés entouraient une Jeep. Nadia était déjà installée à l'intérieur. Faisal a appelé Samir. Il l'a pris à l'écart pour lui transmettre des consignes que Samir a ensuite criées aux oreilles de Nadia.

En l'écoutant, Nadia a fermé les yeux et elle a poussé un profond soupir. Faisal m'a fait signe d'approcher pour que j'entende de la bouche même de ma fille les mots qu'il lui imposait.

À travers la vitre baissée, j'ai dit à Nadia :

— Je t'écoute.

Elle avait gardé les yeux fermés, et j'ai entendu :

— Maman. Si tu parles à la télévision française, je devrai leur téléphoner pour leur dire que je ne veux pas rentrer à la maison.

Puis elle a ouvert les yeux, qu'elle a bien plantés dans les miens, et elle m'a dit avec force :

— Ce n'est pas moi, maman !

Faisal et les gardes armés entouraient la Jeep.

J'ai murmuré :

— Je ne te laisserai pas ici, Nadia ! Je te le jure !

— C'est l'islam, maman. Je suis musulmane. Je ne peux pas rentrer à la maison avec toi. Samir a dit qu'il m'amènerait, mais ça ne dépend pas de moi si je peux rentrer à la maison ou pas. Je veux rentrer à la maison, mais ça dépend de lui.

— Je t'aime, Nadia.

Comme un enfant, elle a penché sa tête hors de la vitre pour se frotter contre moi. Ma petite fille, mon bébé ! J'ai couvert ses cheveux, son front, ses joues de baisers.

Ensuite, tout est allé très vite. Samir et Faisal ont sauté dans la Jeep. Faisal a lancé un ordre. Le chauffeur a démarré brutalement. Nadia s'est décollée de mon étreinte. Je l'ai regardée s'éloigner à m'en crever les yeux.

Je n'abandonnerai jamais... JAMAIS !

Épilogue

À son retour du Yémen, en novembre 1992, après sa visite à Nadia, Miriam a continué résolument à se battre pour la liberté de sa fille et de ses petits-enfants. La santé de Nadia se détériore, son moral est au plus bas, et il est clair qu'on la retient prisonnière contre son gré. Miriam est déterminée à tout faire pour que Nadia regagne en toute sécurité le pays où elle devrait légitimement vivre — et pour qu'on répare l'injustice commise envers sa fille.

En désespoir de cause, Miriam a offert un arrangement *qui pro quo* au gouvernement yéménite. En échange du retour de Nadia et de ses enfants, elle a proposé d'abandonner les poursuites engagées envers Gowad, le « propriétaire » de Nadia. Non seulement elle a offert au gouvernement ce rameau d'olivier, mais elle l'a aussi invité à recueillir tout le « mérite » de l'opération.

Le gouvernement a accepté et Miriam a abandonné les poursuites en signe de bonne volonté.

Il n'y a eu aucun résultat. Le gouvernement du Yémen a manqué à sa parole.

Nadia a besoin de toute l'aide possible pour qu'on la sauve de cette vie de torture et de répression. Nadia, et aussi toutes les autres victimes de cette situation insupportable.

Tandis que les auteurs de ces crimes, toujours impunis, sont libres et narguent le système judiciaire britannique et le Foreign Office, ce livre est la dernière chance qui reste à Nadia de recouvrer un jour la liberté.

« S'il te plaît, ne m'oublie pas. Ne me laisse pas ici trop longtemps. Je t'en supplie. »

Nadia Muhsen, Taez, Yémen, février 1992.

Achevé d'imprimer en novembre 1999
sur les presses de l'Imprimerie Bussière
à Saint-Amand (Cher)

POCKET - 12, avenue d'Italie - 75627 Paris Cedex 13
Tél. : 01-44-16-05-00

— N° d'imp. 2631. —
Dépôt légal : décembre 1999.

Imprimé en France